AMPLIAÇÃO DO INTERVALO INTRAJORNADA:
Um Dano Existencial

MÁRCIO PINTO MARTINS TUMA

Advogado fundador e titular da Banca Tuma, Torres & amp; Advogados Associados S/S, com atuação junto ao Tribunal Regional do Trabalho da 8ª Região e aos Tribunais Superiores. Pós-graduado em Direito Processual, Gestão de Pessoas e Planejamento Regional. Mestre em Meio Ambiente do Trabalho no Programa de Pós-graduação em Direito da Universidade Federal do Pará. Professor da Pós-graduação do Centro Universitário do Estado do Pará (CESUPA).

AMPLIAÇÃO DO INTERVALO INTRAJORNADA:
Um Dano Existencial

LTr 80

EDITORA LTDA.

© Todos os direitos reservados

Rua Jaguaribe, 571
CEP 01224-003
São Paulo, SP — Brasil
Fone (11) 2167-1101
www.ltr.com.br
Agosto, 2016

Produção Gráfica e Editoração Eletrônica: GRAPHIEN DIAGRAMAÇÃO E ARTE
Projeto de Capa: FABIO GIGLIO
Impressão: PAYM GRÁFICA E EDITORA

versão impressa — LTr 5496.0 — ISBN 978-85-361-8966-6
versão digital — LTr 9010.2 — ISBN 978-85-361-8973-4

Dados Internacionais de Catalogação na Publicação (CIP)
(Câmara Brasileira do Livro, SP, Brasil)

Tuma, Márcio Pinto Martins

Ampliação do intervalo intrajornada : um dano existencial / Márcio Pinto Martins Tuma. — São Paulo : LTr, 2016.

Bibliografia.

1. Ambiente de trabalho 2. Dignidade humana 3. Direito do trabalho 4. Jornada de trabalho 5. Negociação coletiva de trabalho 6. Relações de trabalho I. Título.

16-03707   CDU-34:331

Índice para catálogo sistemático:
1. Direito do trabalho   34:331

*Dedico este estudo a todos os seres humanos
que suportam as privações decorrentes da inadequação do seu tempo de trabalho,
em especial àqueles que não têm outra alternativa,
senão a de se submeter à perversa lógica do capital.*

AGRADECIMENTOS

Em primeiro lugar agradeço a Deus, por me guiar pelos caminhos certos da vida, por me dar livramento em tantas oportunidades e me permitir gozar de boa saúde para que eu pudesse chegar até aqui.

À minha mãe, amiga e amada, cuja sabedoria me tem sido emprestada desde a infância, e cujo idealismo e retidão de caráter sempre foram essenciais para minha formação pessoal e profissional.

Ao meu amado pai, meu confidente, pessoa de espírito elevado que me ensinou a amar o próximo como a si mesmo, e desde a mais tenra idade me deu liberdade para agir, acertar, errar, aprender e, assim, estar preparado para alçar voos maiores na vida.

À minha amada esposa, parceira de todas as horas, que soube compreender a minha inevitável ausência e, ainda assim, me incentivou de forma incondicional, o que foi essencial para que a chama da perseverança não se apagasse.

À minha princesa Júlia, razão do meu viver e inspiração diária para a construção de um mundo melhor, mais fraterno e solidário, no qual o gozo dos direitos fundamentais seja partilhado por todos.

À estimada orientadora, Profª Drª Rosita Nassar, incansável na construção de uma sociedade livre, justa e solidária, por ter me aceitado como seu orientando e por ter me transmitido valiosos ensinamentos que não se esgotam neste projeto, mas que carregarei comigo até o final da minha existência.

Aos integrantes da minha Banca de Qualificação e Banca de Defesa, na pessoa da minha orientadora, da Profaª. Drª Pastora do Socorro Teixeira Leal, do Prof. Dr. José Cláudio Monteiro de Brito Filho e do Prof. Dr. Guilherme Guimarães Feliciano, pelo interesse acadêmico em aperfeiçoar meu trabalho e pelas preciosas intervenções que foram determinantes para o êxito do projeto. Foi uma honra poder interagir com vocês e partilhar da sua sabedoria.

Ao Prof. Dr. Ney Stany Morais Maranhão, pelo incentivo e pelas valiosas contribuições em nossas conversas sobre o tema que norteia esta obra.

Aos amigos Omar Martins, Manuella Coutinho e Débora Simões, que nos momentos mais difíceis ofereceram sua sabedoria e disponibilidade para dirimir minhas inquietudes decorrentes deste projeto.

Lista de Gráficos

GRÁFICO 1
Média anual de horas efetivamente trabalhadas por pessoa empregada no período compreendido entre 1970-1999 43

GRÁFICO 2
Classificação dos 167 precedentes localizados, conforme validação total, parcial ou invalidação da cláusula coletiva ampliativa do intervalo intrajornada 79

GRÁFICO 3
Número absoluto dos precedentes que validaram totalmente ou invalidaram a cláusula coletiva ampliativa do intervalo intrajornada ao longo dos anos de 2010 a 2015 79

GRÁFICO 4
Classificação dos 167 julgados localizados, conforme o método hermenêutico predominante em cada um. 80

GRÁFICO 5
Decisões que mencionam a irrenunciabilidade e/ou indisponibilidade do gozo adequado do intervalo intrajornada 82

GRÁFICO 6
Decisões que se referem à função social do intervalo e/ou gozo de direitos fundamentais a ele vinculados 82

GRÁFICO 7
Decisões que se referem à finalidade de evitar acidentes 82

GRÁFICO 8
Decisões que se reportam à existência ou não de contrapartida ao trabalhador no bojo da norma coletiva que amplia o limite máximo do intervalo intrajornada 83

GRÁFICO 9
Decisões que se referem à delimitação expressa (ou ausência dela) em norma coletiva acerca do tempo de intervalo intrajornada a ser gozado pelo trabalhador 83

GRÁFICO 10
Decisões que aludem ao cumprimento ou descumprimento do conteúdo pactuado em norma coletiva, pela empresa.. 84

GRÁFICO 11
Decisões que se reportam à ciência prévia (ou ausência dela) do trabalhador acerca dos horários de intervalo intrajornada a serem cumpridos... 84

LISTA DE TABELAS

TABELA 1
Ranking dos casos novos recebidos no TST, no período compreendido entre janeiro e agosto/2015, por assunto e quantidade de processos.. 24

TABELA 2
Acervo de processos pendentes de julgamento no TST atualizado até 29.9.2015 e ranqueado por assunto e quantidade.. 24

TABELA 3
Pessoas empregadas, ocupadas na semana de referência, por grupos de horas habitualmente trabalhadas por semana no trabalho principal.. 44

TABELA 4
Pessoas empregadas, ocupadas na semana de referência, por grupos de horas habitualmente trabalhadas por semana no trabalho principal e grupamento de atividade.. 45

TABELA 5
Classificação do total de precedentes coletados por atividade econômica.. 77

TABELA 6
Cruzamento das variáveis (i) resultado do julgamento e (ii) tipo de interpretação utilizada...................... 81

TABELA 7
Quanto tempo você gasta, em média, para chegar no seu trabalho, trajeto: porta da sua casa, condução, até a porta do seu trabalho?... 102

TABELA 8
Quanto tempo você gasta, em média, para chegar na sua casa, ao final do dia de trabalho, trajeto: porta do seu trabalho, condução, até a porta da sua casa?.. 102

TABELA 9

Cruzamento das variáveis (i) quanto tempo você gasta, em média, para chegar no seu trabalho, trajeto: porta da sua casa, condução, até a porta do seu trabalho? e (ii) categoria profissional dos empregados entrevistados 103

TABELA 10

Cruzamento das variáveis (i) quanto tempo você gasta, em média, para chegar na sua casa, ao final do dia de trabalho, trajeto: porta do seu trabalho, condução, até a porta da sua casa? e (ii) categoria profissional dos empregados entrevistados.. 103

TABELA 11

Cruzamento do tempo habitual de deslocamento do domicílio para o trabalho principal na RMB, apurado pelo Censo Demográfico 2010, do IBGE, com os resultados obtidos pela pesquisa de campo em relação às categorias supermercadistas e de hotéis, bares e restaurantes em Belém... 103

TABELA 12

Nesse intervalo de trabalho, superior a duas horas, você costuma(va) voltar para a sua casa?..................... 104

TABELA 13

Cruzamento das variáveis (i) nesse intervalo de trabalho, superior a duas horas, você costuma(va) voltar para a sua casa? e (ii) quanto tempo você gasta, em média, para chegar ao seu trabalho, trajeto: porta da sua casa, condução, até a porta do seu trabalho? 104

TABELA 14

Cruzamento das variáveis (i) nesse intervalo de trabalho, superior a duas horas, você costuma(va) voltar para a sua casa? e (ii) quanto tempo você gasta, em média, para chegar à sua casa, trajeto: porta do seu trabalho, condução, até a porta da sua casa? 105

TABELA 15

Na sua avaliação, o intervalo de almoço com mais de 2 horas causa a você?.. 105

Sumário

APRESENTAÇÃO I — *Ney Maranhão* 15

APRESENTAÇÃO II — *Pastora Do Socorro Teixeira Leal* 17

PREFÁCIO — *Rosita de Nazaré Sidrim Nassar* 19

1. INTRODUÇÃO 23

2. MEIO AMBIENTE DO TRABALHO, DIGNIDADE E DEGRADAÇÃO 29
   2.1 MEIO AMBIENTE E O TEMPO DE TRABALHO 29
       2.1.1 Meio ambiente do trabalho 31
       2.1.2 Tempo de trabalho 32
   2.2 TEMPO DE TRABALHO SOB A PERSPECTIVA HISTÓRICA 36
       2.2.1 Evolução constitucional brasileira 40
       2.2.2 Tendências atuais em matéria de tempo de trabalho 42
   2.3 TRABALHO DEGRADANTE E DIGNIDADE DA PESSOA HUMANA 46
       2.3.1 Trabalho decente 51
       2.3.2 Dignidade da pessoa humana 53
   2.4 FUNÇÃO SOCIAL DOS DESCANSOS LABORAIS, QUALIDADE DE VIDA DO TRABALHADOR E DIREITOS METAINDIVIDUAIS 57
       2.4.1 Intervalos intrajornada 59
       2.4.2 Qualidade de vida 60
       2.4.3 Direitos metaindividuais 62

3. AMPLIAÇÃO DO INTERVALO INTRAJORNADA NO ORDENAMENTO JURÍDICO BRASILEIRO 67
   3.1 PREVISÃO LEGAL E SUA CONSTITUCIONALIDADE À LUZ DA EXEGESE TRADICIONAL E PÓS-POSITIVISTA 67
       3.1.1 Formas tradicionais de interpretação 68
       3.1.2 Interpretação constitucional 72
       3.1.3 Breves conclusões hermenêuticas 75

3.2	ANÁLISE DOS PRECEDENTES DO TRIBUNAL SUPERIOR DO TRABALHO..........................	77
3.3	CAMINHOS PARA TORNAR O PANORAMA JURISPRUDENCIAL RETRATADO MAIS CONDIZENTE COM A DIGNIDADE DO TRABALHADOR	86
3.4	INTEGRAÇÃO DAS NORMAS E PRINCÍPIOS DO DIREITO AMBIENTAL PARA MELHOR PROTEÇÃO AO TRABALHADOR	87

4. DANO EXISTENCIAL, AMPLIAÇÃO DO INTERVALO INTRAJORNADA E COMPROVAÇÃO DOS PREJUÍZOS 91

4.1	DANOS IMATERIAIS, DANO EXISTENCIAL E RELAÇÕES DE TRABALHO	91
	4.1.1 Dano existencial	92
	4.1.2 Dano existencial nas relações de trabalho	97
4.2	PESQUISA DE CAMPO: DEMONSTRAÇÃO INEQUÍVOCA DOS PREJUÍZOS EXISTENCIAIS OCASIONADOS PELA DILATAÇÃO DO INTERVALO INTRAJORNADA	100

5. CONSIDERAÇÕES FINAIS 107

REFERÊNCIAS BIBLIOGRÁFICAS 115

Apresentação I

O nobilíssimo advogado *Márcio Pinto Martins Tuma* presenteia-me com a oportunidade de alinhavar rápidas considerações sobre este belo livro, materializador de pesquisa acadêmica que lhe rendeu o título de Mestre em Direto pela Universidade Federal do Pará, depois de aprovação por rigorosa banca examinadora. Convite que, claro, muito me enobrece e orgulha. Em primeiro lugar, porque Márcio é pessoa extremamente gentil e agradável, pelo que atender ao seu convite, para mim, é motivo de enorme satisfação. Depois, porque Márcio é portador de destacada inteligência, o que se faz refletir na competência com que exerce a advocacia, sendo profissional já amplamente (re)conhecido pelos magistrados trabalhistas da 8ª Região, mercê da qualidade de suas peças e sustentações orais.

A par desses predicados pessoais e técnicos, Márcio agora torna pública sua notável capacidade de pesquisa e argumentação acadêmicas ao refletir sobre efeitos deletérios advindos de uma *ampliação* irrefletida do intervalo intrajornada no âmbito da vida privada de certos trabalhadores e trabalhadoras, sugestionando que se abandone uma leitura meramente gramatical do art. 71, *caput*, da CLT, quando permite o elastecimento desse intervalo para além de duas horas. Propõe, com extrema sensibilidade e apuro científico, que o referido preceito legal seja sempre apreciado à luz da dignidade humana e da específica teleologia que o fundamenta e justifica: garantia de tempo *adequado* (nem ínfimo, tampouco exagerado) para o efetivo descanso/alimentação e plena desconexão do trabalho, como medida densificadora de incontornável *direito fundamental* obreiro.

Importante enfatizar que, ao longo de sua empreitada intelectiva, Márcio Tuma não lida apenas com o fenômeno da *constitucionalização* do Direito, lançando sobre o art. 71 da CLT um olhar firmemente vocacionado a concretizar anseios constitucionais. Vai além, trabalhando ainda com o fenômeno do *esverdeamento* ("*greening*") do Direito, ao fomentar uma hermenêutica genuinamente jusambiental para o citado regramento celetista, de sorte, por exemplo, a viabilizar a aplicação do *princípio da precaução* perante o meio ambiente do trabalho, atribuindo-se ao empregador o ônus de "*comprovar, no mínimo, que (...) a dilatação imposta por norma coletiva não coloca em risco a integridade, tampouco viola qualquer direito fundamental dos trabalhadores a ela submetidos*" (capítulo 3, item 3.4).

O alvissareiro *link* com a ideia de *dano existencial* representa momento verdadeiramente especial da pesquisa (capítulo 4). Ali, Márcio destaca o quanto alargamentos desmedidos do intervalo intrajornada, ainda que firmados em sede coletiva, têm prejudicado a qualidade de vida e o bem-estar de determinadas categorias de trabalhadores, inclusive ao nível de lhes frustrar legítimos projetos de vida e razoáveis realizações nas searas pessoal e social — o que desde logo nos permite enxergar uma elogiável verve *humanista* do autor, predicado indispensável para o jurista comprometido com a axiologia constitucional. Afinal, o que mais vale no Direito: as *coisas* ou as *pessoas*?... Alhures, ponderávamos que se o ordenamento jurídico chega ao ponto de se preocupar com a lesão que impede o crescimento *patrimonial* (danos emergentes e lucros cessantes), por que não se deveria também aprofundar naqueles eventos que geram a frustração do crescimento *existencial* da pessoa humana? Ora, se o impedimento de projetos patrimoniais constitui fato importante para a incidência jurídica ressarcitória, por que cargas d'água não haveria de ocorrer o mesmo quando se está diante do naufrágio de um projeto de vida, do soçobrar de um plano de felicidade interior, do ruir de um sonho de realização pessoal?[1] Márcio oferta sua própria resposta com grande brilhantismo.

Ao tempo em que recomendo a leitura atenta das profundas reflexões a que Márcio nos conduz, consigno minha gratidão pelo honroso convite para elaborar estas breves palavras, plenamente convicto de que este trabalho terá excelente acolhida no mundo acadêmico e na prática forense.

Belém/PA, 07 de junho de 2016.

Ney Maranhão
Professor Adjunto da Universidade Federal do Pará — UFPA.
Doutor em Direito pela Universidade de São Paulo — USP.
Juiz do Trabalho (TRT da 8ª Região — PA/AP).

---

(1) MARANHÃO, Ney. Breves considerações sobre a tutela extrapatrimonial na realidade jurídica italiana: danos moral, biológico e existencial. In: GOULART, Rodrigo Fortunato; VILLATORE, Marco Antônio (Coord.). *Responsabilidade civil nas relações de trabalho — reflexões atuais*: homenagem ao professor José Affonso Dallegrave Neto. São Paulo: LTr, 2015.

Apresentação II

Trata esta obra de uma temática de suma importância, qual seja, a da relação entre dano existencial e tempo de trabalho. O ambiente laboral é o *locus* onde a condição humana se manifesta na sua mais singela e relevante acepção espaço-temporal. Espaço e tempo, elementos imprescindíveis da condição humana no seu singelo e relevante aspecto existencial.

O trabalho do ser humano é incindível da sua própria natureza e condição. Não há como se separar o objeto trabalho de quem o executa. Não há como devolver a quem trabalhou o tempo despendido. Não há como voltar atrás.

A organização dos fatores laborais pressupõe que se considere, acima de tudo, a condição existencial do ser humano. O ambiente de trabalho é o espaço no qual o ser humano — além de passar a maioria das horas de sua existência — transcorre em favor da produção de riquezas e de bens e serviços para a satisfação das necessidades humanas.

Um ambiente de trabalho hígido e saudável, quer do ponto de vista espacial, quer do ponto de vista temporal, traduz a valorização social do trabalho e o respeito à dignidade humana, valores constitucionais inestimáveis. O contrário é degradação e coisificação do ser humano.

A mentalidade cartesiana que tem orientado nosso pensamento, especialmente o ocidental, tende a considerar irrelevante tudo aquilo que não pode ser medido, pesado, quantificado, demonstrado pelos aparatos e ferramentas instrumentais. A dor existe, mas como não pode ser medida às vezes é simplesmente descartada. A relação entre qualidade de vida e fruição do tempo não tem como ser calculada matematicamente, o mesmo se diga em relação aos danos existenciais decorrentes da privação do tempo na vida do ser humano. Daí a dificuldade de muitos juristas em reconhecer danos que não tenham correspondente material.

A dissertação de mestrado de Márcio Tuma, de quem tive a honra de ser professora de Teoria do Direito da Universidade Federal do Pará e de ser co-partícipe na orientação e integrante de suas bancas tanto de qualificação quanto final, insere-se na relevante temática existencial do ser humano nas relações laborais.

Esta obra que tenho a satisfação de apresentar à comunidade jurídica e à sociedade, é fruto de uma trajetória de intensa dedicação aos estudos e de manifesta e qualificada atividade advocatícia trabalhista de seu autor, pessoa de destacada inteligência e de refinada educação. Esse conjunto de atributos antes reportados são exemplos pontuais daquilo que faz Márcio Tuma ser respeitado, considerado e reconhecido em sua vida pessoal e profissional. Tenho por certo que suas reflexões, agora publicizadas, serão lidas, compartilhadas e inspirarão muitos juristas a revisarem algumas premissas e conclusões sobre o assunto que antes consideravam consolidadas.

O título do trabalho diz menos do que ele contém. Uma leitura atenta confirmará essa afirmação.

O autor debruça seu olhar e sua análise pormenorizada na doutrina nacional e estrangeira e em julgados qualitativos pertinentes ao tempo de trabalho e conflitos entre labor e capital, questão que perdura do nascedouro das relações trabalhistas até o presente e que tem papel de destaque nas estatísticas do Poder Judiciário Trabalhista.

Parte o autor da noção de tempo cronológico de trabalho, especificamente aquele pertinente à possibilidade de ampliação do intervalo máximo intrajornada pela via de norma coletiva até alcançar o tempo existencial.

Dedica-se à análise e à compreensão do meio ambiente laboral e de sua relação com o tempo de trabalho, inclusive no seu desenrolar histórico.

Centra foco na correlação entre a dignidade da pessoa humana, a função social dos descansos laborais, o trabalho decente e degradante, categorias jurídicas fundamentais à compreensão do fenômeno do tempo de labor, haja vista que o corpo humano não deve ser tratado como uma máquina qualquer, pois o "tempo cronológico dos relógios" nem sempre consegue alcançar o "tempo humano da vida", necessário não somente à recuperação física, mas também ao restabelecimento espiritual e social da pessoa humana. A qualidade de vida do trabalhador importante ao aprimoramento de vínculos familiares e sociais não pode ser aferida por instrumentos de medida meramente quantitativos como os ponteiros de um relógio, mas qualitativamente aferíveis a partir dos marcos axiológicos inseridos no texto da Constituição.

É preciso considerar que todas as normas trabalhistas que tratam de descansos laborais, férias, repousos, intervalos intra e interjornadas, dentre outros, tutelam a saúde do trabalhador, bem jurídico fundamental que deve ter reconhecimento *prima facie*. Assim, o elastecimento do intervalo laboral há de ser avaliado tendo por premissa a relevância constitucional do núcleo jurídico fundamental do direito questionado.

Embora a pesquisa não tenha intentado tratar especificamente do dano existencial, esta categoria jurídica é estudada em seus aspectos conceituais e em sua autonomia a fim de fundamentar e demonstrar que a dilatação do intervalo intrajornada ofende a tutela constitucional da dignidade da pessoa humana e que, portanto, nem sempre o negociado coletivamente pode prevalecer, uma vez que encontra seu limite na proteção aos direitos fundamentais existenciais do trabalhador.

A leitura desta obra é imprescindível para todos aqueles que pretendam ampliar os horizontes quer teóricos, quer pragmáticos no estudo de questão fundamental ao ser humano como a da fruição existencial de seu tempo.

Belém/PA, 10 de junho de 2016.

Pastora Do Socorro Teixeira Leal
Mestre em Direito pela Universidade Federal do Pará,
Doutora pela Pontifícia Universidade Católica de São Paulo e
Pós-doutora em Teoria do Direito pela Universidade Carlos III de Madrid, Espanha.
Professora de graduação (Direito Civil) e de pós-graduação (Teoria do Direito) da Universidade Federal do Pará e da
Universidade da Amazônia. Desembargadora Federal do Tribunal Regional do Trabalho da 8ª Região (PA/AP).

Prefácio

A Constituição da República Federativa do Brasil, refletindo tendência do Direito Internacional, consagrou como fundamental o direito à saúde, este profundamente interligado com o direito à qualidade de vida e à convivência em um meio ambiente ecologicamente equilibrado.

A efetivação do direito à saúde, ao meio ambiente ecologicamente equilibrado e à qualidade de vida é de importância ímpar na esfera das relações laborais, emergindo daí a preocupação com o meio ambiente do trabalho no sentido de que este deve ser saudável e seguro, logo apto a preservar a saúde física e mental dos que nele trabalham.

Apesar disso, as normas existentes no ordenamento jurídico trabalhista brasileiro estão longe de efetivar de modo pleno tais direitos, tendo em vista a realidade socioeconômica vigente à época em que foram elaboradas, quando o tema carecia da relevância com que hoje se reveste. Basta lembrar que nos primórdios da industrialização a fumaça que saía das chaminés das fábricas era vista como sinônimo de progresso e o acidente de trabalho como contingência inerente ao processo fabril.

Nesta dissertação de mestrado que ora se transforma em livro, o autor Márcio Pinto Martins Tuma aborda de forma corajosa uma grave deficiência verificada na interpretação da legislação trabalhista nacional, qual seja, a validação da ampliação do intervalo intrajornada para mais de duas horas diárias, com fundamento no permissivo do art. 71 da Consolidação das Leis do Trabalho, possibilidade que, hodiernamente, se revela quase sempre perniciosa aos interesses do empregado, bem como suscetível de causar-lhe dano existencial, pois capaz de afetar o seu projeto de vida e o desenvolvimento das suas relações interpessoais.

O trabalho está estruturado em torno do caso específico do estabelecimento em instrumento coletivo de trabalho de intervalos intrajornada de três, quatro ou até cinco horas diárias para as categoriais supermercadista e de hotéis, bares e similares no Estado do Pará, os quais resultam em extensão total do trabalho, com frequência, superior a quinze horas diárias.

Deparando-se com essa realidade é forçoso admitir que da mesma forma que não se pode reduzir o intervalo intrajornada para aquém de uma hora diária, sob pena de comprometer sua finalidade de descanso e recuperação das energias física e mental, também não se pode alargá-lo demais, de maneira a obstar o gozo de direitos fundamentais próprios dos períodos de não trabalho.

Esta conclusão está alicerçada em profunda pesquisa doutrinária e na análise crítica da jurisprudência do Tribunal Superior do Trabalho, a qual, conforme demonstração do autor, se utiliza preponderantemente do método gramatical desvinculado do exame da finalidade do intervalo intrajornada, do sistema protetivo ao trabalhador e do eventual impedimento à fruição de direitos fundamentais quando da submissão do operário ao intervalo majorado.

O autor não se limitou às fontes bibliográficas e completou seu estudo com interessante pesquisa de campo levada a efeito entre os trabalhadores em supermercados, hotéis, bares e restaurantes no Estado do Pará. Da pesquisa realizada constatou que a fixação do intervalo intrajornada superior a duas horas atende, quase que exclusivamente, aos interesses do empregador, permitindo-lhe reduzir despesas a partir da eliminação de um turno de serviço.

Toda esta temática é desenvolvida com o olhar voltado para a efetividade dos direitos fundamentais do trabalhador, fortalecendo a esperança de alcançarmos maioridade civilizatória, mediante a efetivação das conquistas já positivadas na Constituição Republicana.

Neste contexto, a obra de Márcio Pinto Martins Tuma, reflexo de seu talento, inteligência e dedicação, traz relevante contribuição para a promoção de avanços nos direitos sociais, precipuamente em um momento histórico no qual estes direitos se encontram ameaçados pela aridez neoliberal e pela excessiva preponderância do capital em relação ao trabalho.

Belém/PA, 12 de maio de 2016.

Rosita de Nazaré Sidrim Nassar
Mestre em Direito pela Pontifícia Universidade Católica do Rio de Janeiro e
Doutora em Direito pela Universidade de São Paulo.
Professora titular de graduação e pós-graduação da Universidade Federal do Pará e da
Universidade da Amazônia. Desembargadora Federal do Tribunal
Regional do Trabalho da 8ª Região (PA/AP).

*A alegria está na luta, na tentativa,
no sofrimento envolvido e não na vitória propriamente dita.*

(Mahatma Gandhi)

Introdução

Desde o surgimento do capitalismo como sistema econômico predominante no planeta, o tempo de vida que o operário dedica ao labor é assunto que concentra violentos embates entre trabalho e capital, por constituir variável do processo de produção diretamente ligada à margem de lucro a ser obtida pelo capitalista, mediante a exploração da mão de obra assalariada. Por esta razão, Karl Marx (1968a, p. 262-263) sempre vinculou o tempo de trabalho à produção da mais valia[1] e enfatizou a voracidade com a qual o capital consome a força de trabalho, como se mercadoria fosse, na busca constante por valorizar-se.

Esse protagonismo do quesito tempo de trabalho no núcleo dos embates de classe guarda relação direta com o surgimento das primeiras leis trabalhistas da história, todas destinadas a limitar, de alguma maneira, a jornada de trabalho de homens, mulheres e crianças, conforme se demonstrará com maior profundidade ao longo desta investigação.

Não foi por acaso, também, que a Convenção n. 1 da Organização Internacional do Trabalho (OIT)[2] teve como finalidade precípua estabelecer uma limitação da jornada dos trabalhadores nas indústrias ao máximo de 8 horas diárias e 48 semanais.

No Brasil, a história não foi diferente, tendo em vista que a Constituição de 1934 — primeira a tratar de assuntos relacionados ao mundo juslaboral — dedicou cinco[3] das dez alíneas que compunham o seu art. 121, para estabelecer disposições relacionadas ao tempo de trabalho.

Longe de se desvanecerem, os conflitos sobre esse tema continuam a polarizar a luta de classes na atualidade. Em matéria legislativa, por exemplo, a dinâmica do tempo de trabalho sempre foi muito discutida no Congresso Nacional. Essas discussões já resultaram, inclusive, em flexibilização de direitos, conforme permitiu a Lei n. 13.103/15, em relação ao labor do motorista profissional[4]. Em sentido oposto, o Projeto de Lei n. 4.653/94,

---

(1) Para Marx (1968a. p. 210-211), a mais valia corresponde ao excedente financeiro apropriado pelo capitalista, a ser obtido pela diferença entre o "valor-de-troca", correspondente ao preço de mercado estabelecido para a mercadoria produzida, e o "valor-de-uso", equivalente ao custo com os meios de produção e a força de trabalho.

(2) Inteiro teor disponível em: <http://www.ilo.org/dyn/normlex/en/f?p=NORMLEXPUB:12100:0::NO:12100:P12100_INSTRUMENT_ID:312146:NO>. Acesso em: 4 mar. 2015.

(3) As alíneas dedicadas ao tempo de trabalho integram o conjunto normativo do art. 121 da Carta Constitucional de 1934, consoante a seguir evidenciado, in verbis: "c) trabalho diario não excedente de oito horas, reduziveis, mas só prorrogaveis nos casos previstos em lei"; "d) prohibição de trabalho a menores de 14 annos; de trabalho nocturno a menores de 16 e em industrias insalubres, a menores de 18 annos e a mulheres"; "e) repouso hebdomadario, de preferencia aos domingos"; "f) férias annuaes remuneradas"; "h) assistencia medica e sanitaria ao trabalhador e à gestante, assegurado a esta descanso antes e depois do parto, sem prejuizo do salario e do emprego, e instituição de previdencia, mediante contribuição igual da União, do empregador e do empregado, a favor da velhice, da invalidez, da maternidade e nos casos de accidentes de trabalho ou de morte;".

(4) A Lei n. 13.103/15, de 2 de março de 2015, que dispõe sobre a profissão de motorista, alterou a redação do § 5º, do art. 71, da CLT, para permitir a redução do intervalo mínimo intrajornada previsto no *caput* do mesmo dispositivo, bem como modificou a redação do art. 235-C, também da CLT, para autorizar jornadas diárias de até 12 horas. Esses dispositivos estão sendo questionados na ADI n. 5.322, proposta pela Confederação Nacional dos Trabalhadores em Transportes (CNTTT) e pendente de julgamento no Supremo Tribunal Federal (STF).

que tramita há mais de 20 anos pela Câmara dos Deputados[5], possui o escopo de reduzir para 40 horas a duração semanal de trabalho, além de restringir as hipóteses de labor extraordinário.

Na seara da negociação coletiva, o tempo de trabalho ostenta papel de destaque no Brasil e no Mundo. Segundo o Departamento Intersindical de Estatística e Estudos Socioeconômicos (DIEESE, 2012. p. 266), questões relacionadas à duração do labor, a licenças, intervalos, controles de ponto e mecanismos para prorrogação da jornada são assuntos sempre presentes nos instrumentos coletivos registrados no Ministério do Trabalho e Emprego.

No Tribunal Superior do Trabalho, as "horas extras" e o "intervalo intrajornada" são alguns dos temas que mais se repetem nas demandas processadas por esta Corte, de acordo com os dados exibidos nas tabelas a seguir:

Tabela 1 — *Ranking* dos casos novos recebidos no TST, no período compreendido entre janeiro e agosto/2015, por assunto e quantidade de processos.

Ranking	Assunto	Quantidade de processos
1º	Horas extras	18.578
2º	Nulidades	15.269
3º	Intervalo intrajornada	12.396
4º	Indenização por dano moral	10.669
5º	Sucumbência/honorários	9.692

Fonte: TST (2015).

Tabela 2 — Acervo de processos pendentes de julgamento no TST atualizado até 29.9.2015 e ranqueado por assunto e quantidade.

Ranking	Assunto	Quantidade de processos
1º	Horas extras	52.886
2º	Nulidades	45.164
3º	Sucumbência/honorários	34.632
4º	Intervalo intrajornada	33.427
5º	Indenização por dano moral	30.918

Fonte: TST (2015).

Observe-se que o objeto "horas extras" figura como objeto mais recorrente nos processos submetidos ao TST, tanto no quesito acervo acumulado, quanto nas demandas mais recentes enviadas a esse Tribunal. O "intervalo intrajornada", por sua vez, também ocupa posição bastante representativa entre os quatro objetos mais discutidos nos litígios.

Se não bastasse, dos 262.465 processos que compunham o acervo regular[6] pendente de julgamento no TST até 29.9.2015, exatamente 145.618 contemplavam discussões sobre o tempo de trabalho (jornada, descansos, pausas etc.), o que representa mais da metade (55,48%) do universo delimitado.

Partindo-se da premissa de que a relevância histórica do tempo de trabalho nos conflitos juslaborais se mantém na atualidade, surge a percepção do quão são importantes os estudos dedicados a investigar essa faceta do meio ambiente do trabalho. Ora, se o cenário atual é este, muito provavelmente existem, nesta seara, graves violações aos direitos fundamentais do ser humano.

---

(5) Projeto de Lei apresentado pelo então Deputado Federal Paulo Paim, em 16.6.1994, e que permanece aguardando parecer da relatoria na Comissão de Seguridade Social e Família (CSSF), da Câmara Federal. Acompanhamento disponível em: <http://www2.camara.leg.br/proposicoesWeb/fichadetramitacao?idProposicao=21031>. Acesso em: 23 out. 2015.

(6) Na data da consulta, 287.756 era o número total de processos existentes no acervo, sendo que, destes, apenas 262.465 possuíam algum objeto cadastrado. Estatísticas fornecidas pelo TST e disponíveis em: <http://www.tst.jus.br/web/guest/assunto>. Acesso em: 5 out. 2015.

Nesse contexto de violações, foi confiado ao pesquisador o patrocínio judicial de trabalhadora supermercadista na cidade de Belém, que pleiteava a nulidade de cláusula da convenção coletiva de trabalho destinada a validar intervalos intrajornada com duração de até 4 horas diárias. Foi o primeiro contato próximo com a problemática da ampliação dos intervalos laborais.

A trabalhadora era compelida a cumprir jornada de trabalho de segunda a sábado, no horário de 10:30h às 13:30h e de 17:30h às 21:50h, sem que no intervalo laboral conseguisse se deslocar para sua residência, por não ser temporalmente factível, considerando que laborava em bairro nobre da capital paraense e residia em bairro periférico relativamente distante.

Os relatos sinalizam uma inviabilização de sua vida familiar, social e educacional, uma vez que o intervalo intrajornada de quatro horas diárias não lhe permitia, durante seis dias na semana, ter nenhum dos três turnos livres.

Com efeito, é previsível a dificuldade do operário, entre turnos, desfrutar plenamente desse tempo teórico de não trabalho, seja porque logo em seguida precisa retornar ao labor, o que inviabiliza alguma atividade pessoal mais duradoura; seja porque o tempo disponível pode não coincidir com o horário de descanso de seus conviventes, haja vista que para a coletividade de trabalhadores a regra geral é o gozo de intervalo de até duas horas; seja porque sequer consegue retornar para casa nesse meio tempo, entre outras razões possíveis.

Havendo prejuízo à livre disposição do tempo de não trabalho, e, por consequência, ao seu efetivo gozo, o consectário lógico é que esse prejuízo se estenda, igualmente, aos afazeres que seriam realizados no espaço de tempo perdido. Dessa maneira, restam obstaculizadas as atividades de cunho pessoal do trabalhador, destinadas à realização da sua própria condição de ser humano.

Nesse diapasão, Jorge Luiz Souto Maior (2003. p. 19) ensina que o indivíduo não é uma máquina, mas um ser social, que precisa exercer os seus encargos de pai, mãe, filho, amigo, bem como gozar de tempo disponível para o seu lazer. Sem isso, o indivíduo nunca conseguirá encontrar-se a si mesmo como ser humano, pois não se adquire a plenitude do ser sem o sentimento.

De outra banda, a manutenção de condições de trabalho como esta ceifa do trabalhador a oportunidade de progredir nos estudos, de ingressar em outras carreiras profissionalizantes e de se qualificar para o competitivo mercado de trabalho contemporâneo. De mais a mais, o operário torna-se refém do próprio emprego, não sendo a recíproca verdadeira, tendo em vista que na engrenagem do empregador, com frequência, o operário é peça descartável, seja em razão de tecnologias supervenientes que eliminam seu posto de trabalho, seja em face da mera substituição por outro trabalhador que componha a massa de desempregados.

Esse desequilíbrio se reverte em prejuízo inexorável da dignidade do trabalhador e revela o espírito do capitalismo como um sistema de vida egoísta, excludente e dominador, cuja integralidade da vida social gravita ao redor da supremacia absoluta das razões do mercado (COMPARATO, 2013. p. 552).

Surpreendentemente, ao buscar auxílio bibliográfico no tocante à dilatação do intervalo intrajornada, constatou-se que a doutrina pouco se debruçou sobre o tema, tanto por haver uma maior preocupação em relação à quantidade de horas trabalhadas — em detrimento da distribuição dessas horas ao longo do dia —; quanto porque, neste *metier*, os debates praticamente restringem-se a perquirir a (im)possibilidade de supressão ou redução do tempo mínimo desse intervalo.

A constatação dessa lacuna doutrinária, aliada à possibilidade de ocorrência de graves violações à dignidade humana, foram o combustível para o aprofundamento sobre o tema, cuja relevância para a proteção dos direitos fundamentais do trabalhador há de se reconhecer antecipadamente.

Sabe-se que Constituição Republicana de 1988 (CRFB/88) privilegiou a autocomposição coletiva dos conflitos e elevou ao *status* de cláusula fundamental o direito dos trabalhadores ao reconhecimento das normas coletivas firmadas com o patronato, a teor do seu art. 7º, inciso XXVI. Essa opção do Legislador Originário veio ao encontro de dispositivos já existentes no ordenamento pré-constitucional, entre os quais se destaca, em prol do presente estudo, o art. 71, *caput*, da Consolidação das Leis do Trabalho (CLT), cujo texto autoriza o elasticemento do intervalo intrajornada, mediante o estabelecimento de norma coletiva.

À luz desse permissivo legal — observado quase sempre do ponto de vista da sua literalidade — tem sido frequente, em diversas categorias profissionais, o registro de instrumentos coletivos que autorizam a ampliação do intervalo intrajornada para além das duas horas previstas no texto celetista, consoante será apresentado ao longo deste estudo.

Nesse contexto, o questionamento que exsurge é se esse tipo de disposição coletiva resiste a uma interpretação adequada da legislação trabalhista, de alcance constitucional, considerando a possibilidade de conflito da ampliação pactuada com direitos e garantias constitucionais irrenunciáveis, a exemplo do direito à saúde, à educação, ao lazer e ao convívio social e familiar, todos interpretados a partir do postulado da dignidade humana.

A resposta para essa questão central pressupõe o exame das finalidades do intervalo intrajornada e do grau de proteção que lhe é conferido pelo ordenamento jurídico, o que exige sua compreensão a partir das definições de meio ambiente geral e ao meio ambiente do trabalho.

Desse modo, é imprescindível transitar previamente pelos conceitos de meio ambiente geral e laboral para dar continuidade ao estudo do tempo de trabalho. Por outro lado, uma visão ampliada do assunto requer o traçado de breve histórico sobre os conflitos que permeiam a exploração do tempo de vida do ser humano pelo capital e que resultaram na criação da legislação precursora trabalhista brasileira e internacional.

Esses temas serão discutidos no Capítulo 1 desta obra, ao lado dos conceitos de dignidade humana e qualidade de vida e sua respectiva correlação com o tempo de trabalho, sem prejuízo da análise da função social dos intervalos laborais, e, notadamente, do intervalo intrajornada.

Paralelamente, também serão debatidas neste capítulo as questões relacionadas ao trabalho decente, às condições degradantes de trabalho e ao trabalho degradante, conceitos que se entrelaçam ao proposto diálogo entre o tempo de trabalho e as vicissitudes inerentes à ampliação do intervalo intrajornada.

Superado o primeiro capítulo, de índole predominantemente teórica, centrar-se-á o estudo no dispositivo permissivo da dilação do intervalo intrajornada, qual seja, o art. 71, *caput*, na CLT, apreciando a sua constitucionalidade à luz da uma exegese tradicional e pós-positivista.

A respeito da hermenêutica tradicional, far-se-á um breve arrazoado conceitual sobre as interpretações gramatical, sistemática, teleológica ou histórica, cotejando-as com a temática proposta, a fim de aferir a viabilidade da sua aplicação.

Não sendo isso suficiente, *per se*, o enfoque também recairá sobre o aproveitamento de uma interpretação constitucional, de índole pós-positivista, talvez mais apropriada ao caso concreto. Isso porque, com bastante frequência a solução para as discordâncias jurídicas não está "pré-pronta no ordenamento jurídico", ao contrário, necessita ser construída pelo intérprete de forma argumentativa, recorrendo-se, inclusive, a elementos externos ao texto normativo, mediante a legitimação das decisões a partir de valores morais e fins políticos fidedignos (BARROSO, 2014. p. 35).

Na sequência, será apresentada a pesquisa jurisprudencial realizada junto ao Tribunal Superior do Trabalho, a fim de que se possa compreender a posição que esta Corte Superior vem adotando em demandas que versam sobre a ampliação do intervalo intrajornada. A investigação se prestará, ainda, a demonstrar uma possível heterogeneidade entre os precedentes, bem como a identificar a existência de um viés de mudança no padrão encontrado, observando-se o tipo de hermenêutica perfilhada em cada um dos julgados.

Em suma, a pesquisa jurisprudencial junto ao TST incluirá todos os precedentes localizados que tenham enfrentado o tema "validade do intervalo intrajornada superior a duas horas previsto em norma coletiva", em julgamentos realizados no período compreendido entre janeiro de 2010 e julho de 2015. A metodologia empregada consistirá na pesquisa manual de julgados no âmbito do sítio eletrônico da Corte, subpágina "consulta unificada de jurisprudência", mediante a inserção de elementos-chave nos campos de "pesquisa livre" e "ementa". Outra ferramenta para localização dos precedentes será o mapeamento de julgados referidos nos textos dos acórdãos já localizados.

Posteriormente, os dados serão tabulados a partir de variáveis como: (i) resultado do julgado; (ii) tipo de interpretação utilizada; (iii) ano de julgamento; (iv) reforma ou não da decisão regional; (v) utilização de critérios de julgamento pré-concebidos; (vi) abordagem de fundamentos que seriam, em tese, imprescindíveis para uma conclusão acertada; (vii) atividade econômica das empresas demandadas nos julgados. Essas variáveis serão cruzadas entre si, para obtenção das respostas necessárias aos questionamentos que surgirão ao longo da pesquisa.

Por sua vez, os resultados da pesquisa jurisprudencial serão cotejados com as conclusões obtidas a partir do aprofundamento hermenêutico. Os precedentes do TST em matéria de dilação do intervalo intrajornada estão condizentes com a dignidade do trabalhador? Existe necessidade de aprimoramento da jurisprudência dessa Corte? Caso sim, quais os caminhos a serem traçados?

As respostas a essas perguntas permearão as conclusões do Capítulo 2 e não se limitarão à crítica ao modelo de julgamento existente, pois traçarão os caminhos desejáveis à preservação da dignidade do trabalhador, a partir de uma visão constitucional e interdisciplinar, logo apropriada à solução das lides decorrentes do meio ambiente do trabalho.

Finalmente, o Capítulo 3 abordará a temática do dano existencial, na condição de instituto que concentra o estudo das ofensas ao projeto de vida do trabalhador e a restrição das atividades de cunho afetivo, recreativo, cultural ou social, ambas impostas em decorrência da relação de trabalho. Mostra-se também, nesse tópico, a íntima relação do dano existencial com o tempo de trabalho, aí incluída a problemática da distribuição das horas de trabalho ao longo do dia.

Dentro desse escopo, será apresentada a inédita pesquisa realizada com 400 trabalhadores da cidade de Belém, que têm ou já tiveram a experiência de percorrer intervalos intrajornada superiores a duas horas diárias.

Com efeito, a partir dos resultados encontrados será possível conhecer melhor a realidade de vida dos trabalhadores oriundos de categorias que habitualmente vêm elastecendo o intervalo intrajornada, levando em consideração que os dados oficiais não se mostram específicos o suficiente para esclarecer questões como: tempo de deslocamento casa-trabalho-casa, possibilidades de retorno ao lar entre os turnos laborais, e o índice de insatisfação que cada trabalhador demonstra em relação ao intervalo superior a duas horas.

A pesquisa foi efetuada por intermédio da aplicação do método quantitativo, tendo sido elaborada segundo critérios científicos — a serem detalhados em capítulo próprio — que permitirão conferir à investigação nível de confiabilidade de 95% em relação aos resultados verificados.

Ainda como parte do planejamento da pesquisa de campo foram definidos os grupamentos de operários a serem submetidos à entrevista. Buscou-se, então, a seleção de trabalhadores em categorias econômicas que, concomitantemente, gozassem desse histórico de flexibilização do intervalo intrajornada e detivessem número expressivo de trabalhadores, tanto para facilitar a coleta dos questionários, quanto para proporcionar maior representatividade ao trabalho de campo. Nesse panorama, a pesquisa voltou-se às categorias de trabalhadores supermercadistas e trabalhadores em hotéis, bares e restaurantes, ambas detentoras de um grande contingente de trabalhadores, no Estado do Pará e no Brasil.

Cumpre destacar, ainda, que os dados apurados com ineditismo, por intermédio da pesquisa quantitativa, serão complementares àqueles oriundos de estatísticas oficiais, com a finalidade de demonstrar as possíveis condições degradantes às quais estão submetidas as categorias de trabalhadores estudadas, ratificando, ou não, o conteúdo das decisões atualmente proferidas pelo TST.

É nesse contexto que se realiza o estudo, cuja iniciativa se apresenta de especial relevância para o preenchimento da lacuna hoje existente em relação ao tema, esperando-se que esta intervenção possa servir de subsídio para despertar a conscientização dos trabalhadores expostos a esse tipo de jornada, para as suas entidades sindicais e também ao Poder Judiciário, para que estejam atentos aos prováveis malefícios decorrentes dessa flexibilização.

2
MEIO AMBIENTE DO TRABALHO, DIGNIDADE E DEGRADAÇÃO

A discussão a ser travada neste capítulo reporta-se ao conceito de meio ambiente e a sua abrangência ao meio ambiente do trabalho, cuja preservação é tão relevante quanto a salvaguarda do meio ambiente natural, cultural e artificial. Na seara do meio ambiente do trabalho, que concentra os maiores esforços deste projeto, exsurge o tempo de trabalho como variável de importância singular no dia a dia laboral do trabalhador.

Seguindo essa linha de pensamento, o capítulo faz uma breve exposição a respeito da jornada de trabalho — como elemento central do tempo no trabalho — sob o ponto de vista histórico, tomando como ponto de partida a gênese capitalista do século XVI, passando pelo surgimento das primeiras normas juslaborais, durante a Revolução Industrial, e finalizando com a eventual constatação de condições de trabalho atuais que guardem semelhança com as históricas.

Uma vez delineadas essas considerações, transitar-se-á pelas conceituações de trabalho degradante e dignidade da pessoa humana, a fim de fornecer o alimento teórico necessário para que ao longo do trabalho se possa constatar a ilicitude e lesividade de determinada condição de trabalho — particularmente, no que tange ao elastecimento do intervalo laboral — perante o ordenamento jurídico e frente aos direitos humanos fundamentais.

Nessa ordem de ideias, torna-se imprescindível entender a função social dos intervalos laborais e sua natureza jurídica como norma de ordem pública. Paralelamente, impõe-se correlacionar os intervalos laborais com a qualidade de vida do trabalhador, o que se faz tanto sob a ótica do gozo dos direitos humanos fundamentais, quanto à luz das repercussões nos direitos difusos da coletividade.

2.1 Meio ambiente e o tempo de trabalho

No ordenamento jurídico pátrio, o conceito de meio ambiente está positivado na Lei n. 6.938/81, que dispõe sobre a Política Nacional do Meio Ambiente, cujo art. 3º, inciso I, o descreve como sendo "o conjunto de condições, leis, influências e interações de ordem física, química e biológica, que permite, abriga e rege a vida em todas as suas formas".

Para Raimundo Simão de Melo (2013. p. 27), a definição legal é ampla e traduz a intenção do legislador em produzir um conceito jurídico aberto e que ora se coaduna com os postulados insertos na Constituição Republicana de 1988, que buscou amparar todos os aspectos do meio ambiente.

Sem destoar da conceituação legal, José Afonso da Silva (2004. p. 20) afirma, com suas palavras, que o meio ambiente é "a interação do conjunto de elementos naturais, artificiais e culturais que propiciem o desenvolvimento da vida em todas as suas formas".

No plano internacional, a Conferência das Nações Unidas sobre o Meio Ambiente Humano — realizada no ano de 1972, na cidade de Estocolmo, na Suécia, também conhecida como Conferência de Estocolmo — proclamou simultaneamente o homem como obra e construtor do meio ambiente que o cerca e lhe fornece sustento material, bem como preconizou a observância da questão ambiental como ponto fundamental que afeta diretamente o bem-estar e o desenvolvimento dos povos.

Nesse sentir, a Conferência de Estocolmo foi pioneira na vinculação dos Direitos Humanos à proteção ao meio ambiente, visto que a Declaração Universal dos Direitos Humanos, de 1948, nada dispôs nesse sentido, tampouco o fizeram expressamente os diplomas históricos que a antecederam, a exemplo da Declaração dos Direitos do Homem e do Cidadão, culminante da Revolução Francesa.

Por sua vez, a Constituição da República Federativa do Brasil de 1988 (CRFB/88) sofreu forte influência da Declaração de Princípios proclamada na Conferência de Estocolmo e adotou diversos dos enunciados nela contidos, a exemplo: (i) do direito ao meio ambiente ecologicamente equilibrado e essencial à sadia qualidade de vida, cuja responsabilidade pelo zelo incumbe a todos, a fim de preservá-lo para as presentes e futuras gerações, a teor do art. 225, *caput*; (ii) da promoção da educação ambiental determinada no art. 225, VI; (iii) da responsabilização civil, penal e administrativa dos infratores do meio ambiente, consubstanciada no art. 225, § 3º; (iv) da vinculação do desenvolvimento econômico à defesa do meio ambiente, prevista no art. 170, VI; e, (v) do controle das armas nucleares, sediado no art. 21, XXIII (PADILHA, 2010. p. 57).

Aos princípios exemplificados por Norma Sueli Padilha, acrescenta-se o princípio de proteção ao meio ambiente do trabalho, que se fez presente de forma expressa no art. 200, VIII, da Carta Magna, e que também está abarcado nos liames do art. 225, *caput*, da Lei Maior. Resulta inconteste que a Constituição Republicana seguiu, assim, a mesma linha de proteção recomendada no Princípio 8, da Conferência de Estocolmo. Confira-se:

Princípio 8
O desenvolvimento econômico e social é indispensável para assegurar ao homem um ambiente de vida e trabalho favorável e para criação de condições necessárias à melhoria da qualidade de vida no planeta[7].

(Tradução do autor)

Registre-se que a proteção ao meio ambiente adotada pela CRFB/88 a harmoniza com as Constituições dos Estados Nacionais promulgadas na segunda metade do século XX, mormente àquelas cuja redação foi posterior à Conferência de Estocolmo, das quais são exemplo a Constituição Portuguesa, de 1976 (conjunto do art. 66); a Constituição Espanhola, de 1978 (art. 45); e, mais recentemente, a Lei Fundamental Alemã (Grundgesetz), aditivada em 1994, para inserção do art. 20a, que trata expressamente da proteção ao meio ambiente.

Sobre a influência do Direito Internacional na formação do ordenamento constitucional ambiental dos países, Andreas Joachim Krell (2013. p. 2079) leciona que a atividade econômica na era da globalização exige, cada vez mais, a cooperação entre as nações, haja vista que as questões ambientais não se resumem às fronteiras nacionais. Ao revés, detêm expressão global, destacando que parte significativa das normas protetivas ao meio ambiente articuladas pelos países tiveram inspiração nas declarações e convenções internacionais de meio ambiente.

No Brasil, a sobredita proteção constitucional ao meio ambiente possui *status* de direito fundamental, presente nos objetivos basilares da República (art. 3º, I), com alusões explícitas por todo o texto constitucional, das quais se mencionam, sem pretensão de esgotar o tema, os dispositivos contidos no art. 5º, LXXIII; art. 7º, XIII a XV, XXII e XXIII; art. 21, XIX e XXIII; art. 23, I, VI e VII; art. 24, VI a VIII; art. 91, § 1º, III; art. 170, VI; art. 186, II; art. 200, VIII; art. 216; e art. 225 — este último consubstanciado em capítulo constitucional inteiramente dedicado ao meio ambiente.

Nessa toada, como expressão do princípio da indivisibilidade dos direitos humanos, Mercedes Del Pozo (*apud* KRELL, 2013. p. 2078) aduz que a proteção ao meio ambiente ecologicamente equilibrado — e o respectivo direito fundamental subjetivo dela decorrente — robustece o significado conferido a outros direitos fundamentais de igual estatura, aqui assinalados o direito à vida (art. 5º, *caput*) e à saúde (art. 6º, 196 e s.), sendo, portanto, antes da mera condição de sobrevivência, intrínseca à garantia de uma vida digna e fértil ao desenvolvimento humano.

Mister acrescentar que não apenas a efetivação do direito à vida e do direito à saúde é preenchida a partir da existência de um meio ambiente equilibrado. Na realidade, o gozo de todo e qualquer direito humano fundamental

---

(7) Texto original em língua inglesa, conforme a seguir: Principle 8 — Economic and social development is essential for ensuring a favorable living and working environment for man and for creating conditions on earth that are necessary for the improvement of the quality of life. O inteiro teor da declaração resultante da Conferência de Estocolmo está disponível em: <http://www.unep.org/Documents.Multilingual/Default.asp?documentid=97&articleid=1503>. Acesso em: 12 abr. 2015.

será sempre maximizado na hipótese de estar circundado por um meio ambiente saudável. Em contraponto, um meio ambiente degradado dificilmente permitirá o exercício dos direitos humanos em sua plenitude.

No âmbito do trabalho, a questão não é diferente. Sem dúvida que a consagração do valor social do trabalho (art. 1º, VI, CRFB/88) e a prevalência do trabalho digno (art. 7º, CRFB/88) dependerão da efetiva existência de um meio ambiente laboral equilibrado. Diante disso, o estudo se afunila para abordar mais detidamente o tema meio ambiente do trabalho, como fração do meio ambiente geral ligado às relações laborais.

2.1.1 Meio ambiente do trabalho

O meio ambiente do trabalho, em que pese ser uma fração do meio ambiente geral, possui amplitude conceitual que nem sempre se identifica pela mera expressão gramatical do termo, principalmente pela inevitável vinculação direta e imediata do termo meio ambiente à ecologia, como se sua abrangência a ela estivesse restrita. O termo "ecologia" foi criado pelo biólogo alemão Ernest Haekel e reporta ao estudo da influência do ambiente sobre os animais (deriva do grego "oikos", que significa casa e "logos", que denota estudo (CARVALHO, 1991. p. 32).

A par disso, essencial que se delimite a verdadeira amplitude conceitual da expressão meio ambiente do trabalho com vistas a identificar, no passo seguinte, quais os bens da vida que protege e de que forma se efetivará essa proteção.

Para Júlio César de Sá da Rocha (2013. p. 99), o meio ambiente do trabalho se define como o somatório de influências que atingem diretamente o ser humano em sua prestação e performance no trabalho, sendo o cenário das complexas relações biológicas, psicológicas e sociais a que o trabalhador está submetido.

Sem destoar da acepção anterior, Norma Sueli Padilha (2010. p. 377) ensina que o meio ambiente do trabalho compreende o *habitat* laboral no qual o trabalhador passa a parte maior da sua vida laborativa, constituindo-se no ecossistema afetado pelas inter-relações da força de trabalho humana com os meios e formas de produção.

Outra boa definição é aquela ensinada por Celso Antônio Pacheco Fiorillo e Marcelo Abelha Rodrigues (1997. p. 66), segundo a qual o meio ambiente do trabalho tutela a saúde e segurança do trabalhador, salvaguardando-as das formas de degradação ligadas à atividade laborativa, uma vez que o homem, na condição de titular do meio ambiente, faz jus à sadia qualidade de vida.

Por sua vez, Guilherme Guimarães Feliciano (2013. p. 13) — em acertada crítica feita aos conceitos tradicionais — define meio ambiente do trabalho como sendo "o conjunto (= sistema) de condições, leis, influências e interações de ordem física, biológica e psicológica que incidem sobre o homem em sua atividade laboral, esteja ou não submetido ao poder hierárquico de outrem", diferenciando-se das demais formulações por assentar que não apenas os trabalhadores ditos subordinados estão inseridos no raio de incidência conceitual do meio ambiente do trabalho.

Diante dos posicionamentos mencionados, entende-se que há razoável concordância na doutrina contemporânea no sentido de conferir ao meio ambiente do trabalho um conceito amplo e aberto, o qual possa ser preenchido por toda e qualquer situação que venha a interferir no bem-estar físico e mental do ser humano trabalhador, objeto primordial de sua proteção.

Essa natureza aberta, a seu turno, é necessária tendo em vista a impossibilidade de se definir em um campo fechado todas as variáveis que influenciam o viver com qualidade do ser humano em seu ambiente de trabalho.

Essa concepção ampla do meio ambiente do trabalho e a proteção ambiental que dela emana se amoldam à complexidade existente nas relações hodiernas de trabalho e às constantes transformações operadas nessas relações, fruto das exigências do modelo capitalista contemporâneo, ora impulsionado pelas inovações no campo tecnológico.

Nesse sentido, adotar um conceito fechado de meio ambiente do trabalho seria torná-lo menos eficaz à proteção do ser humano, na medida em que resultaria incapaz de solucionar as afetações sofridas pelo trabalhador, direta ou indiretamente relacionadas ao trabalho. Se assim fosse, violações à saúde física e mental do operário poderiam se concretizar sem que se pudesse recorrer à proteção constitucional e legal dispensada ao meio ambiente.

Mas, afinal, o que faz parte do meio ambiente do trabalho? Senão tudo, praticamente tudo o que for pertinente à relação de trabalho. O assédio moral ou sexual imposto ao trabalhador, ofendendo a sua higidez física e mental; a jornada excessiva e inadequada de trabalho, bem como os respectivos intervalos igualmente impróprios, que, ao passo de esgotarem o corpo, também suprimem os prazeres da alma; a exposição a agentes insalubres ou perigosos; a submissão a altos índices de acidentes do trabalho; a inobservância da ergonomia;

a supressão total ou parcial de repousos semanais; a não concessão de férias anuais; a retenção de vencimentos dos quais se depende para garantia mínima de uma vida financeira e familiar saudável; a inobservância de recolhimentos legais, a exemplo de contribuições previdenciárias e do Fundo de Garantia do Tempo de Serviço (FGTS), que podem frustrar o direito a uma aposentadoria digna e o direito à moradia etc.

Exemplo disso é que o próprio Tribunal Superior do Trabalho tem reconhecido o atraso no pagamento dos salários e verbas rescisórias como causador de graves e irreparáveis prejuízos morais ao empregado[8]. Ora, se interfere na psique do trabalhador, também estará relacionado com a necessidade de manutenção de um meio ambiente laboral saudável.

Considerando o exposto, cumpre avançar com passos firmes no sentido de delimitar, para efeito deste estudo, o viés do ambiente de trabalho que se pretende aprofundar. Trata-se da equação trabalho *versus* tempo que invariavelmente está presente em qualquer relação de trabalho e que tanto interfere na qualidade de vida — ou melhor, na ausência dela — dos trabalhadores contemporâneos. Para esse efeito, o foco de estudo concentrar-se-á no trabalho juridicamente subordinado, reconhecido ou passível de reconhecimento como relação de emprego.

2.1.2 Tempo de trabalho

O estudo do tempo de trabalho é assunto de primeira grandeza no que diz respeito ao meio ambiente do trabalho. Isso porque, na lógica de assalariamento vigente, será a partir da mensuração do *tempo de trabalho* que se poderá calcular a quantidade de *tempo de não trabalho* a ser desfrutada pelo operário, e não o contrário.

Partindo-se dessa premissa, o controle do tempo de trabalho possui entre suas precípuas finalidades as de: (i) ordem higiênica, a fim de promover a concessão de descansos regulares e, por consequência, garantir a integridade da saúde do trabalhador; (ii) ordem econômica, permitindo aos trabalhadores no período de não trabalho utilizar seus salários e, assim, movimentar a economia; (iii) ordem social, a fim de garantir o convívio social e familiar como elemento indissociável do desenvolvimento humano (MALLET; FAVA, 2013. p. 577)

Acrescentam-se às sobreditas funções outras de igual estatura ligadas aos direitos fundamentais do trabalhador, tais como o direito ao lazer, direito à educação e direito ao exercício da cidadania, por exemplo. Com efeito, o tempo do intervalo para refeição e descanso, quando excessivo, pode implicar violação dos direitos difusos do trabalhador, na medida em que posterga o término da jornada laboral, privando-o do convívio familiar e da faculdade de desenvolver outras atividades, como o aprimoramento intelectual (SILVA, H., 2015. p. 216).

Sob a ótica da sociologia, a equação trabalho *versus* tempo pode ser avaliada ao ângulo de duas dimensões: uma de ordem cronométrica, outra de ordem cronológica. A primeira refere-se à quantidade de tempo ou número de horas efetivamente trabalhadas. A segunda, ao revés, reporta-se à forma de distribuição desta quantidade de horas em um intervalo de tempo estabelecido, seja este intervalo o dia, o mês, o ano ou o próprio período de vida do trabalhador (DAL ROSSO, 2003. p. 71).

Sob o viés jurídico é relevante mencionar três conceitos que permeiam a noção do tempo no ambiente do trabalho. Trata-se da duração, da jornada e do horário de trabalho, cujos termos com frequência são confundidos entre si, conforme se debaterá a seguir.

Segundo Mauricio Delgado (2010. p. 786), a mais abrangente acepção é a que diz respeito à duração do trabalho, cuja definição é a seguinte:

> "Abrange o lapso temporal de labor ou disponibilidade do empregado perante seu empregador em virtude do contrato, considerados distintos parâmetros de mensuração: dia (duração diária, ou jornada), semana (duração semanal), mês (duração mensal), até mesmo o ano (duração anual)".

Para ele, a duração do trabalho tem acepção sinônima ao que o senso comum denomina jornada de trabalho, pois muito embora a expressão jornada de trabalho atraia as referências culturais que reportam ao tempo de trabalho, o correto seria a utilização da expressão *duração do trabalho* para compreender o conceito acima deduzido (DELGADO, 2010. p. 786).

---

[8] Nesse sentido é o precedente do Tribunal Superior do Trabalho RR n. 1.197-88.2010.5.02.0444, relatora Ministra Delaíde Miranda Arantes, data de julgamento: 24.6.2015, 2ª Turma, data de publicação: DEJT 1º.7.2015.

No que tange à definição de jornada de trabalho, o referido autor entende que esta goza de um sentido mais restrito e compreende "o tempo diário em que o empregado tem de se colocar em disponibilidade perante seu empregador, em decorrência do contrato" (DELGADO, 2010. p. 786-787).

Em suma, a diferença entre um termo e outro residiria no interstício temporal a que cada um remete. A duração do trabalho reportar-se-ia a um parâmetro diário (quando seria sinônima de jornada), semanal, mensal ou até mesmo anual. A jornada de trabalho, por sua vez, estaria sempre vinculada a um viés diário.

Em direção análoga transita Alice Monteiro de Barros (2010. p. 662), que define jornada de trabalho como o período diário em que o trabalhador fica à disposição do empregador, trabalhando ou aguardando ordens, na forma do art. 4º da CLT. E quando trata a respeito de lapsos temporais superiores ao diário, a doutrinadora refere aos termos "módulo" ou "carga"[9], em sentido semelhante ao que Godinho Delgado atribui à expressão duração do trabalho.

Respeitada a tradição e eventual utilidade das concepções formuladas, entende-se que a melhor definição jurídica para as expressões possui conteúdo diverso. Primeiramente, cumpre destacar que em diversas passagens o ordenamento reporta-se ao termo *duração do trabalho* sob o viés diário, a exemplo dos arts. 58 e 59, *caput*, 61, § 3º, e 71, da CLT, bem como art. 7º, XIII, da CRFB/88. Em outros dispositivos, remete à jornada de trabalho sob a ótica semanal, *vide* art. 59, § 2º, da CLT.

Assim, mesmo que a doutrina tenha estabelecido o parâmetro acima mencionado para distinguir as expressões, deve ser reconhecido que o ordenamento jurídico pátrio estatuiu — pelo menos sob este aspecto — a possibilidade de as mesmas serem utilizadas como sinônimas.

Por outro lado, uma diferenciação que vem sendo contemplada nos precedentes judiciais atribui à jornada de trabalho a ideia de carga horária teórica a ser cumprida pelo operário; e à duração do trabalho, a noção de carga horária efetivamente percorrida pelo trabalhador. Nessa linha é o julgado do Tribunal Superior do Trabalho abaixo relacionado:

[...] RECURSO DE REVISTA INTERPOSTO PELA RECLAMANTE — INTERVALO INTRAJORNADA — JORNADA DE TRABALHO CONTRATUAL DE SEIS HORAS — PRORROGAÇÃO HABITUAL — INTERVALO DE UMA HORA PARA REPOUSO E ALIMENTAÇÃO. O art. 71, *caput*, da CLT é expresso ao dispor que em qualquer trabalho contínuo, cuja duração exceda a seis horas, é obrigatória a concessão de intervalo para repouso e alimentação de, no mínimo, uma hora. Para efeito de apuração do intervalo intrajornada, deverá ser considerada a efetiva duração do trabalho, e não da jornada prevista no contrato individual ou em lei. Logo, se a jornada de seis horas de trabalho é regularmente ultrapassada, o obreiro tem direito ao intervalo intrajornada de, pelo menos, uma hora. Inteligência da Súmula n. 437, IV, do TST. Pontue-se que não há fixação legal de tempo mínimo de sobrelabor para a concessão do intervalo intrajornada de uma hora estabelecido no art. 71 da CLT, ao contrário, o referido dispositivo, bem como a Súmula n. 437, IV, do TST preceituam que basta ultrapassar habitualmente a jornada de trabalho de seis horas para ser devido o intervalo intraturnos mínimo de uma hora. Recurso de revista conhecido e provido. (ARR n. 23.700-21.2009.5.02.0030, Relator Ministro: Luiz Philippe Vieira de Mello Filho, Data de Julgamento: 24.6.2015, 7ª Turma, Data de Publicação: DEJT 26.6.2015) (Destacou-se)

Note-se que a discussão judicial repousa sobre a obrigatoriedade da concessão do intervalo intrajornada mínimo de uma hora para empregados com jornada de trabalho de seis horas diárias, regularmente acrescidas de labor extraordinário. Ao analisar o contexto dos autos, o TST concluiu que o trabalhador detinha jornada de trabalho de seis horas diárias, mas a duração do labor era superior a este quantitativo, tendo em vista a atuação em sobrejornada. Logo, para deferir o pagamento da hora intervalar, relevou a duração do trabalho em detrimento da jornada prevista em contrato ou na lei.

Semelhante *ratio* é inteligível a partir do Precedente Normativo n. 65 do TST[10], que se refere à definição de jornada de trabalho sem incluir eventuais horas extraordinárias percorridas.

---

(9) Por exemplo, João possui carga horária semanal de 44 horas.
(10) O Precedente Normativo n. 65 do TST, transcrito a seguir, estabelece que o labor extraordinário não está inserido nos liames da jornada de trabalho, *in verbis*: "EMPREGADO RURAL. PAGAMENTO DE SALÁRIO (positivo) — O pagamento do salário será efetuado em moeda corrente e no horário de serviço, para isso permitido o seu prolongamento até duas horas após o término da jornada de trabalho".

Nessa proposta, caso um operário em supermercado se obrigue a prestar 44 horas semanais de serviço, esse montante será tido como a sua jornada de trabalho. Porém, se no decorrer do contrato realidade o obreiro percorreu duas horas extras diárias, a duração do seu trabalho semanal terá sido de 56 horas.

Em outra hipótese, um analista de sistemas foi contratado para laborar sob jornada de 40 horas semanais. Em determinada semana, contudo, foi liberado do serviço no turno da tarde. Nesse caso será correto concluir que no decorrer dessa semana, em específico, a duração do seu trabalho foi de apenas 4 horas/dia, totalizando 20 horas semanais.

Efetuada essa caracterização inicial, cumpre destacar que em algumas passagens do ordenamento está presente ainda uma terceira variação dessas expressões. Trata-se do termo *duração normal do trabalho*, conforme se demonstrará.

Sem buscar esgotamento, a referida expressão está contida no art. 7º, XIII, da CRFB/88, que garante aos trabalhadores a *"duração do trabalho normal não superior a oito horas diárias e quarenta e quatro semanais..."*. De igual modo pode ser encontrada no art. 58, *caput*, da CLT — primeiro artigo da Secção II, "Da Jornada de Trabalho" — quando menciona a "duração normal do trabalho, para os empregados em qualquer atividade privada, não excederá de 8 (oito) horas diárias, desde que não seja fixado expressamente outro limite".

Note-se que essa terceira acepção designada por "duração do trabalho normal" ou "duração normal do trabalho" é utilizada na condição de sinônima de "jornada de trabalho" e diferente de "duração do trabalho". É dizer, reporta-se ao que foi contratado e não ao que foi efetivamente percorrido.

Essa foi a interpretação do TST ao receber demanda que pugnava pela inconstitucionalidade do art. 59, § 2º, da CLT. Confira-se:

[...] BANCO DE HORAS — INCONSTITUCIONALIDADE DO ART. 59, § 2º, DA CLT. A partir de uma exegese teleológica, entendo que o art. 7º, XIII, da Constituição Federal não esgota, por si só, as possibilidades de flexibilização da duração do trabalho, que não se confunde com jornada ou com horário de trabalho. Com efeito, o referido dispositivo constitucional trata da jornada de trabalho, enquanto o sistema de banco de horas refere-se à duração do trabalho, prevista em norma infraconstitucional, conceito mais amplo, que somente deve ser pactuada mediante a interveniência sindical, ao contrário do regime de compensação de jornada, que pode ser pactuada individualmente, ou seja, sem nenhuma ingerência das entidades de classe. Recurso de revista de que não se conhece. (RR n. 82.600-58.2003.5.12.0020, Relatora Ministra: Kátia Magalhães Arruda, Data de Julgamento: 5.8.2009, 5ª Turma, Data de Publicação: DEJT 21.8.2009) (Destacou-se)

Sem adentrar no aspecto de correção ou não da decisão judicial, veja-se que, nesse caso, a conceituação da *duração normal do trabalho* foi determinante para o resultado do julgado em favor da constitucionalidade do art. 59, § 2º, da CLT, visto que a expressão foi interpretada como sinônima de *jornada de trabalho* e diversa de *duração do trabalho*, esta, de maior amplitude.

Ora, caso a compreensão fosse no sentido de que o art. 7º, XIII, da CRFB/88, se reporta à duração do trabalho, a consequência lógica seria a declaração de inconstitucionalidade do art. 59, § 2º, da CLT, haja vista que nenhum trabalhador poderia laborar por mais de oito horas diárias, sob qualquer hipótese[11].

À guisa do que já foi exposto, tem-se que o termo "duração do trabalho" compreende as horas *efetivamente à disposição* do empregador, sejam elas trabalhadas ou não (art. 4º da CLT e Súmula n. 118 do TST), sejam elas prestadas dentro da jornada contratada ou fora dela, em regime de sobrejornada.

Por sua vez, jornada de trabalho, que é expressão sinônima de "duração normal do trabalho", condiz com as horas *teoricamente à disposição* do empregador (Súmulas ns. 124 e 287 do TST) — carga horária de trabalho contratada —, sejam elas trabalhadas ou não. Nessa ordem de ideias, o conceito de jornada está diretamente ligado ao regime de trabalho pactuado, se de tempo integral (art. 58 da CLT e art. 7º, XIII, da CRFB/88), tempo parcial (art. 58-A da CLT), turnos ininterruptos de revezamento (art. 7º, XIV, da CRFB/88) ou regime especial (art. 224 da CLT), entre outras possibilidades.

---

(11) No mérito, Sebastião Geraldo Oliveira (2011. p. 181) discorda da conclusão do TST, porquanto entende ser inadmissível que a legislação infraconstitucional possa instituir uma jornada de trabalho de dez horas diárias, destoando dos mais comezinhos princípios fundamentais do Direito do Trabalho. A posição do doutrinador é corroborada neste trabalho, sem que isso implique discordância com as definições de duração, duração normal e jornada de trabalho, que se reputam corretas nas decisões judiciais retratadas.

Vale ressaltar que ambas as expressões se situam na dimensão cronométrica do tempo, considerando que se reportam exclusivamente à dinâmica quantitativa das horas havidas à disposição do empregador, mas não se interessam pela distribuição dessas horas ao longo do dia.

Por isso mesmo, regra geral, os termos duração e jornada de trabalho não incluem o tempo de intervalo intrajornada, exceção feita aos intervalos que sejam: (i) remunerados por expressa previsão legal — tal como os intervalos dos serviços de mecanografia (art. 72 da CLT); (ii) ajustados por norma coletiva; ou (iii) concedidos por mera liberalidade do empregador[12].

No que diz respeito ao horário de trabalho, esse é o termo que menos suscita discussões em relação a sua significação, sendo incontroverso que se reporta ao espaço compreendido entre o marco inicial e o marco final de uma determinada jornada laboral (MARANHÃO D., 1992. p. 84). Abrange, assim, os intervalos existentes dentro de uma mesma jornada de trabalho. Logo, se o obreiro trabalha das 08:00h às 12:00h e das 14:00h às 18:00h, o seu horário de trabalho será das 08:00h às 18:00h.

Por abranger os intervalos laborais, o horário de trabalho se reporta simultaneamente ao tempo cronométrico e ao tempo cronológico. Ao primeiro, porque a mera quantidade de horas influenciará no seu cômputo final; ao segundo, porque a forma como estarão distribuídas essas horas também terão repercussão direta na sua apuração.

Ora, se a questão já padece de complexidade se analisada apenas sob a dimensão cronométrica, indubitável concluir que coexistindo ambas as dimensões em um só conceito, os problemas certamente se agravariam. Isso porque, a depender da distribuição das horas de trabalho durante o dia, e mesmo na hipótese de não haver labor extraordinário, ainda assim o tempo de trabalho pode sobrepujar de tal forma o tempo de não trabalho, que o tempo livre disponível ao trabalhador tornar-se-ia insuficiente para a realização mínima dos seus direitos fundamentais.

Suponha-se um trabalhador que labore oito horas diárias, com início às 08h:00min, final às 20h:00min e intervalo intrajornada de 04:00h. Sem contar com os percursos de trajeto, o horário de trabalho desse operário está compreendido entre 08h:00min e 20h:00min.

Se for considerado que um ser humano em idade adulta, em média, deve, ou pelo menos deveria, dormir em torno de sete a oito horas diárias (CÂMARA, V.; CÂMARA, W., 2002), na melhor das hipóteses restariam exíguas cinco horas a esse trabalhador para o exercício de outros prazeres e afazeres pessoais.

Não bastasse isso, nem mesmo sob a ótica do horário de trabalho é computado o real tempo de vida disponibilizado pelo operário em favor da atividade profissional. Isso porque, conforme antes registrado, o ordenamento jurídico brasileiro consagrou no art. 4º da CLT como tempo de "serviço efetivo", aquele tempo no qual o trabalhador permanece à disposição do empregador, aguardando ou executando ordens.

Por conseguinte, quase sempre se despreza o tempo de deslocamento do trabalhador no cômputo do tempo de trabalho, na medida em que esse lapso temporal não está contemplado nos conceitos de duração, jornada ou horário de trabalho, exceção feita às hipóteses previstas no art. 58, § 2º, da CLT e na respectiva interpretação conferida pelas Súmulas n. 90 e n. 320 e Orientação Jurisprudencial (OJ) n. 36 da SDI-1, do TST.

Assim, apesar de o deslocamento ser um lapso de tempo dedicado ao trabalho e custeado pelo empregador (vale-transporte), não é remunerado. Pior que isso, é a sua inclusão na ideia geral de tempo de não trabalho, mesmo que o operário não possa dele dispor plenamente.

Nesse sentido, há necessidade de serem estabelecidos novos parâmetros para identificar o *tempo real* que o trabalhador dispensa ao labor, visto que os termos já atribuídos à relação tempo *versus* trabalho (jornada, duração, horário etc.) possuem preenchimento axiológico insuficiente para atender a este mister.

A fim de suprir essa lacuna, propõe-se a utilização do termo *extensão do trabalho* para mensurar apropriadamente o real tempo de vida despendido pelo operário com sua atividade laboral. Essa expressão, portanto, seria a mais adequada para denominar o interstício compreendido entre o horário de trabalho ordinário e extraordinário, acrescido do tempo de deslocamento casa-trabalho-casa.

Avaliando-se a extensão do trabalho na vida do ser humano, o quadro de violações é ainda mais gravoso. Tomando-se por premissa a mesma jornada aduzida no exemplo anterior — qual seja, 08h:00min às 20h:00min, com intervalo intrajornada de 4h — e considerando que o operário leve em torno de uma hora para percorrer cada

---

(12) Nesse sentido é o precedente do Tribunal Superior do Trabalho RR n. 985-95.2010.5.09.0016, relator Ministro Aloysio Corrêa da Veiga, data de julgamento: 10.4.2013, 6ª Turma, data de publicação: DEJT 19.4.2013.

trajeto laboral, o trabalhador terá quatorze horas do seu dia comprometidas com o trabalho, restando apenas dez horas para o todo o restante, incluído o tempo de sono.

Em virtude da total desproporção entre tempo de trabalho *versus* o tempo de não trabalho, é forçoso admitir que essa hipotética jornada — muito real na vida de milhares de trabalhadores — ocasiona a redução ou mesmo a supressão do gozo de direitos fundamentais constitucionalmente assegurados, a saber, o direito à vida, à liberdade, à saúde, à educação, ao convívio social e familiar, ao lazer, sem prejuízo da menção a outros direitos daí decorrentes e igualmente fundamentais, tal como o direito à desconexão[13].

Esse quadro alarmante de violação dos direitos humanos passa despercebido do olhar restrito aos conceitos de duração e jornada de trabalho, pois, afinal, para todos os efeitos, o trabalhador que vier a cumprir a jornada exemplificada, está inserido — pelo menos em tese — nos liames constitucional e legalmente permitidos.

A contrario sensu, ao se dar relevo às acepções de horário e de extensão do trabalho perceber-se-á, com muita nitidez, as condições ambientais degradantes a que está submetido o trabalhador contemporâneo, inclusive em um paralelo muito próximo — no que diz respeito ao tempo de trabalho — às condições de trabalho havidas nos primórdios do modo de produção capitalista, o que será demonstrado no item seguinte.

2.2 *Tempo de trabalho sob a perspectiva histórica*

O sistema capitalista como modo de produção predominante no Mundo Ocidental surgiu e se consolidou entre os séculos XIV e XVIII, a partir de uma série de acontecimentos históricos que se sucederam na Europa fervilhante do fim da Idade Média e início da Idade Moderna, e que criaram as condições propícias para que o sistema se implementasse e se estabelecesse (HOBSBAWM, 2004. p. 204-205).

Entre os fenômenos responsáveis pelo terreno fértil ao declínio e queda do sistema feudal deve ser destacada a Revolução Comercial, intensificada a partir do século XV, que representou o ressurgimento do comércio em todo o Mundo e possibilitou a acumulação primitiva de capitais pela futura classe burguesa (MELLO, 1993. p. 151).

No campo religioso, os movimentos de oposição aos dogmas católicos até então reinantes, a exemplo do Protestantismo e Puritanismo, também tiveram papel decisivo para que o homem se sentisse livre de amarras para buscar o lucro e se tornar rico, segundo os desígnios vocacionais que lhe foram concedidos por Deus. (SOUTO MAIOR, 2011. p. 123).

No campo das ideias, fenômenos como o Iluminismo e o liberalismo econômico também forneceram o fundamental combustível para a superação dos entraves políticos, sociais e religiosos à ascensão da classe dominante: a burguesia (SOUTO MAIOR, 2011. p. 104). A Revolução Francesa, por sua vez, representou um duro golpe no sistema feudal em decadência e, sem dúvida, também pavimentou o terreno para a expansão capitalista (SOUTO MAIOR, 2011. p. 114).

Os trabalhadores recém-liberados dos grilhões feudais compuseram uma massa proletária nas grandes cidades europeias em formação, visto que não detinham a propriedade das terras na área rural — das quais, aliás, foram sendo gradativamente expulsos — e tampouco dos meios de capital necessários para converterem-se em empreendedores capitalistas. Assim sendo, somente lhes restava vender o único bem que ainda possuíam: sua força de trabalho (MARX, 1968b, p. 840).

Desde os primórdios do assalariamento, o excedente de mão de obra urbana foi determinante para que as condições de trabalho fossem as mais precárias possíveis. Esse fator foi potencializado pela evolução tecnológica, representada pelo surgimento das primeiras máquinas, cuja produtividade era centenas de vezes maior que a do trabalhador humano, o que provocou a eliminação de inúmeros postos de trabalho (MARX, 1968b, p. 733-734).

Durante o processo de transição ao regime assalariado, os trabalhadores não detinham pretensões de consumo que superassem em demasia a busca de suas necessidades mais primárias de sobrevivência, seja porque pensar adiante era uma realidade bem distante da que eles vivenciavam, seja porque ainda estava viva a memória feudal de vida simples, sem maiores aspirações. (SOUTO MAIOR, 2011. p. 127)

---

(13) O direito à desconexão tem supedâneo nos fundamentos e nos objetos da ordem constitucional vigente, visto que, ao afirmar a dignidade da pessoa humana como primazia do Estado Brasileiro, a Constituição de 1988 demonstra a prevalência do indivíduo sobre a coisa, reconhecendo-o como destinatário da ordem jurídica, cujo objetivo, ao fim e ao cabo, é tornar sua vida mais confortável e feliz (ALMEIDA; SEVERO, 2014. p. 34).

Considerando que esse perfil do trabalhador egresso do sistema feudal poderia constituir um obstáculo ao empenho — da então existente massa de miseráveis — ao labor intenso sob a tutela da burguesia, o próprio Estado se encarregou de criar o ambiente necessário ao florescimento do capital. Trata-se, nos relatos de Karl Marx (1968b, p. 851-852), de um conjunto de leis que foram editadas a partir do século XVI, segundo as quais a mencionada massa proletária foi proibida de pedir esmolas, de praticar o ócio e mesmo de recusar o trabalho assalariado. No caso de serem infringidas, havia previsão de penas que iam da tortura à prisão e à escravidão, e podiam chegar até ao enforcamento.

Em outras palavras, leis que não deixavam outra alternativa ao ex-camponês — atual operário — que não fosse a de submeter-se às condições escorchantes que lhe eram impostas pelo nascente capital.

Entre essas condições estavam as extensas e desgastantes jornadas de trabalho de 14 e até 16 horas diárias, não muito diferentes para mulheres e crianças. Menores contando tenros 8 ou 9 anos de idade estavam incluídos nesse universo, não havendo ser humano com mais de 4 anos que não pudesse trabalhar (SOUTO MAIOR, 2011. p. 136-137). Diferentemente do regime feudal, no capitalismo em formação o controle do tempo passou a ser essencial para que se mensurasse, de forma disciplinada, a quantidade do trabalho em horas.

As condições vivenciadas pelos trabalhadores na Inglaterra da Revolução Industrial, são descritas com riqueza de detalhes por Marx (1968a, p. 275-276), a partir de publicações da época. Nessa toada, o registro do jornal Daily Telegraph,[14] de 17 de janeiro de 1860:

> O juiz do condado Broughton, presidindo uma reunião na Prefeitura de Nottingham, em 14 de janeiro de 1860, declarou que naquela parte da população, empregada nas fábricas de renda da cidade, reinavam sofrimentos e privações em grau desconhecido no resto do mundo civilizado... As 2, 3 e 4 horas da manhã, as crianças de 9 e 10 anos são arrancadas de camas imundas e obrigadas a trabalhar até às 10, 11 ou 12 horas da noite, para ganhar o indispensável à mera subsistência. Com isso, seus membros definham, sua estatura se atrofia, suas faces se tornam lívidas, seu ser mergulha num torpor pétreo, horripilante de se contemplar...Não nos surpreendemos que o Sr. Mallet e outros fabricantes se levantem para protestar contra qualquer discussão...O sistema, como o descreveu o reverendo Montagu Valpy, constitui uma escravidão ilimitada, escravidão em sentido social, físico, moral e intelectual...que pensar de uma cidade onde se realiza uma reunião pública para pedir que o tempo de trabalho para os homens se limite a 18 horas por dia!...Protestamos contra os senhores de escravos da Virgínia e da Carolina. Mas, o mercado negreiro, com os horrores do látego e do tráfego de carne humana é por acaso mais ignóbil do que esta lenta imolação dos sêres humanos, praticada a fim de se produzirem véus e golas para maior lucro dos capitalistas?

Como parte desse deplorável processo histórico de degradação e exploração, a classe trabalhadora — cada vez mais numerosa e unida pelas dificuldades impostas pelo capital — passou a se organizar em revoltas e mobilizações com o fim de questionar melhores condições de trabalho, que contribuíram para o surgimento das primeiras normas nacionais e internacionais relacionadas ao trabalho, no início do século XIX, e, posteriormente, para o nascedouro do próprio Direito do Trabalho (SOUTO MAIOR, 2011. p. 134-135).

Nessa direção, parece ser consenso na doutrina que a primeira lei trabalhista editada no Mundo foi o *Health and Moral's Apprentices Act* ou "Ato da Saúde e da Moral dos Aprendizes", de 1802, que estabeleceu jornada máxima de 12 horas diárias e proibição do trabalho noturno para as crianças (SOUTO MAIOR, 2011. p. 160).

Contemporâneo dessa época foi o empresário galês Robert Owen, o qual teve a primazia na defesa de amplas reformas sociais, e, muito embora não tenha logrado êxito imediato no seu intento, suas pregações se converteram em embriões da legislação de proteção ao trabalho e de sua internacionalização, como foi o caso da aprovação, pelo Parlamento inglês, em 1847, da primeira lei ampla de limitação da jornada de trabalho na Inglaterra, que passou a ser fixada em dez horas diárias (SUSSEKIND, 1983. p. 74-75).

Anos antes, outras normas nacionais haviam regulado as relações de trabalho para grupos determinados, tais como: *Cotton Mills Act*, em 1819, que estabeleceu, pela primeira vez, um limite de idade para a contratação de

---

(14) Jornal britânico fundado em 1855 e também conhecido por "The Telegraph", que atualmente é o periódico de maior circulação diária no Reino Unido.

crianças, qual seja, 9 anos; *Cotton Industry Act*, em 1831, que fixou em nove horas a jornada aos sábados para os trabalhadores menores de 18 anos; *Lord Althorp Act*, em 1833, que estipulou a diminuição da jornada de trabalho para crianças e adolescentes; e, *Coal Mining Act*, em 1842, que estendeu a proteção em relação ao trabalho infantil para outras indústrias, afora a de tecelaria. Na França, a primeira norma destinada a proteger o trabalhador remonta a 1841 e proibiu o trabalho nas usinas e nas manufaturas das crianças com menos de 8 anos; tendo também limitado a oito horas diárias o trabalho das crianças de 8 a 12 anos, e a 12 horas por dia, o labor dos adolescentes de 12 a 16 anos. (SOUTO MAIOR, 2011. p. 162-163).

Nesse sentido, não foi por acaso que as primeiras leis laborais se orientavam para limitação da jornada de trabalho, regulamentação de descanso e regulamentação das atividades insalubres. Tratava-se, na realidade, da busca da preservação das forças produtoras pelo Estado Burguês (ELFFMAN *apud* SANTOS, 2008. p. 12).

A despeito disso, a julgar pelo citado teor da legislação precursora, depreende-se, sem sombra de dúvida, que as leis se revelavam bastante prejudiciais ao trabalhador, considerando que, se por uma parte vedavam o excesso do que já seria ultrajante, de outra sorte legitimavam a injustiça ao permitir, *contrario sensu*, o labor de crianças, adolescentes e mesmo adultos em jornadas incompatíveis com a condição humana.

Ademais, com frequência essa legislação histórica ultrajante era desrespeitada e seus torpes limites ultrapassados, conforme foi demonstrado no relato do periódico Daily Telegraph de idos de 1860, acima transcrito.

Não por outra razão que essas leis precursoras têm sua importância histórica mais atrelada ao reconhecimento de que seria necessária uma intervenção estatal nas relações de trabalho — em contrariedade com a doutrina do Estado Liberal — do que propriamente por terem efetivamente beneficiado os trabalhadores.

No âmbito de mobilização da classe operária, Congressos Internacionais de Legislação do Trabalho realizados em Bruxelas e Paris, no final do século XIX, foram decisivos na criação da Associação Internacional para a Proteção Legal dos Trabalhadores, em meio a amplas discussões a respeito da limitação da jornada legal de trabalho (SUSSEKIND, 1983. p. 81-82).

Como resultado da atuação decisiva da citada associação foi celebrado o primeiro tratado internacional em matéria de regulação da legislação do trabalho, qual seja, o Tratado Bilateral de Trabalho Franco-Italiano, assinado em 1909, e que foi o primogênito de diversas outras convenções internacionais (SUSSEKIND, 1983. p. 82-83).

Concomitantemente, no final do século XIX e início do século XX, proliferou a legislação trabalhista nos Estados Nacionais, sendo seu teor voltado a questões ligadas ao meio ambiente do trabalho, mormente no que diz respeito à limitação de jornadas, descansos, horários e idade para o trabalho (SOUTO MAIOR, 2011. p. 232-236).

Nesse contexto, a França incorporou ao seu ordenamento lei, datada de 30 de março de 1900, que assegurou jornada laboral de 10 horas diárias para mulheres, crianças e boa parte dos trabalhadores adultos do sexo masculino, dando continuidade à tendência europeia de redução do tempo de trabalho naquele momento histórico (BALELLA, 1933. p. 225-226).

Em 1914, eclodiu a Primeira Guerra Mundial, após décadas de tensão entre os países europeus imperialistas, em razão de conflitos de ordem econômica e geopolítica na perseguição de novas áreas de influência para ingresso dos seus produtos industriais (BALELLA, 1933. p. 242).

Ao final desse conflito mundial foi assinado o Tratado de Versalles, em 1919, que é considerado o marco institucional na regulação internacional do capitalismo produtivo (BALELLA, 1933. p. 206).

O capítulo XIII do referido tratado consolidou, em sua quase integralidade, o projeto elaborado pela Comissão de Legislação Internacional do Trabalho, criada em 25.1.1919, ao início da Conferência de Paz (SUSSENKIND, 1983, 88-89). Seu texto original assim dispôs sobre a organização internacional do trabalho:

> Considerando que a Liga das Nações tem por objecto o estabelecimento da paz universal, e que essa paz somente pode ser estabelecida se estiver baseada na justiça social; e considerando que as injustas condições de trabalho existentes atribuem miséria e privações para um grande número de pessoas, ocasionando grande instabilidade e colocando em risco a paz e a harmonia do mundo; considerando que uma melhoria dessas condições é urgentemente necessária: como, por exemplo, pela regulamentação das horas de trabalho, incluindo-se a fixação de uma jornada máxima de trabalho diária e semanal, a regulamentação da oferta de trabalho, a prevenção do desemprego, a prestação de um salário mínimo adequado, a proteção do trabalhador contra doenças e lesões decorrentes de seu emprego, a proteção

das crianças, adolescentes e mulheres, a provisão financeira para os trabalhadores idosos e acidentes, a proteção dos interesses dos trabalhadores, quando empregados em outros países que não o seu, o reconhecimento do princípio da liberdade de associação, a organização do ensino profissional e técnico e outras medidas;[15] (ILO, 1923. p. 332, tradução do autor).

Note-se que o interesse e a preocupação com o tempo de trabalho foi, de maneira destacada, o primeiro item citado para melhoria das condições laborais, quando o texto menciona a "regulamentação das horas de trabalho, incluindo-se a fixação de uma jornada máxima de trabalho diária e semanal".

De se perceber, portanto, que o tempo de trabalho sempre figurou como pauta primordial — no mínimo, uma das principais — nas reivindicações dos trabalhadores, além de ocupar espaço preponderante nos conflitos de classe desde os primórdios do capitalismo, tendo se feito presente, inclusive, na gênese da Organização Internacional do Trabalho (OIT).

A inquietação com o tempo de trabalho também se registra no texto do art. 427 do Tratado de Versalhes, notabilizado por ter relacionado os princípios fundamentais do Direito do Trabalho. Cabe menção aos itens quarto e quinto que dispuseram sobre a jornada limite de oito horas diárias e quarenta e oito semanais, bem como sobre o descanso semanal remunerado. Confira-se:

> Quarto — A adoção de uma jornada de oito horas por dia ou quarenta e oito semanas como o padrão a ser alcançado onde ele ainda não tenha sido atingido.
>
> Quinto — A adoção de um repouso mínimo de vinte e quatro horas incluindo o domingo, sempre que possível[16]. (ILO, 1923. p. 345, tradução do autor)

Nesse diapasão, Lee, McCann e Messenger (2009. p. 8) esclarecem que a redução da jornada de trabalho foi um dos objetivos originais da legislação trabalhista, sendo que esse objetivo foi sendo alcançado, mediante a imposição de limites de horas para trabalho diário e semanal.

Após a criação da OIT, várias foram as normas, em especial convenções, que regularam o tempo de trabalho. Aliás, foi esse o objeto da Convenção n. 1 (OIT, 1919), relativa à duração do trabalho na indústria, por meio da qual foi reafirmado o princípio de que a jornada não poderia exceder "oito horas por dia e quarenta e oito por semana".

Outras convenções também regularam a questão do tempo de trabalho, a exemplo da Convenção n. 30 sobre as Horas de Trabalho (Comércio e Escritórios), de 1930, a qual atribuiu a estas categorias a jornada de 48 horas, anteriormente contemplada somente para os trabalhadores da indústria; Convenção n. 47, de 1935, que estabeleceu o novo padrão internacional de quarenta horas semanais; bem como as Convenções n. 14, de 1921, e n. 106, de 1957, que estabeleceram o princípio do descanso mínimo semanal de um dia (LEE; MCCANN; MESSENGER, 2009. p. 1).

Em 1944, antes mesmo do desfecho da Segunda Guerra Mundial, a OIT retomou suas atividades regulares e promoveu sua 26ª reunião, realizada na cidade da Filadélfia, a qual resultou na Declaração de Filadélfia, que reafirmou os valores consignados na constituição deste Organismo Internacional (SOUTO MAIOR, 2011. p. 364).

Para Süssekind (1983. p. 109), a Declaração de Filadélfia não apenas repetiu, como também ampliou os princípios do Tratado de Versalhes, tendo conferido nova dimensão ao Direito Internacional do Trabalho e alargado a competência e finalidades da OIT.

---

(15) Texto original em língua inglesa, conforme a seguir: "Whereas the League of Nations has for its object the establishment of universal Peace, and such a peace can be established only if it is based upon social justice; And whereas conditions of labour exist involving such injustice, hardship and privation to large numbers of people as to produce unrest so great that the peace and harmony of the world are imperilled; and an improvement of those conditions is urgently required: as, for example, by the regulation of the hours of work, including the establishment of a maximum working day and week, the regulation of the labour supply, the prevention of unemployment, the provision of an adequate living wage, the protection of the worker against sickness, disease and injury arising out of his employment, the protection of children, Young persons and women, provision for old age and injury, protection of the interests of workers when employed in countries other than their own, recognition of the principle of freedom of association, the organisation of vocational and technical education and other measures".

(16) Texto original em língua inglesa, conforme a seguir: "Fourth. — The adoption of an eight hours day or a forty-eight hours week as the standard to be aimed at where it has not already been attained. Fifth — The adoption of a rest of at least twenty-four hours, which should include Sunday wherever practicable (ILO, 1923. p. 345)".

Em 1946, por ocasião da 29ª reunião da Conferência Internacional do Trabalho, realizada em Montreal, foi aprovada a revisão do diploma de constituição da OIT, do qual a Declaração de Filadélfia passou a ser anexo. A atual Constituição da OIT, em seu preâmbulo, reafirmou o conteúdo do Tratado de Versalhes no que se refere à melhoria das condições de trabalho relacionadas ao tempo de trabalho, com vistas a garantir a justiça social e uma universal e duradoura paz universal (OIT, 1946).

Em 1948, o tempo no trabalho voltou a ser abordado com destaque pela Declaração Universal dos Direitos Humanos, que foi proclamada pela Assembleia Geral da Organização das Nações Unidas (ONU).

Fábio Konder Comparato (2013. p. 242) leciona que a Declaração de 1948 tratou de situações primordiais para proteção das classes ou grupos sociais mais vulneráveis, mencionando os direitos sagrados ao repouso e ao lazer, e, especificamente, enfatizando a limitação razoável da duração do trabalho como uma das grandes conquistas ali estabelecidas.

De acordo com a cronologia descrita, verifica-se que o tempo de trabalho passou inicialmente por um período de completa ausência de regulamentação e as primeiras tentativas de regulação evoluíram de forma pífia ao longo dos séculos, considerando que, se de um lado proibiam o excesso do que já era absurdo, de outro, legalizavam jornadas de doze horas diárias para crianças, a exemplo do *Health and Moral's Apprentices Act,* primeira lei trabalhista positivada no mundo.

Atualmente, a jornada de trabalho nos países ditos desenvolvidos está quase sempre situada entre 35 e 45 horas semanais, exceção feita a alguns países asiáticos como Cingapura e Coreia do Sul. Nos países em desenvolvimento, entretanto, a jornada de trabalho ainda é significativamente superior ao patamar acima mencionado, não raramente sendo superior a 48 horas na semana, o que se registra em países como Turquia, Tailândia, Costa Rica, El Salvador, Peru e Filipinas (LEE; MCCANN; MESSENGER, 2009. p. 27).

Paralelamente a esse contexto internacional, o tempo no trabalho também foi objeto de abordagem pelo ordenamento jurídico brasileiro. A evolução constitucional desse aspecto do meio ambiente do trabalho será objeto de estudo a partir de agora.

2.2.1 Evolução constitucional brasileira

A primeira Constituição Brasileira foi outorgada em 1824, por Dom Pedro I, em momento histórico no qual o Brasil era um país agrário, com a economia baseada na monocultura latifundiária e sustentado pela mão de obra escrava, que representava cerca de 20% da população nacional (SOUZA NETO; SARMENTO, 2014. p. 98). Como era de esperar, esta Carta Política silenciou quanto a qualquer regulamentação de cunho trabalhista.

Por sua vez, a Constituição de 1891 foi a autêntica representação do liberalismo que se desenvolveu nos Estados Unidos da América (EUA), de onde, aliás, foram importadas as instituições e os valores expressos em seu texto (SOUZA NETO; SARMENTO, 2014. p. 110).

Com essa inspiração, a Carta Política de 1891 não se detêve em garantir ou explicitar qualquer direito social e, no tocante ao trabalho, limitou-se a prever que competia privativamente ao Congresso Nacional legislar sobre trabalho (art. 34, item 28).

Em meio a um ambiente internacional de crise do liberalismo, a Constituição de 1934 inaugurou uma nova era do constitucionalismo social no Brasil. Nela foi consagrado um modelo cooperativo inspirado na Constituição Alemã de Weimar e foram incorporados temas que não haviam sido disciplinados nas Cartas anteriores, entre eles, o das relações de trabalho (SOUZA NETO; SARMENTO, 2014. p. 119).

Nesse sentido, o então inovador art. 121 delegou à legislação ordinária o estabelecimento das condições de trabalho, o que seria realizado "tendo em vista a proteção social do trabalhador". A alínea *c* do mesmo dispositivo estabeleceu pela primeira vez, no plano constitucional, uma limitação da jornada máxima de trabalho, que foi estipulada em oito horas diárias, as quais, todavia, poderiam ser objeto de prorrogação legal.

A Constituição de 1937, em que pese haver sido outorgada por Getúlio Vargas e ter tido um viés autoritário, conforme lecionam Cláudio Pereira de Souza Neto e Daniel Sarmento (2014. p. 127), manteve a previsão de direitos trabalhistas, incluindo-se aí a limitação da jornada de trabalho a oito horas diárias, passível de aumento, por lei, consoante previsão contida no art. 137, *i,* daquela Carta Constitucional.

Durante a vigência da Constituição de 1937 ocorreram dois relevantes acontecimentos em matéria de trabalho, quais sejam: (i) a criação da Justiça do Trabalho, expressa no art. 122 da Carta Política, sendo implementada a partir de 1º.5.1941, após a edição do Decreto-Lei n. 1.237/39 e do Decreto n. 6.596/40; (ii) a aprovação da

Consolidação das Leis do Trabalho, por intermédio do Decreto-Lei n. 5.452/43, a qual se mantém vigente até a presente data.

Após o término da 2ª Guerra Mundial e fim da ditadura Varguista do Estado Novo, foi promulgada a Constituição de 1946, que preservou a jornada de trabalho máxima permitida, é dizer, a jornada de oito horas diárias, bem como manteve a possibilidade de elasticimento desse teto pela legislação ordinária, consoante se depreende da leitura do inciso V do seu art. 157.

Já as Constituições de 1967 e 1969, com termo inicial lançado durante a Ditadura Militar de 1964, limitaram-se a reprisar a jornada máxima de trabalho diário, nos moldes em que haviam feito as Constituições anteriores, com apenas dois diferenciais dignos de menção.

O primeiro diz respeito à ampliação de hipóteses mediante as quais se poderia impor ao trabalhador uma jornada de trabalho diária superior a oito horas. Essa alteração foi implementada a partir da substituição do termo "lei" pelo termo "casos especialmente previstos", o que, a rigor, poderia ser qualquer coisa que se houvesse por bem definir. O segundo reporta-se à introdução no texto constitucional do conceito e da garantia do intervalo para descanso, a teor do art. 158, VI, da Constituição de 1967, e art. 165, VI, da Constituição de 1969.

A seu turno, a Constituição Republicana de 1988, foi muito além de suas antecessoras ao estabelecer os direitos e garantias fundamentais como suas prioridades. Por esta razão, estes direitos estão alocados logo nos seus primeiros dispositivos constitucionais, em espaço antes destinado às estruturas do Estado (SOUZA NETO; SARMENTO, 2014. p. 172).

No que diz respeito ao tempo de trabalho, a Carta Manga superou quase todos os aspectos abordados no ordenamento constitucional anterior, ampliando, entre outras medidas, a licença gestante para cento e vinte dias e garantindo a licença-paternidade (art. 7º, XVIII e XIX, respectivamente).

Quanto à jornada de trabalho, a Carta Política nomeadamente estipulou a duração normal do trabalho não superior a oito horas diárias e quarenta e quatro horas semanais (art. 7º, XIII), o que reduziu em quatro horas a jornada laboral máxima permitida no país, além de excluir da ordem constitucional qualquer possibilidade de prorrogação desse teto, em contraponto à permissão conferida pelas Constituições anteriores.

Ainda em relação ao tema jornada, o texto constitucional inovou ao estipular o máximo de seis horas diárias de trabalho para os empregados que percorrem turnos ininterruptos de revezamento — salvo nas hipóteses em que houver negociação coletiva —, por serem inegavelmente mais gravosos que os turnos convencionais.

No que tange aos intervalos de trabalho, embora não tenham sido expressamente contemplados no texto constitucional atual, é possível depreender sua garantia a partir da hermenêutica dos valores constitucionais nela contidos, a exemplo dos dispositivos que asseguram um meio ambiente laboral saudável (art. 225) e a redução de riscos inerentes ao trabalho (art. 7º, XXII).

Feito esse breve histórico, é de se registrar que em virtude do lento desenvolvimento econômico e social do Brasil — em plena segunda metade do século XIX o país ainda adotava o sistema escravocrata e na primeira metade do século XX ainda era uma República agrária — a constitucionalização do tempo de trabalho, mormente a limitação das jornadas de trabalho foi igualmente tardia.

Enquanto nos países europeus já se limitava a jornada de trabalho desde meados do século XIX, no Brasil, as Constituições de 1824 e 1891 silenciaram sobre a questão. Isso explica a razão pela qual no Brasil não chegaram a ser legalizadas as jornadas de dez e doze horas que vigoraram na Europa na fase embrionária da legislação do trabalho.

No Brasil, foi-se desde o extremo de uma Constituição de forte influência liberal, a Carta de 1891, que nada regulou sobre o trabalho, à Constituição de 1934, de inspiração social, promulgada frente a um contexto internacional de crise do liberalismo. Esse cenário fez com que o primeiro registro histórico constitucional quanto à jornada de trabalho a limitasse em 8 horas diárias e 48 horas semanais.

Esse padrão de jornada foi mantido até a Constituição de 1969, sendo reduzido, conforme já demonstrado, pela Carta de 1988, que manteve o limite máximo diário, apesar de haver reduzido o teto semanal para quarenta e quatro horas, patamar que ainda se mostra demasiadamente elevado, se comparado com a média das jornadas dos países relacionados no gráfico 1.

Delineado esse panorama histórico, tanto internacional quanto brasileiro, resta saber quais são as tendências atuais em matéria de tempo de trabalho, bem como se, na prática, as jornadas positivadas têm sido suficientes para efetivamente reduzir a duração total do labor dos operários.

2.2.2 Tendências atuais em matéria de tempo de trabalho

Recente estudo promovido pela OIT, a partir de dados colhidos entre os anos de 1967 e 2005, aponta para a tendência mundial de redução das jornadas normatizadas de trabalho. A pesquisa revela que entre os 101 países analisados, a maioria já adota jornadas semanais inferiores a 48 horas e deste rol grande parte positivou a jornada de 40 horas idealizada na Convenção n. 47 da OIT, desde 1935 (LEE; MCCANN; MESSENGER, 2009. p. 13-16).

Em que pese os dados da OIT apontarem para um viés preponderante de redução da jornada normatizada da segunda metade do século XX ao início do século XXI, evidências se aglomeram na direção de que alguns influentes países do bloco ocidental estejam atualmente retomando a prática de alongamento da jornada de trabalho, o que se constitui em uma reviravolta histórica da tendência que prevalecia há mais de um século (DAL ROSSO, 2006. p. 32).

Entre as nações que sustentam essa reviravolta, figuram os Estados Unidos, país onde o aumento do número de horas trabalhadas decorre basicamente da ampliação do número de horas extras percorridas. Por outro lado, alguns países ainda mantêm o viés de redução da jornada laborada, entre os quais pode-se citar a França, Alemanha, Itália, Holanda, Noruega, Japão e Coreia (DAL ROSSO, 2006. p. 32).

Em sentido convergente, estudos realizados pela Organização para Cooperação Econômica e Desenvolvimento (OECD)[17] demonstram que a partir da década de 80, Estados Unidos, Suécia e Hungria inverteram a tendência de redução do tempo de trabalho e passaram a sustentar números crescentes de jornadas percorridas, apesar de ainda persistir uma tendência geral decrescente, nos demais países-membros da OECD. Esse estudo confirmou que essa inversão, nos Estados Unidos, decorre de um aumento da jornada extraordinária, enquanto que na Suécia, reporta-se ao aumento do número de horas de trabalho realizadas pelos obreiros vinculados a jornadas de tempo parcial (EVANS; LIPOLDT; MARIANNA, 2001. p. 8).

No Brasil, segundo dados do recenseamento do ano 2000 (IBGE, 2000, tabela 1.1.9), mais de 41% dos trabalhadores empregados detinham carga de trabalho igual ou superior a 45 horas semanais, sendo que, destes, cerca de 22% percorriam 49 ou mais horas de trabalho ao longo da semana.

O censo realizado no ano de 2010, todavia, apontou redução significativa desse excedente no interstício de 10 anos. De acordo com os resultados apurados, cerca de 27% do total de trabalhadores permaneceram laborando mais do que 44 horas semanais; e desse universo, quantidade superior a 13% trabalhavam 49 ou mais horas durante a semana (IBGE, 2010, tabela 1.1.26).

A análise superficial dos dados censitários poderia levar à indevida conclusão de que o Brasil ostenta boa posição quanto à quantidade de horas de trabalho, se comparado com outras nações do planeta. Essa interpretação, contudo, não resiste a uma análise voltada aos números absolutos de horas trabalhadas em cada país.

Isso porque, apesar da redução, as jornadas de trabalho no Brasil ainda são flagrantemente mais extensas do que as verificadas nos países desenvolvidos ocidentais. Vejam-se os gráficos a seguir:

---

(17) Organização para a Cooperação Econômica e Desenvolvimento, criada em 1961, da qual são membros 34 países em todo o globo, da América do Norte e América do Sul para a Europa e Ásia-Pacífico, incluindo países ditos desenvolvidos e países emergentes, a exemplo do México, Chile e Turquia.

Gráfico 1 — Média anual de horas efetivamente trabalhadas por pessoa empregada no período compreendido entre 1970-1999.

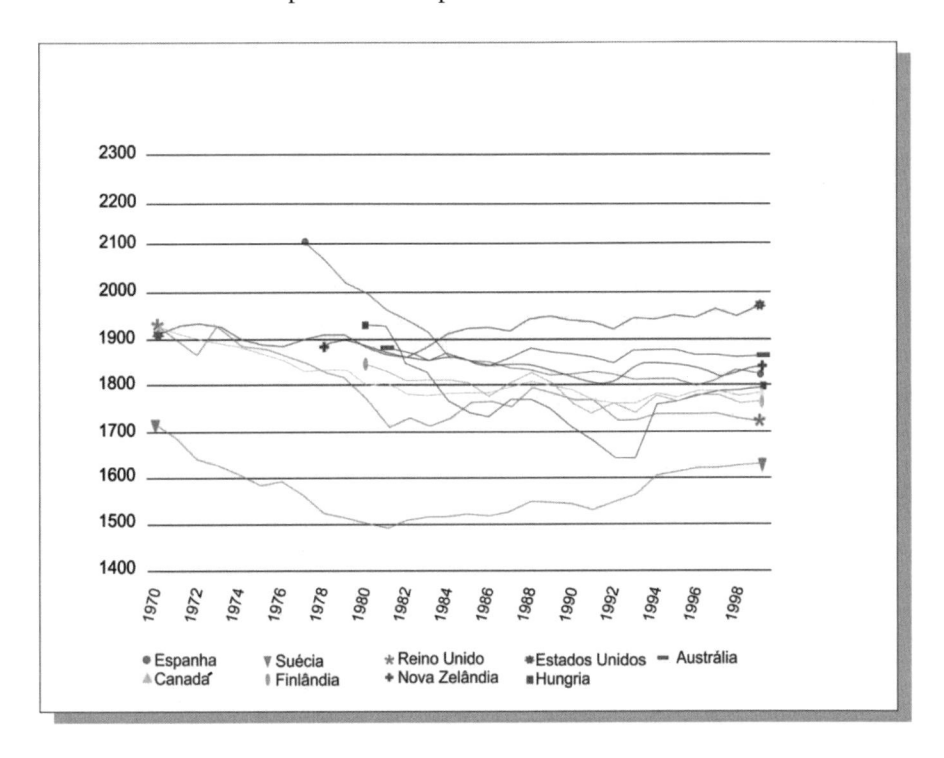

Fonte: OECD (2001). Adaptação do autor

Gráfico 1 — Média anual de horas efetivamente trabalhadas por pessoa empregada no período compreendido entre 1970-1999. (cont.)

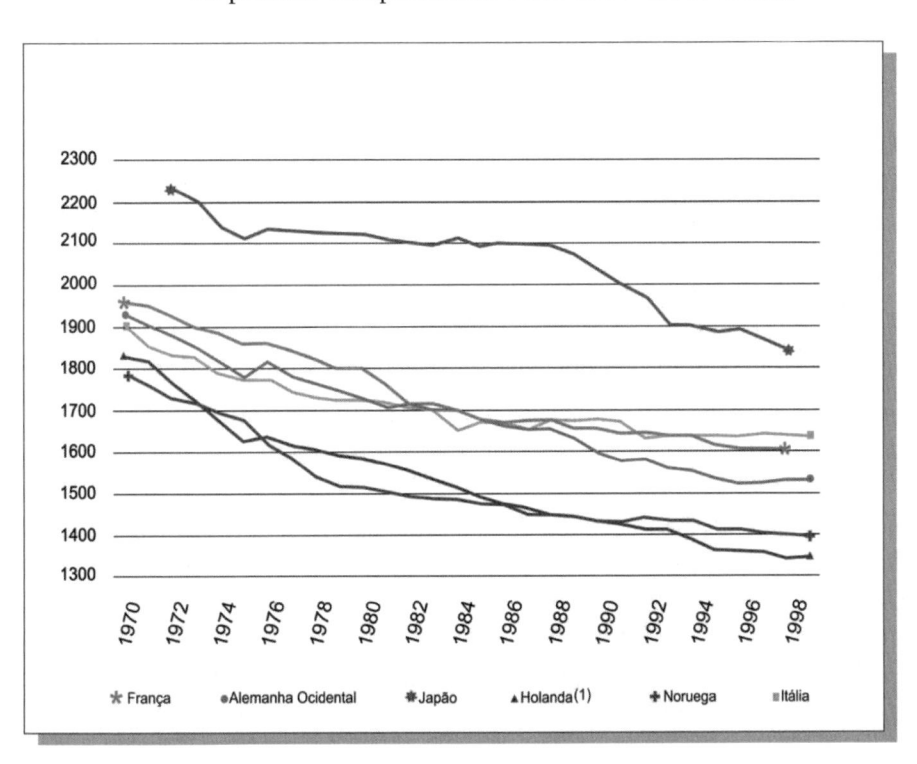

Fonte: OECD (2001). Adaptação do autor

Depreende-se das informações acima que em todos os países referenciados a quantidade média de horas de trabalho está situada abaixo de 2.000 horas anuais. Ademais, em grande parte deles esse quantitativo está abaixo de 1.700 horas anuais, a exemplo de Suécia, Itália, França e Alemanha. Na Noruega e na Holanda, por sua vez, o total é ainda menor, sendo o número de horas trabalhadas durante o ano, igual ou inferior a 1.400.

Ao se converter o quantitativo de 2.000, 1.700 e 1.400 horas anuais para o indicador semanal, percebe-se que o mesmo corresponde a uma média equivalente a 38,3, 32,6, e 26,8 horas de trabalho semanais, respectivamente, média bastante díspare da verificada no Brasil, conforme registros tabelados abaixo (IBGE, 2010, tabela 1.1.26):

Tabela 3 — Pessoas empregadas, ocupadas na semana de referência, por grupos de horas habitualmente trabalhadas por semana no trabalho principal.

Quantitativo de Horas Trabalhadas na Semana	Total de Trabalhadores	%
Até 14 horas	3.884.273	6,35
15 a 29 horas	4.395.466	7,19
30 a 39 horas	5.166.906	8,44
40 a 44 horas	31.038.491	50,73
45 a 48 horas	8.559.522	13,99
49 horas ou mais	8.131.910	13,30
Total	61.176.567	100,00

Fonte: IBGE — Censo Demográfico (2010).

Veja-se que somente 21,98% dos trabalhadores brasileiros laboram até 39 horas semanais, enquanto que os restantes 88,02% percorrem quantitativo deveras superior, o que demonstra ser a média brasileira bem mais elevada[18] que aquela pesquisada nos países comparados.

E para aumentar ainda mais essas disparidades, convém assinalar que, se de um lado, os números da OECD apresentam a média total trabalhada pelos indivíduos empregados no país de referência, de outro, os dados do Instituto Brasileiro de Geografia e Estatística (IBGE) apenas computam as horas laboradas no trabalho principal.

A consequência é que nos casos de trabalhadores com dois ou mais empregos — circunstância bastante comum no país — as horas do trabalho principal são computadas e as horas das demais ocupações, desprezadas, do que se depreende ser o real quantitativo de horas trabalhadas no Brasil ainda maior do que o apontado nos dados oficiais.

De tal sorte que a redução do tempo de trabalho registrada no Brasil nos últimos 15 anos pode ser considerada insuficiente, visto que na atualidade pelo menos cerca de 80% dos trabalhadores nacionais submetem-se a carga de trabalho que supera em muito aquela praticada nos países acima dimensionados, durante a década de 70.

Reitere-se que nem mesmo um eventual aumento nas horas de trabalho em países como Estados Unidos, Hungria e Suécia implicaria a modificação desse panorama traçado, a curto prazo, considerando que os patamares registrados nestes países seguiriam sendo significativamente inferiores ao patamar brasileiro.

E mais, se for considerada apenas a parcela dos que laboram acima da jornada constitucionalmente prevista de quarenta e quatro horas semanais, constatar-se-á que hoje cerca de 28% de todos os trabalhadores brasileiros percorrem jornadas semelhantes àquelas exigidas na Europa do princípio do século XX. Como corolário lógico, resulta evidente o quão espoliado é o trabalhador brasileiro se comparado aos seus pares estrangeiros.

Ademais do alto índice de carga horária trabalhada, esse quantitativo é distribuído de forma díspare no mercado laboral. Algumas categorias, a exemplo dos supermercadistas, rodoviários e trabalhadores em hotéis, bares

---

(18) A média geral de horas trabalhadas no Brasil não está disponível nas estatísticas oficiais acessíveis no sítio eletrônico do IBGE.

e restaurantes, estão inseridas em grupamentos de atividades nas quais o tempo de trabalho atinge patamares superiores aos verificados na média nacional. Observe-se[19]:

Tabela 4 — Pessoas empregadas, ocupadas na semana de referência, por grupos de horas habitualmente trabalhadas por semana no trabalho principal e grupamento de atividade.

Atividade do Trabalho	Até 14 horas	15 a 29 horas	30 a 39 horas	40 a 44 horas	45 a 48 horas	49 horas ou mais
Total de trabalhadores empregados	6,35	7,19	8,44	50,73	13,99	13,3
Comércio; reparação de veículos automotores e motocicletas	5,49	3,69	5,04	49,89	18,26	17,63
Transporte, armazenagem e correio	5,59	2,96	6,25	46,39	14,80	24,01
Alojamento e alimentação	6,69	5,44	7,53	41,01	19,59	19,65

Fonte: IBGE — Censo Demográfico (2010). Adaptação do autor

Ora, se aproximadamente 27% do total geral de empregados labora habitualmente 45 horas ou mais durante a semana, o que já se apresenta significativo, este percentual ultrapassa 35% na atividade de comércio e reparação de veículos automotores e motocicletas, segmento no qual se insere o setor supermercadista.

No grupamento de transporte, armazenagem e correio, os dados revelam cenário pior, com quase 39% dos trabalhadores absorvendo essa carga de trabalho. Por fim, nas atividades de alojamento e alimentação, nas quais estão inseridos os segmentos de hotéis, bares e restaurantes, o panorama é ainda mais devastador, com mais de 39% dos operários sendo submetidos a cargas superiores à prevista no art. 7º, XIII, da CRFB/88.

Se considerados apenas os trabalhadores submetidos a 49 horas ou mais de trabalho semanal, a conclusão não é menos impactante, porque em todos os grupamentos selecionados, a quantidade de horas trabalhadas está situada bem acima da média nacional, com destaque negativo para a atividade de transporte, armazenagem e correio, na qual 24% dos operários se submetem a essa carga de trabalho aviltante — percentual que corresponde aproximadamente ao dobro da média nacional.

Estatísticas como essas demonstram que nem mesmo a ordem positivada internacional e as normas internas de cada país — particularmente, do Brasil — têm sido suficientes para deter a opressão que a lógica capitalista impõe ao trabalhador.

Há de se reconhecer, portanto, que apesar de o trabalho escravo estar teoricamente proscrito ética e legalmente em todas as nações do globo, paradoxalmente, na prática, segue sendo um dos alicerces da sociedade do século XXI, na medida em que as pessoas são compelidas a gastar suas vidas no interior dos seus postos de trabalho (DAL ROSSO, 2013. p. 88-89).

Diante da gravidade do quadro apontado, urge ainda assinalar que os dados oficiais consideram apenas a noção de horas efetivamente trabalhadas, é dizer, excluem tanto os intervalos laborais situados fora da jornada de trabalho, quanto o tempo de deslocamento para o trabalho, segundo a metodologia do IBGE (2010. p. 40).

Em relação ao intervalo intrajornada não foram localizadas estatísticas oficiais relacionadas a esse indicador do tempo de trabalho. Essa constatação reforça outra, anteriormente mencionada, no sentido de que esse conceito não tem merecido a atenção devida no âmbito das ciências sociais.

Quanto ao tempo de deslocamento, dados extraídos da Pesquisa Nacional por Amostra de Domicílios (PNAD), promovida pelo IBGE, têm demonstrado uma piora nas condições de transporte das principais regiões metropolitanas do país desde o ano de 1992, ocasionando o aumento do tempo de viagem casa-trabalho (PEREIRA; SCHWANEN, 2013. p. 20).

Paralelamente a isso, verifica-se que os 10% mais pobres tendem a gastar quase 20% a mais de tempo de deslocamento casa-trabalho se comparados aos 10% mais ricos, demonstrando estar a população de menor renda mais vulnerável às mazelas da mobilidade urbana (PEREIRA; SCHWANEN, 2013. p. 18).

---

(19) Trata-se da tabela 3586 disponível em: <http://www.sidra.ibge.gov.br/cd/cd2010ETRD.asp?o=17&i=P>. Acesso em: 11 set. 2015.

Apesar de o tempo de deslocamento ser cada vez mais representativo e preocupante no âmbito da rotina diária do trabalhador brasileiro, as estatísticas oficiais não disponibilizam ferramentas destinadas a apurar a extensão do trabalho realizado[20], o que contribui para o crescimento dessa lacuna no estudo do tempo de trabalho.

Cumpre enfatizar, que nas categorias exemplificadas é corriqueira a pactuação de normas coletivas que elastecem o intervalo laboral, circunstância que agrava de forma exponencial a extensão do trabalho diário e, consequentemente, contribui para a degradação do meio ambiente do trabalhador, diante do trinômio (i) duração do trabalho extenuante, (ii) elevado tempo de deslocamento casa-trabalho-casa e (iii) intervalo intrajornada dilatado.

Esse tripé implica na degradação do meio ambiente laboral, com reflexos imediatos na dignidade da pessoa humana, tema a ser examinado no próximo tópico.

2.3 Trabalho degradante e dignidade da pessoa humana

O trabalho degradante pode ser visto à luz de uma conjugação de fatores de ordem factual e axiológica. Factual, na medida em que vincula a relação de trabalho concreta à disciplina legal sobre ela incidente, observando o cumprimento, pelo empregador, dos direitos mínimos fixados na legislação. Axiológica, na medida em que decorre do respeito ao conceito de dignidade humana, interpretada como sendo a congregação dos valores de liberdade, igualdade e vida (RAMOS FILHO, 2008. p. 18).

Por esta acepção, o trabalho degradante pode ser configurado tanto (i) pela violação de uma norma garantidora de um direito laboral mínimo, quanto (ii) por uma conduta patronal violadora da dignidade do trabalhador. A partir dessas premissas é possível identificar, com relativa facilidade, situações clássicas nas quais o ser humano é submetido ao trabalhado degradante.

Exigência de labor extraordinário habitual, negativas de gozo do descanso semanal remunerado e das férias anuais, supressão ou inadequação do intervalo intrajornada, são algumas das violações que se enquadram no conceito de trabalho degradante, tanto do ponto de vista factual, quanto axiológico.

Apesar disso, o próprio autor reconhece não ser essa conceituação a ideal para demarcar situações limítrofes da conduta patronal que, na hipótese de serem ultrapassadas, fariam configurar uma situação degradante do trabalho com ofensa à dignidade humana (RAMOS FILHO, 2008. p. 18).

Na busca de critérios mais adequados para formular o conceito de trabalho degradante, faz-se necessário diferenciar termos que possam conter a ideia de similitude entre si: (i) condições degradantes de trabalho/trabalho executado em condições degradantes; (ii) trabalho degradante em si mesmo (RAMOS FILHO, 2008. p. 19).

Nesse diapasão, José Cláudio Brito Filho (2013. p. 79) assevera que as *condições degradantes de trabalho* podem ser definidas como:

> "[...] condições impostas pelo tomador de serviços que, em relação de trabalho em que o prestador de serviços tem sua vontade cerceada ou anulada, resultam concretamente na negação de parte significativa dos direitos mínimos previstos na legislação vigente."

De sua parte, Phillippe Gomes Jardim (2007. p. 69) diferencia os institutos acima mencionados, mediante as seguintes balizas:

> "A diferença está em perceber que as condições degradantes de trabalho têm seu entendimento pressuposto nas condições com as quais o trabalho é executado e naquilo que está ao seu redor, incluindo aí os momentos de alimentação e repouso. E o trabalho degradante é assim definido pelo desgaste ao trabalhador imposto pela própria natureza do trabalho, ainda que executado em respeito a todas as normas de saúde e segurança do trabalho. O trabalho em condições degradantes se define a partir da relação entre o trabalhador e os meios de prestação do trabalho; o trabalho degradante pelo tipo de atividade realizada. Enfim, nas condições degradantes de trabalho, degradantes são as condições; no trabalho degradante, o trabalho."

---

(20) Possivelmente em razão de que os parâmetros tradicionais destinados à mensuração do tempo de trabalho, a exemplo de jornada, duração e horário de trabalho, são impróprios para mensurar o real tempo de vida dedicado ao trabalho, conforme já se disse antes.

A partir dos excertos acima transcritos, depreende-se a coexistência de duas acepções afins, porém distintas, em matéria de trabalho degradante, as quais demandam uma adequada compreensão.

Considerando a possibilidade de que a própria natureza de alguns trabalhos pode ser afrontosa, por si só, à dignidade do trabalhador — mas que estes dificilmente poderiam ser proibidos, por não raramente representarem atividades essenciais ao convívio em sociedade —, o Legislador permitiu o trabalho degradante em si mesmo, porém ilegalizou a condição degradante do trabalho, a fim de preservar ao máximo quanto possível a integridade do trabalhador.

Nesse sentido, a própria Constituição Republicana prevê o pagamento de adicionais para remuneração de jornada extraordinária, de atividades penosas, insalubres e perigosas (art. 7º, XVI, XXIII), *contrario sensu*, autorizando-as.

A utilização da expressão "o máximo quanto possível" pode ser passível de severa crítica, porque nela se admite, ao reverso, a legalidade da violação à dignidade do trabalhador, em alguma medida. Trata-se de crítica acertada, com a qual se concorda, porém não se pode negar que essa hipótese está contemplada no ordenamento jurídico constitucional.

Reconhecer isso, aliás, pode ser um bom ponto de partida para que se envide esforços à exaustão para extinguir o trabalho em condições degradantes, ainda que no âmbito de uma atividade degradante.

Tome-se como exemplo a atividade de um médico. A despeito de ser considerada pelo senso comum como atividade nobre, não restam dúvidas de que pode se caracterizar, sob viés diverso, como atividade degradante, uma vez que inflige sério risco à vida e integridade do trabalhador, em razão dos ambientes de trabalho insalubres nos quais o profissional precisa se fazer presente.

Apesar disso, as condições de trabalho de um médico podem ou não ser tidas como degradantes, a depender de vários aspectos que irão interferir nessa conclusão: se a extensão do trabalho é coerente com as forças físicas e mentais do operário; se o ambiente físico de trabalho, apesar de insalubre, recebe limpeza de forma adequada; se todos os riscos passíveis de eliminação foram efetivamente suprimidos; ou se todos os EPIs necessários são regularmente utilizados, entre tantas outras possibilidades que poderiam ser mencionadas.

Ressalte-se que a sujeição do trabalhador a condições de trabalho degradantes está presente, inclusive, na atual redação do art. 149, *caput*, do Código Penal Brasileiro, como tipificação do crime de redução do ser humano a condição análoga à de escravo. Confira-se:

> Art. 149. Reduzir alguém a condição análoga à de escravo, quer submetendo-o a trabalhos forçados ou a jornada exaustiva, quer sujeitando-o a condições degradantes de trabalho, quer restringindo, por qualquer meio, sua locomoção em razão de dívida contraída com o empregador ou preposto:

Note-se, também, que a redação do Código Penal Brasileiro trata a condição degradante de trabalho como espécie do gênero redução do ser humano à condição análoga à de escravo. Partindo-se dessa premissa, toda condição de trabalho degradante implicaria caracterização do trabalho análogo ao de escravo, mas não o inverso, tendo em vista que este último conceito também estaria presente na ocorrência de trabalhos forçados ou jornadas exaustivas e pela restrição à locomoção do trabalhador em razão de dívida.

É nesse ponto que surge uma inquietude. À luz do conceito aberto e plural de meio ambiente do trabalho antes esboçado, as outras três hipóteses legais de redução a condições análogas à de escravo — a saber (i) trabalhos forçados, (ii) jornadas exaustivas, e (iii) restrição à locomoção do trabalhador em razão de dívida — também não se enquadrariam no conceito factual e axiológico de condições degradantes de trabalho? Entende-se que sim, o que não impede o legislador de ser redundante, a fim de reforçar a tipificação de determinada conduta que pretenda repelir.

Mas isso não implica dizer que a expressão *condições degradantes de trabalho* seja espécie do gênero redução a condição análoga à de escravo. O apropriado é justamente o contrário.

Em toda submissão do trabalhador a condição análoga à de escravo o obreiro estará submetido, igualmente, a uma condição degradante de trabalho, sem que ocorra necessariamente o inverso.

Mencione-se, uma vez mais, o exemplo do empregador que habitualmente atrasa o pagamento de salários de forma contumaz. Nessa situação, verifica-se tanto a violação de normas trabalhistas, quanto a ofensa à dignidade do trabalhador. Inevitavelmente, existirá uma condição degradante de trabalho, mas haverá dificuldade em sustentar que o atraso, por si só, tipificaria o crime em questão.

Logo, há necessidade de se fazer uma distinção meramente retórica do que, em princípio, seria rigorosamente igual. *Meio ambiente do trabalho degradado*, que absorveria uma maior proporção, abrangendo todas as violações ao meio ambiente do trabalho, independentemente da sua gravidade e do impacto à dignidade do trabalhador. E *condições degradantes de trabalho*, de menor amplitude, que abarcariam somente as condutas empresariais que implicassem violações de maior potencial ofensivo, assim entendidas como sendo aquelas cuja incidência provocasse ofensa direta ao núcleo essencial dos direitos dos trabalhadores, hipótese em que lhes seria negado acesso ao mínimo existencial, na esteira da acepção de Brito Filho, acima transcrita.

Essa hermenêutica, ao contrário de abrandar, visa fortalecer a aplicação do art. 149 do Código Penal Brasileiro, evitando que essa tipificação receba ampliada envergadura, que, indiretamente resulte na sua banalização e, por via de consequência, no seu enfraquecimento como norma punitiva do mau empregador.

Nessa direção apontou o Supremo Tribunal Federal (STF), por ocasião do julgamento do caso Ministério Público Federal *vs* João José Pereira de Lyra e Outro (Inquérito 3.412/AL), publicado em 12.11.2012. O voto vencedor, de lavra da Ministra Rosa Weber, delimitou a compreensão do termo *condições degradantes de trabalho*, a saber:

> PENAL. REDUÇÃO A CONDIÇÃO ANÁLOGA A DE ESCRAVO. ESCRAVIDÃO MODERNA. DESNECESSIDADE DE COAÇÃO DIRETA CONTRA A LIBERDADE DE IR E VIR. DENÚNCIA RECEBIDA.
>
> Para configuração do crime do art. 149 do Código Penal, não é necessário que se prove a coação física da liberdade de ir e vir ou mesmo o cerceamento da liberdade de locomoção, bastando a submissão da vítima "a trabalhos forçados ou a jornada exaustiva" ou "a condições degradantes de trabalho", condutas alternativas previstas no tipo penal. A "escravidão moderna" é mais sutil do que a do século XIX e o cerceamento da liberdade pode decorrer de diversos constrangimentos econômicos e não necessariamente físicos. Priva-se alguém de sua liberdade e de sua dignidade tratando-o como coisa e não como pessoa humana, o que pode ser feito não só mediante coação, mas também pela violação intensa e persistente de seus direitos básicos, inclusive do direito ao trabalho digno. A violação do direito ao trabalho digno impacta a capacidade da vítima de realizar escolhas segundo a sua livre determinação. Isso também significa "reduzir alguém a condição análoga à de escravo". Não é qualquer violação dos direitos trabalhistas que configura trabalho escravo. Se a violação aos direitos do trabalho é intensa e persistente, se atinge níveis gritantes e se os trabalhadores são submetidos a trabalhos forçados, jornadas exaustivas ou a condições degradantes de trabalho, é possível, em tese, o enquadramento no crime do art. 149 do Código Penal, pois os trabalhadores estão recebendo o tratamento análogo ao de escravos, sendo privados de sua liberdade e de sua dignidade. Denúncia recebida pela presença dos requisitos legais.

Saliente-se que o Supremo Tribunal Federal, embora esclareça que não será qualquer violação dos direitos trabalhistas que fará configurar o trabalho escravo, assevera que a escravidão moderna possui algumas sutilezas que a diferenciam do tradicional conceito de escravidão.

Nessa toada, o plenário da Corte Suprema enuncia algumas das características identificadoras das condições degradantes do trabalho e, por consequência, do modelo de escravidão atual: (i) privar o ser humano da sua liberdade, coisificando-o, mediante coação ou violação intensa e persistente dos seus direitos básicos, inclusive do direito ao trabalho digno; (ii) impactar a capacidade da vítima para realizar suas próprias escolhas, mediante violação dos seus direitos; (iii) impor trabalhos forçados e jornadas extenuantes.

A importância da decisão do STF não se restringe a balizar alguns dos parâmetros que permitam identificar o trabalho em condições degradantes. O relevo do julgado também deve ser reconhecido por fazer a interface da degradação com o trabalho digno ou decente, e por reafirmar que a imposição de jornadas exaustivas conduz à tipificação do crime previsto no art. 149 do Código Penal Brasileiro (CPB).

No sentido gramatical da expressão, jornadas exaustivas podem ser consideradas como sendo aquelas em que o trabalhador é levado à exaustão, ao exaurimento, ao esgotamento (DELMANTO, 2010. p. 532-533).

Há vozes que qualificam a jornada exaustiva como sendo aquela que refoge às regras da legislação trabalhista, a que exaure o trabalhador, independentemente de haver ou não retribuição pecuniária. Destaque-se que para a configuração do crime previsto no art. 149 do Código Penal é necessário que o patrão tenha submetido o trabalhador a essas condições e não que o empregado tenha percorrido o excesso por vontade própria. (NUCCI, 2007. p. 639-640).

Com efeito, na seara penal até pode se admitir a prevalência da atipicidade do crime, caso seja identificado que o trabalhador "voluntariamente" — em decorrência da sua necessidade de sobrevivência — tenha se disposto a trabalhar em jornada exaustiva. Na seara juslaboral, todavia, essa justificativa não encontra eco.

Isso porque, em se tratando o tempo de trabalho de uma destacada vertente do meio ambiente laboral, com interferência direta na dignidade do trabalhador e no adequado gozo da sua saúde, segurança e higiene, está intrinsecamente ligado a uma condição de indisponibilidade e irrenunciabilidade, cabendo ao empregador zelar pela sua adequação, na condição de dirigente dos serviços (art. 2º da CLT), independentemente da "concordância" do trabalhador.

Wilson Ramos Filho (2008. p. 24), de sua parte, defende com acerto que o qualificador "exaustivas" deve se adequar à dinâmica de cada atividade, uma vez que a intensidade do trabalho estará diretamente vinculada ao nível de esgotamento do trabalhador. Além disso, acrescenta ser possível definir parâmetros objetivos para identificar a jornada exaustiva, propondo que sejam assim aquelas jornadas superiores a dez horas diárias, segundo os limites previstos no art. 7º, XIII, da CRFB/88 e art. 59, *caput*, da CLT.

Pela linha de raciocínio do autor, no caso dos trabalhadores beneficiados por jornadas especiais, afigura-se reduzido o limiar objetivo além do qual a jornada seria considerada como exaustiva. Esse é o exemplo da categoria bancária a qual, na forma do art. 224 da CLT, faz jus ao labor em seis horas diárias, justamente em decorrência da dinâmica da atividade mais intensa, que rapidamente leva o trabalhador ao esgotamento físico e mental. Assim sendo, no caso dos bancários, a jornada exaustiva poderia ser considerada aquela superior a oito horas diárias (*vide* art. 59, *caput*, c/c art. 224, *caput*, da CLT).

O entendimento é vanguardista e, nessa condição, ainda não espelha a jurisprudência majoritária dos Tribunais Federais, que somente tem reconhecido a existência de jornadas exaustivas em casos extremados, quase sempre oriundos do trabalho rural, na esteira do recente precedente do Tribunal Regional Federal da 1ª Região, INQ n. 26.823-26.2012.4.01.0000/GO, publicado em 4.7.2014, a seguir discutido.

Primeiramente, necessário observar trecho do voto da relatora, Juíza Federal Convocada Clemência Maria Almada Lima de Ângelo, na qual são descritas as condições de trabalho, tanto na peça de denúncia, quanto nas conclusões da julgadora:

> [...] Esses trabalhadores não estavam usando nenhum tipo de equipamento de proteção, com muitos trabalhando descalços. No local não havia instalações sanitárias, proteção contra intempéries por ocasião das refeições, bem como local para guardar marmitas. O transporte da cidade para o campo era realizado em ônibus irregular e por motorista sem qualificação e sem Carteira de Habilitação. Além de tudo isso, não havia fornecimento de água potável e fresca, sendo os próprios trabalhadores que tinham que levar a sua água que era colhida diretamente das torneiras do alojamento. A maioria dos trabalhadores estava sem registro e sem suas CTPS (Carteiras de Trabalho) anotadas. E mesmo trabalhando numa atividade bastante penosa (devido ao peso dos balaios com batatas que tinham que carregar, à poeira, à dificuldade de se locomover na terra fofa e aos repetitivos movimentos de agachamento), não gozavam de intervalo mínimo legal para repouso e alimentação e laboravam todo os dias da semana, inclusive domingos e feriados.
>
> [...]
>
> A denúncia aponta fatos que, em tese, podem configurar pelo menos a existência de trabalho:
>
> a) em "condições degradantes", quando enuncia situações em que as vítimas trabalhavam em uma atividade penosa (colheita de batata) que exige esforço acentuado do corpo humano, por envolver deslocamento de considerável pesos e repetitivos agachamentos em terreno fofo. Registrou ainda que desenvolviam essas atividades descalços e sem equipamento de proteção e sem abrigo do sol para descanso ou local para guardar as marmitas. Aponta ainda dormiam em instalações precárias na cidade próxima e sem alimentação suficiente ou decente.
>
> b) "em jornada exaustiva", quando afirma que as vítimas trabalhavam sem intervalo intrajornada (intervalo para refeições ou descanso), sem repouso semanal ou feriados.

Sem refutar as condições fáticas narradas pela relatoria original do processo, a Desembargadora Federal Mônica Sifuentes assim proferiu seu voto, tendo sido acompanhada pela maioria turmária:

> PENAL. CONDIÇÃO ANÁLOGA À DE ESCRAVO. ART. 149, CÓDIGO PENAL. COMPETÊNCIA. JUSTIÇA FEDERAL. JORNADA EXAUSTIVA. NÃO CARACTERIZAÇÃO. SAFRA PERECÍVEL. SERVIÇO TEMPORÁRIO. IMPRESCINDIBILIDADE DA COLHEITA. DENÚNCIA. REJEIÇÃO. 1. Compete à Justiça Federal o processamento e julgamento de ação penal em que se apuram fatos relacionados à redução à condição análoga à de escravo, por submissão do empregado a situações degradantes de trabalho, bem como de frustração de direito assegurado por lei trabalhista. (Precedente desta Corte) 2. O crime de redução à condição análoga à de escravo caracteriza-se mediante a submissão dos trabalhadores em sentido amplo, de modo que um pequeno excesso na jornada de trabalho é justificativa insuficiente para aperfeiçoá-lo.

3. A necessidade de colheita imediata de uma safra perecível, serviço de natureza temporária, embora não justifique a exploração dos trabalhadores contratados para este fim, é circunstância comum no campo que exige um esforço extra da mão de obra, sem, em tese, caracterizar trabalho escravo. 4. Denúncia cujos fatos narrados não se relacionam ao crime que se pretende imputar ao agente e nem a qualquer outro deve ser rejeitada.

(INQ n. 26.823-26.2012.4.01.0000/GO, Rel. Desembargador Federal I'talo Fioravanti Sabo Mendes, Rel.Conv. Juíza Federal Clemência Maria Almada Lima de Ângelo (conv.), Rel.Acor. Desembargadora Federal Monica Sifuentes, Segunda Seção, e-DJF1 p. 20 de 4.7.2014).

Veja-se que o tipo de atividade era fisicamente penoso — colheita manual de batatas, na forma acima descrita —, os trabalhadores não gozavam de intervalo intrajornada, não gozavam de repouso semanal remunerado, laboravam inclusive em feriados, não havia disponibilização aos mesmos de equipamentos de proteção individual, não tinham suas CTPS assinadas e sequer lhes era disponibilizada água potável, entre outras condições extremadas.

Apesar de tudo isso, o entendimento prevalente foi no sentido de que um "pequeno excesso na jornada de trabalho" não é suficiente para configurar a condição análoga à de escravo e que a necessidade de colheita de uma safra perecível exige um "esforço extra" da mão de obra, o que seria comum no campo.

Precedentes como esse predominam nas instâncias ordinárias da Justiça Federal e dificultam a correta compreensão das jornadas exaustivas. De igual modo, justificam a condição degradante de trabalho em face da "necessidade do serviço", coisificando literalmente o trabalhador.

A prevalecer esse tipo de entendimento — que contribui flagrantemente para a violação dos mais comezinhos direitos fundamentais do operário —, a jornada exaustiva somente será reconhecida se houver morte em serviço, o que era fato comum durante a Revolução Industrial (MARX, 1968a, p. 530-531).

Felizmente, decisões esparsas, porém convergentes com os direitos fundamentais são um alento de que esse panorama judicial desfavorável possa vir a ser modificado futuramente. Observe-se:

PENAL. FRUSTRAÇÃO DE DIREITOS TRABALHISTAS. ART. 203 DO CÓDIGO PENAL. PRESCRIÇÃO PELA PENA MÁXIMA. REDUÇÃO À CONDIÇÃO ANÁLOGA A DE ESCRAVO. ARTIGO 149 DO CÓDIGO PENAL. REDAÇÃO ORIGINAL. MATERIALIDADE E AUTORIA CONFIGURADAS. ABSOLVIÇÕES MANTIDAS. DOSIMETRIA MANTIDA. [...] 2. A 14ª sessão da Conferência Geral da Organização Internacional do Trabalho editou a Convenção 29 que, em seu art. 2º, conceitua trabalho forçado ou obrigatório como aquele exigido de um indivíduo sob ameaça de qualquer castigo e para o qual ele não se tenha oferecido de livre vontade. 3. As condições degradantes de trabalho e pessoais, bem como a permanência forçada em trabalho que o indivíduo tenha concordado previamente, configuram a conduta expressamente combatida no cenário internacional. 4. A redação original do art. 149 do Código Penal, com a expressão "condição análoga a de escravo", não visa a uma situação jurídica; refere-se a um estado de fato em que a pessoa perde a própria personalidade e é tratada como simples coisa, privada de direitos fundamentais mínimos. A liberdade humana fica integralmente anulada, diante da submissão da pessoa a um senhor, reduzida à condição de coisa. 5. A Lei n. 10.803/2003 não criou nova conduta incriminadora, mas apenas conferiu nova redação ao dispositivo que já repudiava criminalmente a prática de redução de trabalhadores à condição análoga a de escravos. Precedentes desta Corte. 6. As provas são suficientes para confirmar a materialidade delitiva e a responsabilidade penal do réu apelante pela prática do delito previsto no art. 149 do CP. Insuficientes para atestar a autoria em relação aos demais réus, ora apelados. 7. Dosimetria mantida. As condições degradantes em que foram encontrados os trabalhadores constituem elementar do tipo penal em questão, não podendo ser novamente valoradas por ocasião da fixação da pena. O número de trabalhadores foi considerado na terceira fase da dosimetria — concurso formal — sendo inviável sua utilização para recrudescer a pena-base. 8. Apelações não providas.

(ACR n. 4.249-47.2005.4.01.3300/BA, Rel. Desembargador Federal Ney Bello, Terceira Turma, e-DJF1, p. 1149 de 20.2.2015).

O voto vencedor do Desembargador Ney Bello, seguido à unanimidade, ainda procedeu as seguintes considerações:

Não somente o trabalho forçado é reprovável, como também não é aceita a imposição de jornada exaustiva, que esgota física e mentalmente o trabalhador por não haver o descanso necessário entre as jornadas.

Da mesma forma, condições degradantes e desumanas de trabalho, que ofendem o mínimo exigido e necessário à vida digna, passaram a ser conduta expressamente reprovada e combatida no cenário internacional. Entre condições degradantes podem-se citar aquelas em que há falta de condições mínimas para o trabalho, para a moradia, higiene e alimentação.

O que se observa do cenário brasileiro é que, muito comum na zona rural, os empregadores impõem aos empregados a compra de cesta básica de alimentação dentro do próprio estabelecimento, por preços superiores àqueles utilizados no mercado, de modo que o empregado torne-se refém de sua dívida e trabalhe somente para quitá-la. Com o passar do tempo, com o crescimento da dívida pelo baixo salário e alto preço dos produtos dos quais necessita, fica impossibilitado de exercer seu direito de ir e vir.

Note-se que a decisão relaciona a jornada exaustiva ao esgotamento mental do trabalhador — e não apenas ao esgotamento físico —, bem como menciona a ausência do gozo dos intervalos laborais como outro fator a ser considerado para identificação da condição análoga à de escravo.

Decisões como esta trazem um novo e mais adequado recorte sobre o que se deve entender por jornadas exaustivas e por condições degradantes de trabalho, cuja conceituação deve estar vinculada, de forma indissociável, à preservação da dignidade do trabalhador e à promoção do trabalho decente.

Seus efeitos não ficam restritos à jurisdição da Justiça Federal, ao contrário, devem se expandir para a Justiça do Trabalho, a fim de que esta, por seus próprios meios coercitivos, promova o necessário combate ao trabalho em condições de degradação.

Tendo sido feitas as considerações necessárias sobre a degradação no âmbito do trabalho, mormente nos pontos de maior significância para esta pesquisa, imperioso se faz discutir, em sentido oposto, a definição de trabalho decente, como patamar material que se busca para toda a universalidade do trabalho.

2.3.1 Trabalho decente

O conceito de trabalho decente foi introduzido pela OIT em 1999, com a intenção de viabilizar o acesso ao emprego produtivo, e foi ancorado nos direitos ao trabalho, igualdade de oportunidade, bem como na proteção do trabalhador e diálogo social (OIT, 2009. p. 3). O trabalho decente é assim apresentado no sítio eletrônico da Organização[21]:

> A Organização Internacional do Trabalho (OIT) é a agência das Nações Unidas que tem por missão promover oportunidades para que homens e mulheres possam ter acesso a um trabalho decente e produtivo, em condições de liberdade, equidade, segurança e dignidade. O Trabalho Decente, conceito formalizado pela OIT em 1999, sintetiza a sua missão histórica de promover oportunidades para que homens e mulheres possam ter um trabalho produtivo e de qualidade, em condições de liberdade, equidade, segurança e dignidade humanas, sendo considerado condição fundamental para a superação da pobreza, a redução das desigualdades sociais, a garantia da governabilidade democrática e o desenvolvimento sustentável.
>
> O Trabalho Decente é o ponto de convergência dos quatro objetivos estratégicos da OIT: o respeito aos direitos no trabalho (em especial aqueles definidos como fundamentais pela Declaração Relativa aos Direitos e Princípios Fundamentais no Trabalho e seu seguimento adotada em 1998: (i) liberdade sindical e reconhecimento efetivo do direito de negociação coletiva; (ii)eliminação de todas as formas de trabalho forçado; (iii) abolição efetiva do trabalho infantil; (iv) eliminação de todas as formas de discriminação em matéria de emprego e ocupação), a promoção do emprego produtivo e de qualidade, a extensão da proteção social e o fortalecimento do diálogo social.

Sem duvidar da relevância do conceito da OIT para a universalização de condições dignas de trabalho, há de se reconhecer que a definição é incompleta e, surpreendentemente, deixa de abordar aspectos que seriam indissociáveis da plena realização do trabalho de forma decente, a exemplo do que ocorre na seara do *tempo de trabalho*.

Corrigindo essa distorção, José Cláudio Monteiro de Brito Filho (2013. p. 55) conceitua o trabalho decente de forma mais ampla e condizente com a expressão:

---

[21] Inteiro teor disponível em: <http://www.oitbrasil.org.br/content/apresenta%C3%A7%C3%A3o>. Acesso em: 9 abr. 2015.

"Trabalho decente, então, é um conjunto mínimo de direitos do trabalhador que corresponde: à existência de trabalho; à liberdade de trabalho; à igualdade no trabalho; ao trabalho com condições justas, incluindo a remuneração, e que preservem sua saúde e segurança; à proibição do trabalho infantil; à liberdade sindical; e à proteção contra os riscos sociais."

Note-se que este jurista vincula o trabalho decente a um elenco mínimo de direitos que excedem aqueles institucionalizados. Para ele, não existe trabalho decente sem: (i) a própria existência — leia-se criação e manutenção — de postos de trabalho suficientes; (ii) a garantia de liberdade no âmbito laboral, nuance que está ligada precipuamente ao tempo de trabalho; (iii) condições justas e igualitárias de trabalho, inclusive mediante o pagamento de salários que permitam a realização das necessidades mínimas do ser humano; (iv) o asseguramento de condições ambientais sadias que preservem a saúde e segurança do trabalhador; (v) a proibição do trabalho infantil; e (vi) a existência de uma almejada liberdade sindical, hoje negada ao trabalhador brasileiro.

Em complemento à definição de Brito Filho, Omar Conde Martins (2015. p. 32), delineia o trabalho decente como sendo o conjunto de direitos representativo das condições mínimas que devem ser garantidas em uma relação laboral para se resguardar a dignidade do trabalhador. Em outras palavras, situa o resguardo à dignidade humana como o epicentro referencial das condições mínimas a serem garantidas em uma relação trabalhista decente.

Analisando-se sistematicamente o ordenamento internacional, mormente a Declaração Universal dos Direitos Humanos (DUDH), de 1948, em seus arts. XXIII e XIV, e o Pacto Internacional dos Direitos Econômicos, Sociais e Culturais (PIDESC), de 1966, nos dispositivos 6º a 8º, ver-se-á que assiste razão aos citados autores quando conferem maior amplitude à definição do trabalho decente.

A propósito, ambos os diplomas vinculam o mínimo existencial em matéria laboral ao tempo de trabalho e à realização da dignidade humana, conclusão que se depreende a partir da leitura dos artigos abaixo reproduzidos. Observe-se:

Declaração Universal dos Direitos do Homem (DUDH)[22]

Art. XXIII

[...]

3. Toda pessoa que trabalhe tem direito a uma remuneração justa e satisfatória, que lhe assegure, assim como à sua família, uma existência compatível com a dignidade humana, e a que se acrescentarão, se necessário, outros meios de proteção social.

4. Toda pessoa tem direito a organizar sindicatos e neles ingressar para proteção de seus interesses.

Art. XXIV

Toda pessoa tem direito a repouso e lazer, inclusive a limitação razoável das horas de trabalho e férias periódicas remuneradas.

Pacto Internacional sobre Direitos Econômicos, Sociais e Culturais (PIDESC)[23]

Art. 7º

Os Estados Partes do presente Pacto reconhecem o direito de toda pessoa de gozar de condições de trabalho justas e favoráveis, que assegurem especialmente:

[...]

ii) Uma existência decente para eles e suas famílias, em conformidade com as disposições do presente Pacto;

---

(22) Foi proclamada pela Assembleia Geral das Nações Unidas, de 10 de dezembro de 1948, na condição de norma comum a ser alcançada por todos os povos e nações. Estabeleceu, pela primeira vez, a proteção universal dos direitos humanos. Disponível em: <http://www.dudh.org.br/wp-content/uploads/2014/12/dudh.pdf>. Acesso em: 2 jun. 2015.

(23) Foi adotado durante a XXI Sessão da Assembleia Geral das Nações Unidas, de 19 de dezembro de 1966, tendo sido aprovado pelo Congresso Nacional Brasileiro em 12 de dezembro de 1991, por meio do Decreto Legislativo, senso que passou a vigorar em território brasileiro a partir de 24 de abril de 1992. O inteiro teor do PIDESC está disponível em: <http://www.planalto.gov.br/ccivil_03/decreto/1990-1994/D0591.htm>. Acesso em: 2 jun. 2015.

b) A segurança e a higiene no trabalho;

[...]

d) O descanso, o lazer, a limitação razoável das horas de trabalho e férias periódicas remuneradas, assim como a remuneração dos feriados.

Seguindo a mesma linha de proteção já normativamente assegurada no plano internacional, a Constituição Republicana foi enfática ao eleger como seus princípios fundadores a dignidade da pessoa humana e o valor social do trabalho (art. 1º, III, IV da CRFB/88), cuja hermenêutica já demonstra — mesmo isoladamente — que a proteção internacional ao trabalho decente está contemplada em escala prioritária no ordenamento jurídico nacional, seja por intermédio dos princípios fundamentais supracitados, seja em decorrência do extenso rol de direitos e garantias fundamentais destinados à proteção do trabalhador e elevados à categoria constitucional pétrea (art. 60, § 4º, IV da CRFB/88)[24].

Aliás, a inserção do valor social do trabalho entre os princípios fundadores da República, demonstra a opção política definitiva do Legislador Constitucional em estabelecer um tratamento privilegiado do trabalho como parte integrante da dignidade humana e vetor de desenvolvimento da atividade econômica (BRANDÃO, 2013. p. 129).

Esse autor afirma, ainda, que o valor social do trabalho e demais princípios fundadores da República representam o núcleo essencial dos valores idealizados pelo constituinte, cuja densidade se irradia aos demais preceitos constitucionais, de maneira que são paradigmas a serem observados na interpretação da Constituição como um todo (BRANDÃO, 2013. p. 130).

Dito de outra maneira, o valor social do trabalho insere-se em um grupo seleto de princípios fundamentais, cuja relevância ímpar o faz pilar e fonte para a interpretação constitucional e infraconstitucional. De sua sorte, em sendo o valor social do trabalho integrante da dignidade humana, a busca de um trabalho digno ou decente para todos também é um objetivo inexorável da nação.

Para melhor compreensão da relevância jurídica do princípio da dignidade humana como princípio fundador da República e como qualificadora do trabalho decente, a seguir se discorrerá exclusivamente sobre seu conceito e irradiações.

2.3.2 Dignidade da pessoa humana

A dignidade da pessoa humana é o ponto de partida fundamental para a hermenêutica dos direitos fundamentais e para a busca constante da realização do ser humano em todas as suas virtudes. Dada sua relevância no ordenamento jurídico, é objeto recorrente das investigações doutrinárias, as quais lhe concebem sob diferentes matizes. Ayres Britto (2012. p. 27), com o tom poético que lhe é peculiar, assim disserta sobre o princípio da dignidade humana, visto de uma ótica jusnaturalista:

> "Não há como negar. O princípio jurídico da dignidade da pessoa humana *decola* do pressuposto de que todo ser humano é um microcosmo. Um universo em si mesmo. Um ser absolutamente único, na medida em que, se é parte de um todo, é também um todo à parte; isto é, se toda pessoa natural é parte de algo (o corpo social), é ao mesmo tempo um algo à parte. A exibir na lapela da própria alma o bóton de uma originalidade que ao direito só compete reconhecer até para se impor como expressão da vida comum civilizada."

Veja-se que o jurista oferece um conceito simples e direto de dignidade humana ao valorar cada indivíduo como um universo em si mesmo, do que se depreende ter a dignidade humana um caráter duplo de preservar o ser humano como ser integrante da sociedade, sem perder de vista sua natureza única, capaz de se autodeterminar e irradiar direitos e deveres.

Para Luís Roberto Barroso (2014. p. 299), a dignidade da pessoa humana é um princípio integrante da essência dos direitos fundamentais, em que pese não se confundir com qualquer um deles. Não é ela, em si mesma, um

---

(24) A doutrina amplamente majoritária tem entendido que as cláusulas pétreas não se limitam aos direitos e garantias individuais (art. 5º, CRFB/88), de maneira que abrangem todos os direitos materialmente fundamentais assegurados na Constituição (SOUZA NETO; SARMENTO, 2014. p. 309).

direito fundamental, ponderável com os demais, visto que ela se constitui no próprio parâmetro de ponderação por meio do qual se definirá, em caso de concorrência, a prevalência de um direito fundamental sobre outro.

A dignidade da pessoa humana, como princípio fundador do Estado Democrático de Direito, se aplica tanto nas relações entre o indivíduo e o Estado, quanto nas relações privadas. Apesar disso, não possui caráter absoluto, de maneira que em situações pontuais alguns aspectos relevantes de sua constituição podem ser sacrificados em prol de outros valores individuais ou sociais (BARROSO, 2014. p. 299-300).

É o caso da restrição da liberdade daqueles que praticaram algum crime, ou, por exemplo, da regular imposição de uma restrição aos direitos políticos dos mais jovens ao se estabelecer idade mínima para ocupação de cargos eletivos (art. 14, § 3º, VI, da CRFB/88).

Importa destacar que nas relações trabalhistas também existem hipóteses em que a dignidade humana não deterá caráter absoluto, sendo sacrificada de forma lícita, tanto menos, quanto possível.

O exercício da medicina, o serviço de coleta de lixo, a atividade policial são alguns dos vários exemplos de atividades degradantes nas quais a dignidade do trabalhador é violada, em diferentes medidas.

Essa autorização, contudo, na medida em que obstativa ao pleno gozo da dignidade humana pelo trabalhador, deve ser interpretada sempre de forma restritiva e excepcional, com o fim de impactar o mínimo possível o conteúdo do princípio.

Outrossim, o exercício de atividades degradantes (em si mesmas) tem seu funcionamento subordinado à função social do trabalho (art. 1º, IV, da CRFB/88), à valorização do trabalho como fundamento da ordem econômica (art. 170, *caput*, da CRFB/88) e ao direito fundamental à melhoria da condição social do trabalhador (art. 7º, *caput*, da CRFB/88). Daí decorre que havendo meios ou inovações tecnológicas que propiciem a redução ou extirpação do caráter degradante da atividade, estes devem ser obrigatoriamente adotados, sob pena de a atividade deixar de ser essencialmente degradante para ser uma atividade realizada em condições degradantes, conforme distinção teórica antes realizada.

Nessa linha de raciocínio, o conteúdo do princípio da dignidade humana na condição de vetor hermenêutico dos direitos fundamentais veda, de forma absoluta, o trabalho em condições de degradação, cuja vertente mais grave se equipara à condição moderna de escravidão.

Em sua definição, sintetiza Ingo Wolfgang Sarlet (2013. p. 37) que a dignidade da pessoa humana deve ser reconhecida como a qualidade intrínseca e distintiva existente em cada ser humano que o faz ser destinatário do respeito e da consideração por parte do Estado e da comunidade. Para ele, esse respeito e consideração se traduzem em uma gama de direitos e deveres fundamentais que proporcionam ao ser humano uma proteção contra qualquer ato degradante e lhe asseguram condições existenciais mínimas para uma vida saudável, na qual tenha participação ativa nos destinos da sua existência e na vida em sociedade.

Leciona também o autor que a dignidade da pessoa humana pode ser compreendida como a vedação da instrumentalização do homem, valendo-se da matriz kantiana para estabelecer que o ser humano constitui um fim em si mesmo, não podendo ser utilizado como simples meio para realização dos interesses alheios (SARLET, 2013. p. 36).

Em semelhante perspectiva da dignidade, Ronald Dworkin (2009. p. 338-339) afiança que o ser humano jamais poderá ser tratado como objeto, de maneira a lhe ser negada a importância distintiva de suas próprias vidas. Apesar disso, defende que o postulado não impede que se coloque alguma pessoa em situação de desvantagem em prol de outrem.

De fato, no âmbito do modo de produção capitalista não há como se negar que a própria essência do sistema impõe que um ser humano (trabalhador) fique em desvantagem frente a outro (proprietário dos meios de produção). Negar isso implica recusar a própria existência do capitalismo, o que não constitui escopo desta pesquisa. Por outro lado, imperativo prestigiar a dignidade humana — sempre recordando ser ela o princípio fundador da República — para que uma inevitável desvantagem não venha a se transmutar em coisificação.

Referida transmutação ocorre quando o trabalhador deixa de ser o protagonista da sua própria biografia, o que pode ocorrer por diversas razões, desde a percepção de uma remuneração insuficiente para suportar suas despesas mínimas que lhe faculte investir em um futuro melhor, até a dominação do seu tempo de vida pelo trabalho, sem que tenha a oportunidade de realizar seus projetos e sonhos ao longo da vida.

Em relação a esse último exemplo a matemática é simples. Um trabalhador que detenha jornada contratual de quarenta e quatro horas diárias, com duas horas de intervalo de almoço, que leve em média uma hora para se deslocar de casa para o trabalho e o mesmo tempo no trajeto de retorno, terá uma extensão diária de trabalho de doze horas, ou seja, rigorosamente a metade do seu dia será dedicada ao labor.

Dentro dessa dinâmica de trabalho, caso sejam acrescidas duas horas a mais de intervalo laboral (total de quatro) a conta se eleva para quatorze horas no dia, restando outras dez para todo o restante. Isso, sem contabilizar o trabalho extraordinário, exigido com grande frequência pelo capitalista.

Ora, se os mais hodiernos estudos científicos atestam que o tempo mínimo de sono recomendado para o adulto é de sete horas diárias (HIRSHKOWITZ, 2015. p. 40-43), logo, restarão exíguas três horas adicionais para o obreiro desempenhar todas as demais atividades que um ser humano possa desfrutar, como cuidar da saúde, fazer uma atividade física regular, conviver com os amigos e familiares, desenvolver-se intelectualmente, estudar, descansar, gozar de horas de lazer, todas elas atreladas aos direitos fundamentais constitucionalmente protegidos.

É possível realizar esse núcleo mínimo de atividades fundamentais em escassas três horas diárias ou menos ainda? Evidente que não. E nessa ordem de ideias, resta demonstrado que o limite da desvantagem foi ultrapassado e a relação trabalhista adentrou no âmbito da coisificação do ser humano.

Com efeito, quando o trabalho em favor de terceiro assume a condição de único protagonista na vida do trabalhador, polariza a existência do obreiro em tal medida que não se permite sequer que ele seja considerado um fim em si mesmo.

Essa constatação, aliás, longe de ser inovadora, já havia sido apresentada por Karl Marx (1968a, p. 300) em seus ensaios sobre economia política e jornada de trabalho:

"Que é uma jornada de trabalho? Durante quanto tempo é permitido ao capital consumir a fôrça de trabalho cujo valor diário paga? Por quanto se pode prolongar a jornada de trabalho além do tempo necessário para reproduzir a própria fôrça de trabalho? A estas perguntas, conforme já vimos, responde o capital: O dia de trabalho compreende todas as 24 horas, descontadas as poucas horas de pausa sem as quais a fôrça de trabalho fica absolutamente impossibilitada de realizar novamente sua tarefa. Fica desde logo claro que o trabalhador durante toda a sua existência nada mais é que fôrça de trabalho, que todo seu tempo disponível é por natureza e por lei tempo de trabalho, a ser empregado no próprio aumento do capital."

Quanto ao prejuízo que a coisificação gera ao âmago do trabalhador, Marx (1968a, p. 300-301) assim relata:

"Não tem qualquer sentido o tempo para educação humana, para o desenvolvimento intelectual, para preencher funções sociais, para o convívio social, para o jogo do livre exercício das fôrças físicas e espirituais, para o descanso dominical mesmo no país dos santificadores de domingo. Mas em seu impulso cego, desmedido, em sua voracidade por trabalho excedente, viola o capital os limites extremos, físicos e morais, da jornada de trabalho. Usurpa o tempo que deve pertencer ao crescimento, ao desenvolvimento e à saúde do corpo. Rouba o tempo necessário para se respirar ar puro e absorver a luz do sol. Comprime o tempo destinado às refeições para incorporá-lo sempre que possível ao próprio processo de produção, fazendo o trabalhador ingerir os alimentos, como a caldeira consome carvão, a maquinaria, graxa e óleo, enfim, como se fosse mero meio de produção. O sono normal necessário para restaurar, renovar e refazer as fôrças físicas reduz o capitalista a tantas horas de torpor estritamente necessárias para reanimar um organismo absolutamente esgotado."

Lamentavelmente, os escritos de Karl Marx soam mais atuais que nunca. Poderiam, inclusive, ter sido escritos hoje. Se bem é certo que as jornadas de trabalho são hoje fixadas segundo patamares inferiores aos vigentes no século XIX, não se pode olvidar que naquela época os deslocamentos não eram tão conturbados e demorados quanto os verificados nas grandes metrópoles contemporâneas — demonstração disso é o fato de Marx não fazer qualquer menção mais contundente a essa variável em seus ensinamentos. Não bastasse isso, os dados apresentados ao longo deste estudo demonstram que a própria fronteira máxima da jornada de trabalho ainda constitui uma falácia para milhões de operários.

Em outras palavras, a instrumentalização do operário e afronta ao seu núcleo vital de dignidade é recorrente na atualidade. À luz desses ensinamentos e para que se possa identificar didaticamente quais as vertentes da dignidade humana que restam violadas, necessário se faz examinar o conteúdo mínimo da dignidade humana.

A robustez do conceito jurídico de dignidade da pessoa humana está ligada à formulação de um substrato mínimo que propicie unidade e objetividade na sua aplicação e que seja dotado de natureza laica, politicamente neutra e universal, para que, ao fim e ao cabo, possa ser compartilhado por todos os seres humanos. (BARROSO, 2014. p. 44).

Para esse autor, o conteúdo mínimo de dignidade, de índole aberta, plástica e plural, identifica (i) o valor intrínseco de todos os seres humanos, (ii) a autonomia de cada indivíduo, e (iii) o valor comunitário.

Valor intrínseco é o elemento ontológico da dignidade, ligado à natureza do ser e ao reconhecimento da posição especial ocupada pelo ser humano no Mundo, que o distingue dos outros seres vivos e das coisas (BARROSO, 2014. p. 44). Em outras palavras, é justamente o elemento que torna inestimável a dignidade, conforme o binômio preço *versus* dignidade, de Kant (2003. p. 77):

> "No reino dos fins tudo tem um preço ou uma dignidade. Quando uma coisa tem um preço, pode-se pôr em vez dela qualquer outra como equivalente; mas quando uma coisa está acima de todo o preço, e, portanto não permite equivalente, então ela tem dignidade."

A lógica desse binômio se resume de forma simples e ao mesmo tempo eficaz: o valor ímpar atribuído à dignidade humana impossibilita-a de ser precificada. Ora, se a dignidade humana não tem preço, logo o trabalhador em seu mister laboral também não pode ser coisificado. Daí a estreita ligação entre o trabalho decente e o respeito à dignidade humana.

No plano jurídico, esse valor intrínseco da dignidade determina a inviolabilidade dos direitos fundamentais do ser humano, a começar pelo direito à vida e pelos direitos à integridade física e psíquica (BARROSO, 2014. p. 307-308).

A seu turno, a autonomia se afigura como o elemento ético da dignidade, vinculada à razão e ao exercício da vontade humana em harmonia com as normas existentes. A autonomia se caracteriza pela capacidade de autodeterminação do ser humano, no sentido de poder decidir livremente os rumos da sua vida e o desenvolvimento da sua personalidade. Dito de outra forma, consubstancia-se no direito do indivíduo fazer escolhas existenciais sem imposições externas indevidas (BARROSO, 2014. p. 45).

Importante destaque feito por Barroso (2014. p. 309) flui no sentido de que a autonomia da vontade "pressupõe determinadas condições pessoais e sociais para o seu exercício, para a adequada representação da realidade, que incluem informação e ausência de privações essenciais".

Isso implica dizer que, não basta o ser humano ser juridicamente livre para se autodeterminar. Ele precisa ter acesso, pelo menos, ao gozo do núcleo mínimo dos direitos fundamentais e ser capaz de discernir sua autonomia para conduzir o rumo da sua existência.

Outrossim, não se diga que o trabalhador submetido a condições extremas de labor, tanto em relação ao tempo de trabalho, quanto em qualquer outro aspecto, detém inteira liberdade para pedir demissão e buscar outro trabalho compatível com a sua liberdade individual.

Regra geral, são poucos os operários que podem se dar ao luxo de escolher seu posto no mercado laboral. O mais comum é justamente o contrário, ou seja, serem escolhidos entre tantos outros operários disponíveis no exército de reserva, principalmente em se tratando da massa proletária com pouca ou nenhuma qualificação.

Nesse contexto, mudar de trabalho significa enfrentar o risco — mais real do que nunca — de ficar à margem do próprio mercado laboral, sem emprego ou ocupação e, por conseguinte, sem qualquer possibilidade de subsistência.

Portanto, afastando-se do conceito tradicional de escravidão — que remonta ao regime escravocrata vigente até o final do século XIX no Brasil — é necessário reconhecer que a privação do gozo mínimo dos direitos fundamentais subtrai do trabalhador a sua capacidade de se autodeterminar, privando-o da condição mínima da dignidade humana e relevando-o a condição equiparada à de escravo.

Por sua vez, o valor comunitário se traduz no componente social da dignidade humana: aqui o indivíduo é visto sob a ótica do pensamento do grupo. Nesse particular, os valores compartilhados pela comunidade, a despeito do que se considera uma vida boa, são o molde axiológico da dignidade. É sob essa perspectiva que são conformados o conteúdo e os limites das liberdades individuais, a fim de possibilitar a vida em sociedade, de modo que o direito de um não viole a prerrogativa de outro. Ademais disso, por sua natureza, é no aspecto comunitário que reside a dimensão ecológica da dignidade (BARROSO, 2014. p. 312-313).

Como é consabido, a Constituição de 1988 estabeleceu um rol extenso e não taxativo de direitos sociais e liberdades individuais, apontando a dignidade humana e o valor social do trabalho como um dos seus pilares fundamentais (art. 1º, III, IV). Nessa linha de pensamento, o desrespeito à dignidade do trabalhador estabelece uma violação aos próprios valores que inspiram a República Brasileira.

Ou seja, a violação da dignidade no âmbito laboral não é matéria de interesse somente da classe trabalhadora. Ao contrário disso, concerne a todos, direta ou indiretamente. Afinal, a nação tem aspirações de atingir o patamar civilizatório a que se propôs ou eternamente será uma republiqueta sob diversos aspectos?

E se os objetivos fundamentais de justiça social e solidariedade asseverados no art. 3º da CRFB/88 igualmente não forem suficientes para convencer os mais céticos de que o interesse pela degradação nas relações de trabalho pertence a todos, outros dois argumentos adicionais podem ser arregimentados.

Se há *conformação* da própria sociedade com o desrespeito a princípios e direitos fundadores da República, essa *conformação* inevitavelmente influenciará — em maior ou menor grau — os Poderes Constituídos e as Instituições, cujos integrantes advêm do corpo social.

Diga-se, então, que um Poder Judiciário menos sensível aos direitos fundamentais dos trabalhadores também o será com relação a outros direitos fundamentais. Hoje, o problema é do trabalhador, amanhã, será de qualquer outro cidadão.

Além disso, a dimensão ecológica da dignidade humana, difusa por excelência, faz reconhecer que o dano ao meio ambiente do trabalho causa efeitos mais diretos para toda sociedade, do que se possa inferir a partir de uma visão superficial.

Com efeito, o fato de, por exemplo, um motorista estar submetido a jornadas exaustivas de trabalho, inevitavelmente, será elemento propulsor para o incremento de acidentes de trânsito, os quais, por sua vez, produzirão sequelas em outros condutores, passageiros e pedestres. Esse reflexo coletivo decorrente da má qualidade do meio ambiente do trabalho também se verifica a partir do alarmante número de acidentes de trabalho no Brasil, cujo fardo é suportado pela Previdência Social, e que, ao fim e ao cabo, acaba computado sobre a sociedade em geral.

É nesse contexto que se desenvolverá o tópico seguinte, que demonstrará a relevância social do gozo adequado dos intervalos laborais frente à qualidade de vida do trabalhador e aos direitos difusos da sociedade.

2.4 *Função social dos descansos laborais, qualidade de vida do trabalhador e direitos metaindividuais*

Como fruto da evolução histórica das relações de trabalho e das conquistas da classe trabalhadora ao longo dos séculos, o direito positivado estabeleceu períodos de descanso, com o fito de reduzir os riscos à saúde e à segurança do trabalhador. A previsão de lapsos para o repouso também se justificou diante da necessidade de se evitar a fadiga física e mental do obreiro, facultando-lhe, ainda, a possibilidade de realização de seus projetos pessoais e o exercício do convívio familiar e social, durante o tempo de não trabalho.

Os períodos de descanso são gênero dos quais são espécies os intervalos laborais intra e interjornada, as férias anuais remuneradas, os descansos semanais remunerados e os descansos nos feriados.

O gozo dos descansos laborais é garantido tanto pela Constituição da República, quanto pelo ordenamento infraconstitucional. Na Carta Política, entre outros, estão previstos os direitos a férias anuais acrescidas de um terço do salário normal (art. 7º, XVII), ao repouso semanal remunerado preferencial aos domingos (art. 7º, XV) e à melhoria das condições de trabalho, aliada à redução dos riscos laborais (art. 7º, *caput*, XXII).

No âmbito da CLT estão regulamentados os intervalos intrajornada (arts. 71 e 72) e interjornada (art. 66). O primeiro, refere-se aos intervalos situados entre dois turnos de uma mesma jornada e o último, ao lapso de descanso entre uma jornada de trabalho e outra. No mesmo diploma está a previsão do descanso semanal remunerado preferencialmente aos domingos (arts. 67 e 68), do descanso nos feriados (art. 70) e das férias remuneradas (arts. 129 a 145).

O diploma celetista também estipula períodos de descanso específicos e mais favoráveis para a mulher (arts. 382 a 386) e para determinadas categorias, a exemplo dos trabalhadores nos serviços de telefonia, de telegrafia submarina e subfluvial, de radiotelegrafia e radiotelefonia (art. 229) e dos trabalhadores em minas (art. 298). De forma sistemática, a CLT prevê que as empresas cumprirão e farão cumprir todas as normas de segurança e medicina do trabalho (art. 157, I).

Dentro do rol normativo concernente aos descansos laborais, sem pretensão de esgotamento, podem ser mencionadas a Lei n. 605/49, que dispõe sobre o repouso semanal remunerado e sobre o (não) trabalho nos feriados; a Lei n. 5.889/73, que dispõe sobre o trabalho rural, inclusive com disposições relacionadas diretamente ao intervalo de trabalho (arts. 5º e 6º); e a Lei n. 8.080/90, que impõe o direito fundamental à saúde como condicionante das ações no meio ambiente do trabalho (arts. 2º e 3º).

No dizer de Mauricio Delgado (2010. p. 861), os períodos de descanso conceituam-se como:

> "[...] lapsos temporais regulares, remunerados ou não, situados intra ou intermódulos diários, semanais ou anuais do período de labor, em que o empregado pode sustar a prestação de serviços e sua disponibilidade perante o empregador, com o objetivo de recuperação e implementação de suas energias ou de sua inserção familiar, comunitária e política."

Para Eduardo Almeida e Valdete Severo (2014. p. 73), os descansos laborais têm relação indissociável com a manutenção da sanidade e da força física e mental do trabalhador antes, durante e depois da jornada. Nessa direção, os autores destacam a existência de reiterados estudos que relacionam o número de acidentes do trabalho à fadiga ocasionada pela extensão da jornada e pela não concessão dos necessários intervalos de repouso.

Na mesma toada, Souto Maior (2003. p. 17) disserta que os períodos de repouso são a expressão típica do direito à desconexão do trabalho. Nessa condição, sua finalidade somente é alcançada quando houver efetiva desvinculação do labor durante o tempo de descanso.

O direito à desconexão do trabalho, de sua parte, está vinculado diretamente à concretização da dignidade humana e, por conseguinte, ao projeto constitucional que a estabeleceu como um dos fundamentos da República (art. 1º, III, CRFB/88), consagrando o primado do indivíduo sobre a coisa e reconhecendo o ser humano como o destinatário de uma ordem jurídica, que tem por escopo tornar sua vida confortável e feliz (ALMEIDA; SEVERO, 2014. p. 34).

O direito à desconexão também possui supedâneo nos arts. 3º, 6º e 7º, da Constituição Republicana, haja vista que não há como se dissociar a ideia de direito ao lazer, à cultura, à educação, ao convício social e familiar, à proteção da infância e da maternidade, do direito à limitação da jornada de trabalho em uma sociedade capitalista, na qual a grande maioria das pessoas executa atividades laborais (ALMEIDA; SEVERO, 2014. p. 35-36).

A partir das considerações acima explicitadas, verifica-se que não há controvérsia na doutrina pátria quanto à função social dos descansos laborais, como diretamente vinculados à preservação da integridade física e psíquica do trabalhador e ao gozo dos direitos fundamentais que lhe são constitucionalmente assegurados.

Sob o ponto de vista do trabalhador, portanto, parece ser evidente que os períodos de descanso possuem duas finalidades sociais macro que podem ser divididas em:

(i) Descanso propriamente dito, vinculado à renovação da energia física e mental do trabalhador, à alimentação adequada — com vistas a preservar a sanidade na execução das atividades de trabalho, determinante para o pleno desenvolvimento das suas potencialidades laborais — e à prevenção de acidentes de trabalho.

(ii) Maximização do tempo de não trabalho, a fim de possibilitar ao trabalhador a realização do seu projeto de vida e o gozo dos seus direitos fundamentais, é dizer, para que possa ser um fim em si mesmo.

Todos as formas de descanso laboral contemplam, em maior ou menor grau, as duas finalidades macro acima mencionadas. Apesar disso, a depender do tipo de descanso, poderá existir a prevalência de uma destinação em relação a outra.

As férias anuais, os descansos semanais remunerados, os descansos em feriados, e, em menor proporção, os intervalos interjornada, cumprem um papel bastante diversificado, pois, sem perder de vista seu aspecto de descanso propriamente dito, representam um relevante espaço para fruição pessoal do tempo, espelhando a inserção do obreiro no seu contexto familiar e comunitário, sem o qual seria impossível pensar no trabalhador como ser familiar, social e político, ou seja, como ser humano completo e com direito ao pleno exercício da cidadania (DELGADO, 2010. p. 867).

A seu turno, os intervalos intrajornada, por traduzirem curtos espaços de tempo, tendem a ser menos diversificados, visando essencialmente recarregar as energias do trabalhador para preservar sua higidez física e mental ao longo da prestação diária dos serviços. Portanto, como regra geral, o objetivo do intervalo intrajornada gravita em torno de preocupações com a saúde e segurança do trabalhador na execução das suas atividades (DELGADO, 2010. p. 867-868).

E como bem alertado por Souto Maior, os descansos laborais somente atingem suas finalidades precípuas se realmente ocorrer a completa desconexão do trabalho. Desfrutar do intervalo dentro do ambiente físico de trabalho, em verdadeiro tempo à disposição, ou ficar suscetível a demandas do empregador — via ligações telefônicas, *e-mails*, mensagens de texto ou outras maneiras tecnologicamente viáveis — nos períodos de descanso, impede o obreiro de desconectar da sua realidade de trabalho, durante o tempo de não trabalho.

De outro modo, impossibilitar a plena recuperação das forças mentais e físicas do trabalhador, a restringir seu sono, descanso e vida fora do trabalho, configura abuso do corpo humano e pode trazer graves consequências à saúde do obreiro, com sua maior exposição a doenças de um modo geral, inclusive profissionais, e acidentes de trabalho.

Tendo sido feitas essas breves considerações sobre os descansos laborais, sua previsão legal, finalidades e função social na vida do trabalhador, cumpre focalizar o estudo nos intervalos intrajornada, que representam o cerne da problemática investigada neste trabalho.

2.4.1 Intervalos intrajornada

Sobre os intervalos intrajornada, em específico, é possível tecer as seguintes considerações:

> "[...] as normas jurídicas concernentes a intervalos intrajornada têm caráter de normas de saúde pública, não podendo, em princípio, ser suplantadas pela ação privada dos indivíduos e grupos sociais, É que, afora, os princípios gerais trabalhistas da imperatividade das normas desse ramo jurídico especializado e da vedação a transações lesivas, tais regras de saúde pública estão imantadas de especial obrigatoriedade, por determinação expressa oriunda da Carta da República. De fato, todos os preceitos constitucionais acima citados colocam como valor intransponível o constante aperfeiçoamento das condições de saúde e segurança laborais, assegurando até mesmo um direito subjetivo à redução dos riscos inerentes ao trabalho, por meio de normas de saúde, higiene e segurança. Por essa razão, regras jurídicas que, em vez de reduzirem esse risco, alargam-no ou o aprofundam, mostram-se francamente inválidas, ainda que subscritas pela vontade coletiva dos agentes econômicos envolventes à relação de emprego (DELGADO, 2010. p. 863)."

Depreende-se da leitura desse excerto que o autor confere aos intervalos intrajornada caráter imperativo e irrenunciável, justamente porque pressupõem normas jurídicas relacionadas a questões de saúde pública, higiene e segurança do trabalhador, cujo cumprimento espelha a obediência aos próprios princípios da Constituição Republicana.

A índole irrenunciável do intervalo intrajornada implica a impossibilidade de sua supressão por meio de ação privada, seja de origem unicamente empresarial, seja oriunda de ordem coletiva, porquanto sempre haverá prevalência dos valores indisponíveis a que se destinam sobre qualquer outro interesse que motive sua desfiguração.

Nesse particular, a doutrina se coaduna com a jurisprudência uniformizada do Tribunal Superior do Trabalho consubstanciada na Súmula n. 437, cujo inteiro teor é descrito a seguir:

SÚMULA N. 437 INTERVALO INTRAJORNADA PARA REPOUSO E ALIMENTAÇÃO. APLICAÇÃO DO ART. 71 DA CLT (conversão das Orientações Jurisprudenciais ns. 307, 342, 354, 380 e 381 da SBDI-1) — Resolução n. 185/2012, DEJT divulgado em 25, 26 e 27.9.2012.

I — Após a edição da Lei n. 8.923/94, a não concessão ou a concessão parcial do intervalo intrajornada mínimo, para repouso e alimentação, a empregados urbanos e rurais, implica o pagamento total do período correspondente, e não apenas daquele suprimido, com acréscimo de, no mínimo, 50% sobre o valor da remuneração da hora normal de trabalho (art. 71 da CLT), sem prejuízo do cômputo da efetiva jornada de labor para efeito de remuneração.

II — É inválida cláusula de acordo ou convenção coletiva de trabalho contemplando a supressão ou redução do intervalo intrajornada porque este constitui medida de higiene, saúde e segurança do trabalho, garantido por norma de ordem pública (art. 71 da CLT e art. 7º, XXII, da CF/1988), infenso à negociação coletiva.

III — Possui natureza salarial a parcela prevista no art. 71, § 4º, da CLT, com redação introduzida pela Lei n. 8.923, de 27 de julho de 1994, quando não concedido ou reduzido pelo empregador o intervalo mínimo intrajornada para repouso e alimentação, repercutindo, assim, no cálculo de outras parcelas salariais.

IV — Ultrapassada habitualmente a jornada de seis horas de trabalho, é devido o gozo do intervalo intrajornada mínimo de uma hora, obrigando o empregador a remunerar o período para descanso e alimentação não usufruído como extra, acrescido do respectivo adicional, na forma prevista no art. 71, *caput* e § 4º da CLT.

Note-se que o verbete acima transcrito estampa hermenêutica fundamental à compreensão dos intervalos intrajornada em pelo menos três pontos, todos concentrados no segundo inciso: (i) quando assevera que o intervalo intrajornada constitui medida de saúde, segurança e higiene do trabalho; (ii) quando conclui que o intervalo intrajornada está garantido na integralidade do art. 71 da CLT e no art. 7º, XXII, da CRFB/88, normas de ordem pública por excelência; (iii) quando interpreta sistematicamente o ordenamento jurídico, conferindo ao art. 71 uma interpretação constitucional, consoante determinação expressa do art. 7º, XXII, da CRFB/88.

O direito à saúde se materializa no bem-estar físico, mental e social do indivíduo. Quanto à segurança, se encontra consubstanciada no direito à integridade física e à própria vida do trabalhador. Por fim, a medida de higiene visa controlar os agentes nocivos no ambiente de trabalho, tais quais os agentes físicos, biológicos, fisiológicos, químicos e psíquicos (COUTINHO, 2013. p. 595).

Todos os aspectos acima citados conduziriam perfeição à redação do verbete, não fosse a incompletude da sua conclusão. Isso porque, apesar de os fundamentos se reportarem ao intervalo intrajornada como um todo, a conclusão veda sua flexibilização exclusivamente quanto à redução ou supressão, nada dispondo sobre o seu elastecimento.

A verdade é que, tendo os intervalos intrajornada função precipuamente ligada à renovação das energias do trabalhador, com vistas a preservar sua higidez física e mental ao longo da prestação diária dos serviços, verifica-se que a preocupação da doutrina e da jurisprudência tem recaído principalmente sobre a impossibilidade de redução ou supressão deste lapso de descanso, com o fito de proporcionar uma adequada recuperação física e mental do trabalhador ao longo do segundo turno laboral.

No tocante ao elastecimento do intervalo intrajornada, em pesquisa ampla realizada sobre o tema, não foram localizados estudos aprofundados que se dediquem a investigar os efeitos dessa ampliação no gozo dos direitos fundamentais do trabalhador. Da mesma forma, o tema não tem merecido o devido destaque no âmbito do Poder Judiciário Trabalhista que, neste particular, tem produzido jurisprudência superficial, divergente e com frequência alheia aos direitos fundamentais do trabalhador, conforme se pretende discutir.

Como ponto de partida para o estudo desse viés ainda pouco explorado do descanso laboral, se faz mister demonstrar a correlação direta entre um adequado intervalo intrajornada e a boa qualidade de vida do trabalhador.

2.4.2 Qualidade de vida

A *sadia qualidade de vida* do ser humano está diretamente relacionada ao meio ambiente do trabalho hígido. Por essa razão, a expressão foi apropriadamente inserida na redação do *caput* do art. 225 da CRFB/88, demonstrando ser imperativa a relação entre o direito ao meio ambiente saudável e a prevalência da saúde física, mental e espiritual do ser humano (KRELL, 2013. p. 2080).

A Organização Mundial da Saúde define qualidade de vida como sendo a percepção que possui o ser humano acerca da sua inserção no contexto dos sistemas de cultura e de valor, levando em conta seus objetivos, expectativas, padrões e preocupações. Relaciona-se também à saúde física, ao estado psicológico, ao nível de independência, às relações sociais, às crenças pessoais e ao meio ambiente que circunda o indivíduo[25].

Sob o ponto de vista sociológico, pode-se dizer que a qualidade de vida é uma noção precipuamente humana, que se relaciona a ideias de desenvolvimento sustentável, democracia e direitos sociais. Está conectada ao grau

---

[25] Texto original em língua inglesa, conforme a seguir: "individual's perception of their position in life in the context of the culture and value systems in which they live and in relation to their goals, expectations, standards and concerns. It is a broad ranging concept affected in a complex way by the person's physical health, psychological state, level of independence, social relationships, personal beliefs and their relationship to salient features of their environment". (WHO, 1997. p. 1).

de satisfação encontrado na vida familiar, amorosa, social, ambiental e à própria estética existencial. No campo da saúde, a noção de qualidade de vida resulta da construção coletiva dos padrões de conforto e tolerância que determinada sociedade estabelece, como parâmetros para si (MINAYO, 2000. p. 2-4).

De um ponto de vista mais fluido, a noção de qualidade de vida é aceita como uma construção cultural que demanda constante revisão, discussão e transformação, a partir do avanço do conhecimento e da sociedade. Assim, os fatores relevantes que formam o senso comum de uma boa qualidade de vida devem ser considerados a partir de aspectos históricos, socioculturais e psíquicos, do ambiente e da inserção no mundo do trabalho. (PEREIRA; TEIXEIRA; SANTOS, 2012. p. 245).

No campo jurídico, a qualidade de vida é definida por Rosita Nassar (2014. p. 393) como uma vertente do direito à saúde (art. 6º, *caput*, CRFB/88) e do direito à vida (art. 5º, *caput*, CRFB/88), a ser desfrutada no âmbito de um meio ambiente equilibrado (art. 225 da CRFB/88). Para a autora, não se mostra constitucionalmente suficiente assegurar o direito de viver e de se conservar vivo. É preciso que se tenha qualidade no viver, destacando que a Organização das Nações Unidas (ONU) mede a qualidade de vida do ser humano pela avaliação de indicadores de saúde, educação e produto interno bruto *per capita*.

A partir das definições de qualidade de vida anguladas de maneira interdisciplinar, com facilidade se pode concluir que uma boa qualidade de vida está necessariamente imbricada com a prevalência da dignidade do trabalhador e com o gozo de seus direitos fundamentais, conceitos que, a seu turno, possuem estreita relação com o tempo de trabalho, com os descansos laborais e, inegavelmente, com os intervalos intrajornada, conforme construção teórica antes apresentada.

Isso porque, estando o intervalo intrajornada dedicado, na sua essência, aos postulados de saúde e à garantia da integridade física do trabalhador — sem os quais o ser humano não pode usufruir de uma boa qualidade de vida —, pode-se afirmar, com segurança, que a ausência do gozo do intervalo intrajornada implica prejuízo à qualidade de vida do trabalhador.

De outra maneira, o intervalo entre turnos deve ser gozado em tempo suficiente e adequado para não interferir no projeto de vida independente do obreiro, bem como na satisfação das suas necessidades pessoais como ser humano, fatores que também se vinculam ao gozo de uma sadia qualidade de vida. Aqui, a equação é inversa, dado que a duração demasiada do intervalo intrajornada também implicará prejuízo à qualidade de vida do trabalhador, pela privação do gozo de direitos fundamentais a serem desfrutados no tempo de não trabalho e pela interferência ilícita na vida pessoal.

Nesse interim, nunca se deve perder de vista ser o intervalo intrajornada um direito irrenunciável do trabalhador e não um direito disponível aos interesses do capital sempre ávido à otimização das atividades empresariais.

Logo, o tempo de intervalo deve ser capaz de recarregar as energias do obreiro, sendo consenso legal e jurisprudencial que esse tempo mínimo é de uma hora para jornadas superiores a seis horas diárias — exceção feita ao trabalho rural[26], cuja forma de gozo do intervalo intrajornada dependerá dos usos e costumes da região onde se desenvolve, consoante se depreende da leitura de recente julgado do TST, a seguir colacionado:

RECURSO DE REVISTA. INTERVALO INTRAJORNADA. FRACIONAMENTO. TRABALHADOR RURAL. O Tribunal Regional registrou que o reclamante, na condição de trabalhador rural, gozou do intervalo intrajornada de maneira fracionada, com a concessão de um período de quarenta minutos e dois períodos de dez minutos cada para o café. A Lei n. 5.889/73, em seu art. 5º, § 1º, permitiu a utilização dos usos e costumes em relação ao intervalo intrajornada do trabalhador rural. Tal disciplina decorre da realidade local do trabalho do campo, cujas rotinas diárias são distintas em cada região do País. Logo, é permitido o fracionamento do período de descanso, quando observado o intervalo mínimo de uma hora, como ocorreu no caso dos autos. Intacto, portanto, o art. 71, § 4º, da CLT. Recurso de revista de que não se conhece. (RR n. 241-22.2011.5.15.0106, Relator Ministro: Cláudio Mascarenhas Brandão, Data de Julgamento: 5.8.2015, 7ª Turma, Data de Publicação: DEJT 7.8.2015)

E, se por um lado, o intervalo intrajornada não pode ser exíguo a ponto de ser insuficiente, tampouco pode ser demasiado, de modo a obstacularizar o exercício das atividades pessoais do trabalhador durante o tempo de não

---

(26) Atualmente, por força de questionável alteração legislativa consubstanciada na Lei n. 13.103/15, de 2 de março de 2015, o intervalo intrajornada também poderia, em tese, ser reduzido para tempo inferior a uma hora, a teor da atual redação do § 5º, do art. 71, da CLT.

trabalho. Dessa maneira, salvo algum interesse específico do obreiro, a duração máxima do intervalo intrajornada é de duas horas, a teor do art. 71, *caput*, da CLT.

Reforçando o anteriormente sustentado, o gozo do intervalo intrajornada não pode, de forma alguma, estar subordinado unilateralmente à estratégia empresarial. Obviamente que havendo possibilidade de se contemplar simultaneamente aos interesses capitalistas e operários, chegar-se-á próximo do plano ideal.

Porém, havendo conflito de interesses, o direito indisponível do trabalhador deve ser o norteador do tempo e forma de concessão do intervalo. Mesmo porque, os efeitos da inadequação do intervalo intrajornada não atingem somente a dignidade, direitos fundamentais e qualidade de vida do operário, mas afetam negativamente toda a coletividade, consoante se demonstrará a seguir.

2.4.3 Direitos metaindividuais

A preocupação com o meio ambiente não é recente na história mundial. Há mais de 2000 anos, Aristóteles já enxergava o ser humano como um microcosmo integrante de um todo maior, regido por leis que garantissem a vida em equilíbrio e harmonia com a natureza, segundo a concepção de que as intervenções humanas na natureza estavam subordinadas à razão, à ética e à prudência (MARCONDES, 2006. p. 36-37).

Mais recentemente, nos primórdios do capitalismo, relatos demonstravam não apenas a preocupação, mas também a efetiva degradação do ambiente natural, paralela à degradação do próprio ser humano nele incluído (MARX, 1968a, p. 578-579).

Durante o século XX, as profundas transformações desencadeadas pela Revolução Tecnológica perenizaram o processo de degradação ambiental, acelerando-o ao extremo, fazendo surgir a necessidade de criação de uma frente de proteção específica para lidar com essa nova realidade socioeconômica, mais dinâmica e destrutiva, disseminada no ambiente capitalista.

É nesse contexto que surgem os direitos de terceira dimensão, cuja amplitude não se restringe apenas ao indivíduo ou a um universo delimitado de pessoas. São os denominados direitos metaindividuais, cujo reconhecimento advém da atual concepção de sociedade de massa, em que o titular nem sempre é certo ou determinável e o objeto é indivisível, tendo em vista que se reporta ao bem-estar da sociedade como um todo (PADILHA, 2010. p. 43-44).

Para Sarlet (2012. p. 48-49), o impacto tecnológico, o estado de guerra permanente entre as nações e o processo de descolonização subsequente à Segunda Guerra Mundial, também foram alguns dos fatores primordiais que fizeram despertar a implementação dos direitos de terceira dimensão. Segundo ele, o traço distintivo destes direitos consiste na sua titularidade coletiva, frequentemente indefinida, que exige novas formas de garantia e proteção. São exemplos típicos dessa fase dimensional, o direito ao meio ambiente e à qualidade de vida.

Aqui, há especial interesse em compreender a meta ou transindividualidade, que permeia essa geração de direitos, mormente em relação ao direito ambiental.

Diz-se meta ou transindividual, porque as implicações existentes em relação ao meio ambiente geral — e na seara do trabalho não é diferente — extrapolam o universo do indivíduo e provocam efeitos em toda a coletividade ou, pelo menos, em uma determinada coletividade. Esse efeito massificado rege a importância do direito ambiental para a efetivação da dignidade humana, sem a qual será impossível a construção de uma sociedade livre, justa e solidária.

A transcendência individual ainda revela uma dupla faceta do direito ambiental: ao passo de ser garantido a todos, também exige esforços de toda a coletividade para a sua efetivação, configurando-se autêntico direito-dever, na expressa dicção do art. 225 da CRFB/88.

A legislação pátria — consubstanciada no art. 81 do Código de Defesa do Consumidor (CDC) — classifica os direitos metaindividuais ou coletivos *lato sensu* em três categorias: (i) difusos; (ii) coletivos *stricto sensu*; e (iii) individuais homogêneos.

Neste estudo o interesse recai apenas sobre as duas primeiras categorias, uma vez que os direitos individuais homogêneos não são propriamente coletivos. Reportam-se, em realidade, a uma "ficção jurídica criada pelo direito positivo brasileiro com a finalidade única e exclusiva de possibilitar a proteção coletiva (molecular) de direitos individuais, com dimensão coletiva (em massa)" (DIDIER JR.; ZANETI JR., 2010. p. 76-80). Portanto, é categoria cujo estudo remete, sobretudo, à processualística.

Os direitos difusos diferenciam-se dos direitos coletivos *stricto sensu* em razão da titularidade, conforme previsão legal expressa do art. 81 do CDC. No primeiro caso, os titulares são indeterminados e vinculados estritamente às condições de fato; na segunda categoria, os titulares são identificáveis e interligados entre si ou com a parte contrária. Por sua vez, ambos se assemelham por serem dotados de natureza indivisível.

No âmbito do meio ambiente do trabalho, os direitos coletivos *stricto sensu* são de fácil percepção e sua repercussão não comporta maiores discussões. Não há dúvida, por exemplo, que a supressão habitual do intervalo intrajornada de trabalhadores rodoviários lhes impactará, de alguma maneira, a saúde. É pacífico, de igual forma, que a imposição contumaz de jornadas acima das legalmente permitidas ocasionarão prejuízo à vida dos operários a elas submetidos.

No dizer de Júlio Cesar de Sá da Rocha (2013. p. 233), é como se indagássemos questões relativas ao meio ambiente do trabalho e já viesse em mente o interesse coletivo próprio de determinada categoria, muito embora poucas vezes se reconheça a relevância destas questões para a sociedade em geral.

A constatação do autor é sintomática de uma visão míope que comumente recai sobre o meio ambiente do trabalho. Se há discernimento para perceber que os danos em matéria de meio ambiente do trabalho atingem a toda uma coletividade de trabalhadores — percepção já grave o suficiente para justificar as preocupações que repousam sobre o meio ambiente laboral —, contudo, dificilmente se enxerga além disso, à luz de um ponto de vista difuso.

A necessidade de uma visão ampliada e, portanto, mais condizente com a relevância do meio ambiente laboral, deve ser adotada diante dos fundamentos que alicerçam o Estado Democrático de Direito (cidadania, dignidade humana e valor social do trabalho, *vide* art. 1º, II, III e IV da CRFB/88). Essa interpretação foi recentemente manifestada pelo Tribunal Superior do Trabalho, em precedente turmário da lavra do Ministro Mauricio Delgado. Confira-se:

RECURSO DE REVISTA. LEGITIMIDADE ATIVA. MINISTÉRIO PÚBLICO DO TRABALHO. AÇÃO CIVIL PÚBLICA. DIREITOS INDIVIDUAIS HOMOGÊNEOS DISPONÍVEIS. INTERESSE SOCIAL RELEVANTE. [...] No caso concreto, o Ministério Público do Trabalho postula a reintegração de empregada ao seu cargo de assistente social na terceira Ré, com pagamento de todos os salários e benefícios relativos ao período de afastamento, bem como a determinação de que as Rés se abstenham de dispensar trabalhadores que prestarem depoimento perante as autoridades constituídas, seja do Ministério Público Estadual, Ministério Público do Trabalho, Poder Judiciário ou quaisquer outros órgãos, enfatizando que a presente demanda visa à imposição de obrigação de fazer e não fazer que beneficiará um grupo vulnerável de trabalhadores, com a finalidade de proteção e de restaurar um meio ambiente de trabalho seguro do ponto de vista psicológico, além de beneficiar o senso moral de toda a sociedade, que repele condutas discriminatórias contra os trabalhadores. O Tribunal Regional de origem entendeu que, por se tratar de direitos individuais homogêneos disponíveis, não teria o Ministério Público do Trabalho legitimidade ad causam para atuar em Juízo na defesa de tais interesses. Entretanto, existe, no presente caso, interesse coletivo da comunidade trabalhista de empregados da empresa, no sentido de obstar a conduta empresarial de retaliação de pessoas que exercem direito de cidadania social e trabalhista. Ademais, encontra-se pacificado nesta Corte, através de decisões da SBDI-1, o entendimento de que o Ministério Público do Trabalho detém legitimidade para tutelar direitos e interesses individuais homogêneos, sejam eles indisponíveis ou disponíveis, ante o interesse geral da sociedade na proteção dos direitos fundamentais sociais (art. 127 da CF) e na adequação da matriz jurídica à massividade dos danos e pretensões característicos da sociedade contemporânea, de modo a garantir aos jurisdicionados o amplo acesso ao Poder Judiciário (art. 5º, XXXV, da CF), bem como a celeridade (art. 5º, LXXVIII, da CF), a economicidade, a racionalidade, a uniformidade e a efetividade da atuação jurisdicional no deslinde dos conflitos de massa. Precedentes da SBDI-1. Recurso de revista conhecido e provido. (RR n. 66-18.2013.5.09.0658, Relator Ministro: Mauricio Godinho Delgado, Data de Julgamento: 25.2.2015, 3ª Turma, Data de Publicação: DEJT 27.2.2015)

O julgado deixa assente que beneficiar um grupo vulnerável de trabalhadores já denota um interesse coletivo relevante o suficiente para se admitir a respectiva proteção pela via coletiva em matéria de meio ambiente. Em complemento, o acórdão acrescenta que a repreensão a condutas discriminatórias nas relações de trabalho beneficia o senso moral de toda a sociedade, cujo interesse é geral quanto à proteção dos direitos fundamentais sociais.

Ou seja, uma situação ambiental que à primeira vista parece abarcar apenas os interesses de um grupo delimitado de trabalhadores, na realidade irradia efeitos difusos para toda a coletividade, com vistas à realização dos valores impregnados na Carta Constitucional.

Nessa trilha de raciocínio, Norma Sueli Padilha (2010. p. 173-174) leciona ser o direito ao meio ambiente equilibrado um direito fundamental de dupla grandeza: uma dimensão tradicional, de ordem subjetiva e atinente ao indivíduo ou conjunto de indivíduos, e outra dimensão objetiva, que se reporta a valores almejados por toda a comunidade política, em virtude do seu significado para o interesse público.

Nada obstante, os efeitos difusos não se limitam ao campo axiológico. Pelo contrário, são mais práticos e diretos do que se possa imaginar.

Estudos de impacto econômico relatam que os custos nos Estados Unidos em razão das alarmantes estatísticas de doenças ocupacionais e acidentes do trabalho atingem a cifra de US$ 110 bilhões a cada ano. Na Europa, as indenizações pagas em consequência desses mesmos infortúnios foram avaliadas em 20 bilhões de euros anuais, excluindo-se os custos indiretos (ROCHA, 2013. p. 104).

Nesse diapasão, pesquisas da OIT demonstram que a União Europeia destina entre 3 e 4% de seu Produto Interno Bruto (PIB) para tratar somente de problemas vinculados à saúde mental de seus trabalhadores. Por sua vez, nos Estados Unidos, as despesas estatais relacionadas a distúrbios mentais e comportamentais oriundos do labor representam um gasto de cerca de U$ $ 40 bilhões anualmente (ARAÚJO JÚNIOR, 2013. p. 116).

A realidade brasileira segue a mesma tendência constatada nos países capitalistas ocidentais. Dados apresentados pela Conferência Nacional da Indústria, referentes ao ano de 1997, apontam que já naquela época os acidentes de trabalho e doenças ocupacionais implicavam custos anuais de R$ 5,8 bilhões para o mercado (ROCHA, 2013. p. 104).

Mais recentemente, os números do INSS demonstram que somente em 2013 houve 717.911 acidentes de trabalho no país, tendo sido concedidos,[27] no mesmo período, 338.122 benefícios acidentários[28].

A partir desse apanhado geral, pode-se ter uma ideia do custo econômico suportado por toda a sociedade a partir de problemas advindos da magnitude do meio ambiente laboral. Não é necessário, portanto, ser trabalhador para suportar as mazelas oriundas do trabalho degradante, uma vez que, no mínimo, uma parte dos valores anualmente injetados na Seguridade Social poderiam ser investidos em outras áreas, como educação, saúde ou infraestrutura.

De igual maneira, o custo suportado pelas empresas — alíquota de Seguro Acidente do Trabalho (SAT), afastamentos laborais com ônus para o empregador, treinamento de substitutos para os empregados afastados, perda de desempenho pelo afastamento ou improdutividade de trabalhadores lesionados etc. — é repassado ao consumidor final e interfere na competitividade do país no mercado globalizado. Dessa forma, a preocupação com o trabalho degradante não se limita a problema de um cidadão ou mesmo de um grupo de trabalhadores afetados, mas, sim, configura uma questão que deve ser enfrentada por todos e pautada com prioridade.

Não bastasse isso, cumpre destacar que o custo econômico diretamente vinculado à degradação do ambiente laboral provoca prejuízos de igual ou maior envergadura, pois atinge os direitos fundamentais de toda a sociedade.

É nessa direção o paralelo feito por Jorge Luiz Souto Maior (2003. p. 19), quando sustenta a necessidade de desconexão do trabalho:

> "Lembre-se: É dever da família, da sociedade e do Estado assegurar à criança e ao adolescente, com absoluta prioridade, o direito à vida, à saúde, à alimentação, à educação, ao lazer, à profissionalização, à cultura, à dignidade, ao respeito, à liberdade e à convivência familiar e comunitária, além de colocá-los a salvo de toda forma de negligência, discriminação, exploração, violência, crueldade e opressão". (art. 227, da Constituição Federal) E, recorde-se, também: "Os pais têm o dever de assistir, criar e educar os filhos menores, e os filhos maiores têm o dever de ajudar e amparar os pais na velhice, carência ou enfermidade." (art. 229, da Constituição Federal) Mas, o problema da desconexão do trabalho não se limita a estes aspectos. Visto de outro modo, é possível considerar que o não trabalho nos dias presentes é até mesmo fator de resgate da natureza humana".

---

(27) Dados disponíveis em: <http://www.previdencia.gov.br/dados-abertos/aeat-2013/estatisticas-de-acidentes-do-trabalho-2013/subsecao-a-acidentes-do-trabalho-registrados/tabelas-a-2013>. Acesso em: 30 ago. 2015.

(28) Dados disponíveis em: < http://www.previdencia.gov.br/dados-abertos/aeps-2013-anuario-estatistico-da-previdencia-social-2013/aeps-2013-secao-i-beneficios/aeps-2013-secao-i-beneficios-subsecao-a/aeps-2013-secao-i-beneficios-subsecao-a-beneficios-concedidos-tabelas>. Acesso em: 30 ago. 2015.

A acertada ilação defendida pelo autor a partir da correlação entre a redação dos arts. 227 e 229 da Carta Magna e a necessidade precípua de desconexão do trabalho, é tema que exige profunda reflexão.

Temos priorizado a formação intelectual, cultural e familiar das novas gerações? Tem sido possível amparar as gerações de pais, avós e familiares idosos? Em tempos de raras desconexões do trabalho é muito difícil — quiçá impossível — ao ser humano conciliar o trabalho, que assume protagonismo cada vez maior na vida de todos, com outros deveres essenciais à formação do indivíduo.

Trata-se, pois, de uma problemática relacionada ao meio ambiente laboral que ocasiona irradiações difusas para toda a sociedade. Afinal, uma sociedade de trabalho em tempo integral, privada de liberdade para ler, passear, brincar, amar, converte-se em uma sociedade doente e destituída de perspectiva concreta de melhoria de suas condições sociais. (ALMEIDA; SEVERO, 2014. p. 19).

Tampouco se pode desenvolver o raciocínio simplista de que os citados efeitos não passariam de meras conjecturas acerca de mazelas sociais motivadas por outras causas concorrentes. Isso porque, estudos científicos da área de saúde comprovaram que crianças que desfrutam de menor tempo cronológico em comum com seus pais — em razão da disposição da jornada de trabalho desses últimos —, apresentam maior grau de dificuldade na escola, quando comparadas com outras, cujos pais dispõem de maior presença no seio familiar. (FISCHER; LIEBER; BROWN, 1995. p. 592).

De acordo com essas ponderações, resta cristalino que as questões relativas ao meio ambiente laboral — na mesma linha das que envolvem o meio ambiente geral — irradiam efeitos difusos para toda a sociedade, além das consequências mais óbvias a respeito da dignidade do trabalhador e de seu respectivo grupo ou categoria.

Isto posto, mostra-se necessária uma compreensão mais crítica e ampliada sobre o papel fundamental do meio ambiente do trabalho, para que se garanta o respeito aos postulados insculpidos na Carta Maior e a concretização dos seus objetivos, bem como para a percepção da gravidade do quadro que será desenhado nos capítulos seguintes.

3
AMPLIAÇÃO DO INTERVALO INTRAJORNADA NO ORDENAMENTO JURÍDICO BRASILEIRO

3.1 Previsão legal e sua constitucionalidade à luz da exegese tradicional e pós-positivista

O intervalo intrajornada está previsto no art. 71 da CLT, dispositivo aplicável como regra geral a todos os operários urbanos. O diploma celetista também contempla dispositivos especiais direcionados a atividades que exijam tratamento diferenciado, a exemplo dos serviços de mecanografia (datilografia, escrituração ou cálculo), nos quais o trabalhador faz jus a uma pausa de 10min a cada 90min trabalhados, a teor do art. 72; ou serviços de telefonia, de telegrafia submarina e subfluvial, de radiotelegrafia e radiotelefonia, nos quais os obreiros, na forma do art. 229, *caput* e § 1º, gozam de uma pausa de 20min a cada três horas trabalhadas. Por sua vez, os trabalhadores que executam suas atividades em minas de subsolo, também desfrutam de uma pausa de 15min a cada três horas trabalhadas, conforme previsão do art. 298 da CLT.

Na legislação não codificada, merece destaque a Lei n. 5.889/73, regulamentada pelo Decreto n. 73.626/74, que dispõe sobre o intervalo intrajornada do rurícola (arts. 5º e 6º), mediante a observância dos usos e costumes na região e respeitado o intervalo mínimo de uma hora (art. 5º, § 1º, do regulamento anexo ao Decreto).

Feitas essas considerações iniciais sobre os aportes normativos do intervalo intrajornada, cumpre direcionar os esforços da pesquisa para o dispositivo que suscitou a discussão travada nesta obra. Trata-se do art. 71, *caput*, da CLT, redigido nos seguintes termos:

Art. 71. Em qualquer trabalho contínuo, cuja duração exceda de 6 (seis) horas, é obrigatória a concessão de um intervalo para repouso ou alimentação, o qual será, no mínimo, de 1 (uma) hora e, salvo acordo escrito ou contrato coletivo em contrário, não poderá exceder de 2 (duas) horas.

De início, assinale-se a falta de técnica do legislador celetista ao delimitar que o intervalo intrajornada teria somente o fim de "repouso ou alimentação", quando, na realidade, a importância desse intervalo extravasa, sobremaneira, estas finalidades. Não bastasse isso, a redação parece tratar os temas "alimentação" ou "repouso" como se excludentes fossem, razão pela qual o mais correto seria mencionar "repouso" e "alimentação" (SILVA, H., 2015. p. 207).

Em relação ao gozo mínimo de 1 (uma) hora de intervalo intrajornada nos trabalhos cuja duração superar 6 (seis) horas, remanesce pouca discussão sobre possibilidade da sua redução mediante norma coletiva, diante da redação consolidada na Súmula n. 437 do TST. Essa baliza jurisprudencial reconheceu o art. 71 da CLT como norma de ordem pública, afeta à saúde, higiene e segurança do trabalhador, e, nessa qualidade, insuscetível de flexibilização por norma coletiva.

No tocante à possibilidade de ampliação do intervalo intrajornada por norma coletiva, as discussões fluem na esteira da expressão "[...] *e, salvo acordo escrito ou contrato coletivo em contrário, não poderá exceder de 2 (duas) horas*", contida no dispositivo celetista acima discriminado.

Embora não se constate qualquer discrepância doutrinária ou jurisprudencial quanto à acepção do termo *contrato coletivo* — que hoje se confunde com *norma coletiva de trabalho* — (SILVA, H., 2015. p. 215), o conteúdo da expressão "acordo escrito" ainda suscita discussão, assim como a possibilidade irrestrita de ampliação do intervalo máximo por norma coletiva. O ingresso nesse debate impõe o aprofundamento na hermenêutica das normas jurídicas, o que dedicar-se-á a fazer a partir de agora.

3.1.1 Formas tradicionais de interpretação

O método clássico de interpretação por subsunção e os elementos tradicionais da hermenêutica jurídica — gramatical, histórico, sistemático e teleológico — ainda desempenham um papel bastante útil na busca do sentido das normas e na solução dos casos concretos, a despeito de nem sempre serem suficientes para resolver os casos mais complexos (BARROSO, 2014. p. 141).

Parte considerável do trabalho do operador do direito e do intérprete constitucional se materializa a partir da subsunção de fatos a normas, o que se reproduz reiteradas vezes no cotidiano da aplicação do direito. Assim sendo, não deve provocar incômodo a utilização dos métodos tradicionais, tendo em vista que seu uso se afigura desejável e, não raro, inevitável. O equívoco é imaginar que toda a atividade interpretativa estaria a eles circunscrita (SOUZA NETO; SARMENTO, 2014. p. 397).

Depreende-se das premissas acima que as formas tradicionais de hermenêutica não estão em extinção, tampouco devem ser afastadas de forma absoluta pelo aplicador do direito. Bem ao contrário disso, grande parte das controvérsias pode ser solucionada a contento, a partir da técnica propiciada pelos métodos clássicos.

Porém, também é certo afirmar que as normas jurídicas em geral nem sempre traduzem um sentido único, objetivo e válido para todas as situações sobre as quais incidem. Dito de outra maneira, o texto da norma é apenas uma moldura na qual se podem encaixar várias interpretações possíveis (BARROSO, 2014. p. 142).

Nesse sentido, somente no calor do caso concreto e a partir da aplicação da norma é que se poderão identificar quais os princípios que devem ser preservados, a fim de encontrar a solução constitucionalmente mais adequada; ao intérprete, cabe a missão de ir mais além do que simplesmente revelar o conteúdo pré-existente da norma jurídica, devendo exercer um papel criativo na sua concretização (BARROSO, 2014. p. 142).

De toda forma, considerando a sobredita utilidade dos métodos tradicionais para a solução dos conflitos, faz-se imprescindível a exata compreensão do papel de cada um deles quando utilizados pelo intérprete.

O método gramatical é, em geral, o primeiro elemento hermenêutico ao qual se recorre, sendo decisivo para a interpretação jurídica. Por este método, se busca esclarecer o sentido do vocábulo empregado pelo legislador, extraindo, assim, a norma jurídica do texto que a consagra. Em casos de menor complexidade, o elemento gramatical pode ser suficiente para resolução da questão jurídica posta, ensejando a subsunção; em outros mais difíceis, será apenas um dos elementos a serem considerados na perseguição da resposta mais adequada (SOUZA NETO; SARMENTO, 2014. p. 414).

No caso aqui proposto, é inegável a existência de uma forte tentação da qual pode ser vítima o intérprete jurídico, para avaliar o *caput* do art. 71 da CLT sob o viés da literalidade, cujo teor — gramaticalmente induvidoso, ao menos em relação ao contrato coletivo — poderia levar alguns a praticar a mera subsunção, visto que a simples leitura e repetição do excerto poderia, em tese, resolver qualquer controvérsia.

O risco da interpretação exclusivamente gramatical em casos como esse é o de se incorrer no que Edgar Morin (2002. p. 53) denomina de "paradigma da simplificação (redução-disjunção)". Isso porque o foco do elemento gramatical se concentra exclusivamente na norma jurídica, vista como objeto abstrato e descontextualizado do sujeito, inclusive das partes atingidas pela norma no caso concreto. Em outras palavras, independentemente da relação jurídica que se estabelecer, independentemente do sujeito, o resultado da análise literal será sempre o mesmo, visto que a norma é a mesma, em um exercício quase que matemático da ciência jurídica.

E se o paradigma da simplificação implica a exclusão do sujeito, privilegiando a visão objetiva da ciência jurídica, ele também conduz à redução-disjunção, assim considerada a tentativa de reduzir a realidade mais complexa à outra menos complexa, via fracionamento do objeto, desprezando, assim, a possibilidade de uma contribuição sistemática e transdisciplinar.

Releva gizar, ainda, que a concentração demasiada do intérprete no texto da lei o descompromete com o resultado final da análise, do qual será mero proclamador, pouco importando se o produto da interpretação é ou não constitucional. Esse desacerto pode ser conferido em recente precedente oriundo da 4ª Turma do Tribunal Superior do Trabalho, cuja ementa abaixo se transcreve:

> RECURSO DE REVISTA DA RECLAMADA. INTERVALO INTRAJORNADA SUPERIOR A DUAS HORAS. NORMA COLETIVA. CUMPRIMENTO. VALIDADE. ART. 71, — CAPUT-, DA CLT. Na diretriz do — *caput* — do art. 71 da CLT, — Em qualquer trabalho contínuo, cuja duração exceda de 6 (seis) horas, é obrigatória a concessão de um intervalo para repouso ou alimentação, o qual será, no mínimo, de 1 (uma) hora e, salvo acordo escrito ou contrato coletivo em contrário, não poderá exceder de 2 (duas horas). A jurisprudência desta Corte sedimentou-se no sentido da invalidade da norma coletiva que estabelece prorrogação do intervalo intrajornada em período superior a duas horas, se não houver cumprimento dos termos entabulados, bem assim previsão de horário pré-estabelecido para a concessão do intervalo. Na hipótese dos autos, não obstante o Tribunal Regional tenha tomado como fundamento para o deferimento das horas extras intervalares a não delimitação do tempo disponível para descanso do empregado, o dado fático consignado no próprio acórdão revisando, no sentido de que o Reclamante usufruía de intervalo intrajornada de 4h15min, desloca o foco da controvérsia para o dever da estrita observância aos ditames do — *caput* — do art. 71 da CLT, na medida em que ficou demonstrado o fiel cumprimento da norma coletiva, que estabeleceu o limite máximo de 5h40min para o intervalo em epígrafe. Nesse contexto, o Autor não faz jus às horas extras intervalares deferidas. Precedente da SBDI-1. Recurso de Revista conhecido e provido. (RR n. 97.600-70.2012.5.17.0141, Relatora Ministra: Maria de Assis Calsing, Data de Julgamento: 30.4.2014, 4ª Turma, Data de Publicação: DEJT 9.5.2014)

O acórdão adota como fundamento uma variável extremada da hermenêutica gramatical, consubstanciada no "*dever de estrita observância aos ditames do caput do art. 71 da CLT*", visto no precedente de forma acontextual e isolada. A ideia central é a de que o Poder Judiciário — por mera subsunção ao art. 71 — teria supostamente o dever de validar toda e qualquer norma coletiva, cujas cláusulas estejam sendo cumpridas pelas partes, independentemente da legalidade ou abusividade do conteúdo da avença e da sua repercussão no caso concreto.

Ora, à guisa do exposto anteriormente, já se pode concluir que inexiste qualquer vinculação do Poder Judiciário à literalidade de determinada norma infraconstitucional avaliada de forma isolada e, principalmente, quando é patente que mesmo o elemento gramatical pode suscitar diferentes interpretações.

E por ter se apegado unicamente ao elemento gramatical, entende-se que a conclusão do julgado se desviou da interpretação mais adequada para o caso concreto, e, como corolário lógico, validou cláusula coletiva que sequer delimitava o tempo disponível para descanso do empregado — em desacordo com a função social do intervalo e com os direitos fundamentais do obreiro.

Isto posto, e a despeito de ser o elemento gramatical indispensável à hermenêutica jurídica e, por isso mesmo, o primeiro elemento a ser relevado, o ideal é que, ao se fazer uso deste método, o intérprete possa harmonizá-lo com outras técnicas interpretativas e nunca perca de vista a constitucionalidade do resultado atingido.

O método histórico, a seu turno, lastreia a interpretação jurídica na intenção que teve o legislador por ocasião da edição de determinado ato normativo, fazendo uso, para tanto, dos anais que contextualizaram a edição da norma, dos debates parlamentares, ou mesmo da exposição de motivos integrante da norma jurídica (SOUZA NETO; SARMENTO, 2014. p. 414).

O elemento histórico tem sua importância assegurada na hermenêutica jurídica e já foi de grande serventia para a solução de conflitos importantes na Corte Suprema Brasileira, a exemplo do julgamento da ADPF 153/DF, que examinou a constitucionalidade da Lei n. 6.683/79, mais conhecida como a Lei de Anistia. Confira-se um trecho da ementa deste julgado:

> [...] 5. O significado válido dos textos é variável no tempo e no espaço, histórica e culturalmente. A interpretação do direito não é mera dedução dele, mas sim processo de contínua adaptação de seus textos normativos à realidade e seus conflitos. Mas essa afirmação aplica-se exclusivamente à interpretação das leis dotadas de generalidade e abstração, leis que constituem preceito primário, no sentido de que se impõem por força própria, autônoma. Não àquelas designadas leis-medida (Massnahmegesetze), que disciplinam diretamente determinados interesses, mostrando-se imediatas e concretas, e consubstanciam, em si mesmas, um ato administrativo especial. No caso das leis-medida interpreta-se, em conjunto com o seu texto, a realidade no e do momento histórico no qual ela foi editada, não a realidade atual. É a realidade histórico-social da migração da ditadura para a democracia política, da transição conciliada de 1979, que há de ser ponderada para que possamos discernir o significado da expressão crimes conexos na Lei n. 6.683. É da anistia de então que estamos a cogitar, não da anistia tal e qual uns e outros hoje a concebem, senão qual foi na época conquistada.

Exatamente aquela na qual, como afirma inicial, "se procurou" [sic] estender a anistia criminal de natureza política aos agentes do Estado encarregados da repressão. A chamada Lei da anistia veicula uma decisão política assumida naquele momento — - — o momento da transição conciliada de 1979. A Lei n. 6.683 é uma lei-medida, não uma regra para o futuro, dotada de abstração e generalidade. Há de ser interpretada a partir da realidade no momento em que foi conquistada. [...]. (ADPF n. 153, Relator(a): Min. EROS GRAU, Tribunal Pleno, julgado em 29.4.2010, DJe-145, DIVULG. 5.8.2010, PUBLIC. 6.8.2010, EMENT. v. 2.409-01, p. 1, RTJ v. 216, p. 11)

O precedente do STF demonstra, contudo, que o elemento histórico é de aplicação restrita e pontual na interpretação jurídica, tendo em vista que os valores partilhados pelo legislador, bem como a sua intenção original, poderão ser bastante díspares daqueles partilhados pela sociedade contemporânea do caso concreto.

Nesse sentido, Eros Grau, autor do voto condutor, reconhece no aresto que a significação das normas jurídicas varia no tempo, no espaço, ao longo da história e das mutações culturais, sendo a hermenêutica um processo permanente de adaptação dos textos normativos à realidade que permeia os conflitos.

Em consonância com esse panorama, é coerente a lição de Cláudio Souza Neto e Daniel Sarmento (2014. p. 416-417), quando afirmam que o elemento histórico não pode ser totalmente desprezado. Todavia, o intérprete deve ser cauteloso para não impedir a atualização da Constituição a partir de uma hermenêutica evolutiva e para não se apegar a valores pertencentes a gerações passadas, cuja prevalência pode conduzir a anacronismos injustificados e soluções tão conservadoras quanto incoerentes com a sociedade atual.

No caso concreto, assente-se, dificilmente poder-se-ia prestigiar o elemento histórico para interpretar o art. 71, *caput*, da CLT.

A um, por falta de registros jurídicos sobre as razões que conduziram à redação original desse dispositivo — notadamente em relação à possibilidade de ampliação do intervalo. Essa flexibilidade veio para atender alguma demanda específica de trabalhadores? Foi resultado de pressões capitalistas reacionárias para viabilizar atividades econômicas específicas? Ambas as possibilidades são factíveis, porém não há como assinalar a existência de uma ou de outra.

A dois, porque passados 70 anos de vigência celetista, os valores partilhados pela sociedade atual são completamente distintos daqueles vigentes em 1943, o que se consubstancia nas profundas modificações operadas nas relações socioeconômicas e trabalhistas.

Por último, pela simples comparação da Constituição de 1937, vigente à época e detentora de viés autoritário, com a Constituição de 1988, democrática e ponto de partida para um robusto leque de direitos e garantias fundamentais — incomparavelmente superior, neste mister, à sua antecessora.

Superado o exame do elemento histórico, deve-se avançar para o estudo da interpretação sistemática, por meio da qual se deve considerar cada dispositivo jurídico em conjunto com os demais, na condição de comporem um ordenamento coerente, quase que um organismo vivo, e não um mero conjunto aleatório de normas (SOUZA NETO; SARMENTO, 2014. p. 419).

A leitura sistemática pode ser empreendida, tanto pela análise sistêmica de diferentes diplomas legais (constituição, leis complementares, leis ordinárias, por exemplo), quanto mediante a apreciação de um diploma apenas, hipótese em que o sistema em apreciação será o conjunto dos seus dispositivos. Outrossim, a hermenêutica sob o viés sistemático almeja promover a harmonização das partes do todo, à luz do qual deve ser compreendida a norma jurídica (SOUZA NETO; SARMENTO, 2014. p. 419).

No caso proposto é perfeitamente factível a interpretação sistemática, seja no âmbito da própria CLT, seja na conjugação da CLT com outros diplomas jurídicos. Algumas decisões judiciais no âmbito do TST já vêm procedendo dessa forma, a saber:

AGRAVO DE INSTRUMENTO EM RECURSO DE REVISTA. HORAS EXTRAS. INTERVALO INTRAJORNADA SUPERIOR A DUAS HORAS. PREVISÃO EM NORMA COLETIVA. O elastecimento do intervalo intrajornada a período superior a duas horas não depende apenas de prévio acordo escrito entre as partes ou de fixação em norma coletiva, mas também de preservação de seu caráter de medida de higiene, saúde e segurança do trabalho, nos termos do art. 7º, XXII, da Constituição Federal. No presente caso, o Regional entendeu ser irregular a ampliação do intervalo, uma vez que não basta a previsão em norma coletiva, sendo necessário também que a natureza da atividade justifique ampliação, bem como que o limite máximo esteja prefixado. Não configurada ofensa a dispositivo legal ou divergência jurisprudencial.

Agravo de instrumento conhecido e não provido. (AIRR n. 1.503-70.2010.5.09.0021, Relatora Ministra: Dora Maria da Costa, Data de Julgamento: 8.5.2013, 8ª Turma, Data de Publicação: DEJT 10.5.2013)

[...] 5 — INTERVALO SUPERIOR A DUAS HORAS. A norma coletiva não previu sua duração, como autoriza a CLT, apenas reproduzindo o preceito legal. Assim, a posterior estipulação unilateral, pela reclamada, embora com suporte em instrumento coletivo, não atende aos fins ditados pela legislação celetista, pois deixa ao seu arbítrio a estipulação dos turnos de trabalho e do período do intervalo intrajornada, esvaziando o conteúdo do art. 4º da CLT. Não há violação dos dispositivos indicados. Inservíveis arestos oriundos de turmas desta Corte (art. 896 da CLT). Os demais arestos são inespecíficos, pois não abordam hipótese em que a autorização realizada mediante negociação coletiva fora abstrata, sem especificação prévia da duração do intervalo intrajornada. Óbice da Súmula n. 296 do TST. Recurso de revista não conhecido. [...]. (RR n. 162.400-17.2006.5.09.0020, Relatora Ministra: Delaíde Miranda Arantes, Data de Julgamento: 22.5.2013, 7ª Turma, Data de Publicação: DEJT 24.5.2013)

Observe-se que no primeiro precedente, de lavra da Ministra Dora Maria Costa, o colegiado compreendeu, a partir de uma interpretação sistemática da CLT com a Constituição Republicana, que a mera pactuação em norma coletiva não é suficiente para validar a ampliação do intervalo intrajornada para além das duas horas habituais. É necessário que o pactuado preserve o caráter de saúde, higiene e segurança do intervalo laboral, à vista do previsto no art. 7º, XXII, da Constituição, aqui harmonizado ao preceito celetista.

Noutro giro, o julgado da 7ª Turma do TST, de relatoria da Ministra Delaíde Miranda Arantes, reverbera o elemento sistemático ao interpretar conjuntamente os arts. 4º e 71 da CLT e concluir que a cláusula coletiva não é válida por desatender às finalidades do diploma celetista, examinado a partir de uma noção única.

Verifica-se da análise *supra* que ambos os julgados fazem uso da hermenêutica sistemática e, a partir de diferentes dispositivos, atingem a mesma conclusão quanto à invalidade de norma coletiva autorizadora do elastecimento do intervalo intrajornada.

Por fim, apresenta-se o elemento teleológico como a última vertente da hermenêutica tradicional a ser destacada. Neste tipo de método, o intérprete investiga a finalidade inerente ao dispositivo objeto da análise e a partir dessa premissa desenvolve sua conclusão. A adoção do elemento teleológico está prevista no art. 5º do Decreto-Lei n. 4.657/42 — Lei de Introdução às Normas do Direito Brasileiro (LINDB) —, que determina o atendimento aos fins sociais e às exigências do bem comum quando da aplicação da lei (SOUZA NETO; SARMENTO, 2014. p. 420).

O método teleológico tem subsidiado algumas decisões da Corte Superior do Trabalho em matéria de elastecimento do intervalo intrajornada. Confira-se:

EMBARGOS. INTERVALO INTRAJORNADA SUPERIOR A DUAS HORAS DIÁRIAS. A jurisprudência desta Corte admite acordo coletivo que prevê jornada superior a duas horas diárias. No entanto, é de se destacar a função social do intervalo intrajornada, que determina medida de higiene e segurança do trabalho, não podendo ser reconhecida validade da norma coletiva quando não há delimitação do tempo disponível para descanso do empregado, sob pena de se deixar ao arbítrio do empregador o período em que o empregado ficará em descanso, mas sem alcançar o objetivo do período de descanso a que se refere o art. 71 da CLT. Embargos conhecidos e desprovidos. [...]. (E-ED-RR n. 163.400-66.2006.5.09.0662, Relator Ministro: Aloysio Corrêa da Veiga, Data de Julgamento: 23.9.2010, Subseção I Especializada em Dissídios Individuais, Data de Publicação: DEJT 1º.10.2010)

Confirme-se que o aresto transcrito é claro ao reportar-se à função social do intervalo intrajornada — criado como medida de higiene e segurança do trabalho — para inadmitir cláusula coletiva que não delimita o tempo de descanso do empregado, e, portanto, não garante o efetivo descanso desejado no art. 71 da CLT. Nesse caso concreto, o elemento teleológico se sobrepôs à interpretação meramente gramatical, apesar de o julgado reconhecer que a jurisprudência do TST vem admitindo a possibilidade de ampliação do intervalo por norma coletiva.

Ao se valer do exame das finalidades do intervalo intrajornada, ou seja, do elemento teleológico, Homero Batista Mateus da Silva (2015. p. 216) leciona que o "acordo escrito" a que se reporta o art. 71, *caput*, da CLT, não pode ser considerado como um acordo individual de trabalho — sob pena de se obter resultado prático totalmente diverso daquele pretendido pela norma —, uma vez que a ampliação ficaria ao total alvedrio dos interesses do empregador e na contramão da proteção dos direitos fundamentais do empregado.

O raciocínio do autor está correto, visto que não faria qualquer sentido estabelecer a exigência de pactuação em norma coletiva — com vistas a criar um obstáculo maior à maximização do intervalo, dada sua função inerente à saúde, segurança e higiene do trabalho —, se o simples acordo individual entre as partes já fosse suficiente para atingir igual mister. Outrossim, sabe-se que o acordo individual de trabalho representa um mero contrato de adesão, em que o trabalhador se submete ao conteúdo determinado pelo empregador, sem nenhuma margem para impor sua vontade.

Aceitar essa interpretação seria literalmente inverter em 180° a finalidade a que se destina o instituto, transmutando a natureza precípua do intervalo intrajornada a uma conveniência do empregador destinada à otimização dos seus meios de produção.

Mas não apenas de maneira isolada podem ser estudados os elementos interpretativos tradicionais. A conjugação de métodos hermenêuticos, além de recomendável, é recorrente na análise de textos jurídicos.

Com efeito, esse tipo de combinação deposita ao julgado maior substância e, consequentemente, maior probabilidade de êxito na busca da solução mais adequada ao caso concreto. Isso se deve ao fato de que o intérprete disporá de visão ampliada, após ter examinado o mesmo objeto sob perspectivas distintas, combinando-as segundo um eixo de 360 graus. Exemplo dessa conjugação pode ser visto no precedente de lavra do Ministro Vieira de Mello Filho. Observe-se:

> [...] INTERVALO INTRAJORNADA SUPERIOR A DUAS HORAS — NEGOCIAÇÃO COLETIVA GENÉRICA — AUSÊNCIA DE PRÉVIA ESPECIFICAÇÃO DOS HORÁRIOS — INVALIDADE. No caso dos autos, não obstante a reclamada tenha preenchido o requisito do art. 71, *caput*, da CLT, alusivo à instituição do intervalo intrajornada superior a duas horas mediante previsão em contrato de trabalho individual ou ajuste coletivo, não há como conferir validade ao acordo individual ou coletivo que não prevê precisamente a duração máxima do intervalo intrajornada. Isso porque cláusula desse jaez, avençada em linhas genéricas, revela-se abusiva, à luz do disposto no art. 187 do Código Civil, porquanto acaba por tornar a jornada de trabalho imprevisível, pois deixa ao alvedrio exclusivo do empregador definir o tempo de repouso e alimentação do empregado, que não poderá usufruí-lo como melhor lhe aprouver, o que desatende à finalidade legal do intervalo intrajornada relacionada à medicina e segurança do trabalho e à proteção da saúde física e mental do trabalhador. Recurso de revista não conhecido. [...]. (RR n. 404-71.2010.5.09.0019, Relator Ministro: Luiz Philippe Vieira de Mello Filho, Data de Julgamento: 17.4.2013, 7ª Turma, Data de Publicação: DEJT 26.4.2013)

Há de se destacar a presença de três elementos que subsidiam a *ratio decidendi* do julgado: (i) gramatical, quando se reconhece o atendimento ao requisito do art. 71 da CLT, ou seja, a existência de instrumento coletivo válido autorizando a dilação do intervalo intrajornada, o que não se mostra suficiente para validação da ampliação; (ii) sistemático, quando se adentra no conteúdo do que foi pactuado e, com lastro em outra norma jurídica — art. 187 do Código Civil (CC) —, conclui-se pela abusividade da cláusula coletiva; (iii) teleológico, no momento em que se invalida o dispositivo convencional, em razão de desatender a finalidade do art. 71 da CLT, é dizer, obstar a proteção da saúde física e mental do trabalhador pela via da medicina e segurança do trabalho.

Feito o apanhado sobre os métodos tradicionais de interpretação e demonstrado que por seu intermédio grande parte dos conflitos existentes pode ser solucionada, cumpre reiterar que a hermenêutica jurídica não a eles se resume, principalmente em um ordenamento jurídico pautado na supremacia constitucional, que reverbera sua influência sobre todos os demais comandos presentes na vida jurídica da Nação, sejam eles normativos ou de efeito concreto, e que necessitam se apresentar conformes à Constituição para ingressarem e permanecerem de forma válida no ordenamento (COELHO, 2010. p. 58-59).

Dito de outra maneira, a Constituição se revela como um modo de olhar e interpretar todos os demais ramos do direito. Assim, os valores, as finalidades e os comportamentos nela presentes passam a condicionar a validade e o sentido das normas infraconstitucionais, de maneira que toda interpretação jurídica se afigura como interpretação constitucional, ainda que não remeta diretamente ao Texto Maior (BARROSO, 2014. p. 33).

Nessa sintonia, faz-se imprescindível o aprofundamento no estudo da interpretação constitucional, o que se fará no seguimento, na trilha dos novos paradigmas do pós-positivismo.

3.1.2 Interpretação constitucional

A nova interpretação constitucional é resultado de uma evolução seletiva que agrega novos pressupostos hermenêuticos, a fim de atender às exigências do direito contemporâneo, sem, contudo, divorciar-se dos métodos tradicionais. Por intermédio dela, a importância dos fatos e do intérprete ascende em detrimento da dicção abstrata da norma, que passa a não desfrutar da onipotência ostentada em tempos passados (BARROSO, 2014. p. 143).

Essa novel hermenêutica está contextualizada com outros dois marcos teóricos: (i) a expansão da jurisdição constitucional, mediante a criação de cortes constitucionais na maior parte dos Estados democráticos; (ii) a premissa sólida de que os princípios constitucionais gozam de aplicabilidade direta e imediata, servindo de subsídio habitual para argumentação e para as demandas jurídicas em geral (BARROSO, 2014. p. 31).

Ao conjunto dessas transformações está vinculado o fenômeno denominado pós-positivismo, que funciona como uma espécie de fio condutor para o intérprete incumbido de analisar o caso concreto.

Trata o pós-positivismo de um paradigma filosófico ainda em fase de construção que reaproxima o direito da ética e reconhece os princípios como postulados normativos suscetíveis à valoração. Tais postulados se apresentam como vetores de uma nova maneira de interpretar o direito, que atribui destaque à razão prática e à argumentação jurídica, exercitadas com prevalência aos direitos fundamentais e à dignidade da pessoa humana (BARROSO, 2014. p. 31).

Na mesma linha de pensamento, há quem ressalte que o pós-positivismo busca a conjugação entre o direito e a moral, mediante a interpretação de princípios jurídicos abertos, aos quais confere pleno caráter normativo (SOUZA NETO; SARMENTO, 2014. p. 201).

A ascensão do pós-positivismo foi favorecida pela disposição das constituições contemporâneas, ricas que são na consagração de postulados fundamentais de conteúdo abstrato, inclusive de cunho social e prestacional, e que, por conseguinte, demandam preenchimento pelos valores morais vigentes no momento de sua aplicação. Ao interpretar de forma extensiva e abrangente as normas constitucionais, o Poder Judiciário ampliou a influência da Constituição sobre o ordenamento jurídico, dando origem ao evento designado como constitucionalização da ordem jurídica (SOUZA NETO; SARMENTO, 2014. p. 201-202).

Não existem dúvidas de que esse novo olhar — voltado à valorização e concretização direta dos ideais propugnados pela Constituição, à dignificação do ser humano e à (re)aproximação do direito com a ética e a moral — atende à necessidade de solucionar conflitos inerentes às complexas relações jurídicas da sociedade contemporânea, em que a aplicação da norma pela norma já não merece guarida, muito menos se interpretada com desprezo ao propósito constitucional revelado em cada prática jurídica.

Sem prejuízo de que a maior parte das demandas possa ser dirimida adequadamente por meio da exegese tradicional, ainda assim, é primordial que mesmo nestes casos, o resultado prévio da interpretação seja submetido ao crivo dos valores constitucionais, com o fito de evitar flagrantes distorções.

Na hipótese de o intérprete assim não proceder, entende-se que suas conclusões poderão estar em total descompasso com a ordem jurídica, a exemplo da decisão na qual o TST validou cláusula coletiva[29] que sequer delimitava o tempo de descanso para o trabalhador, com fundamento único no atendimento ao requisito formal do art. 71, *caput*, da CLT, isto é, na mera existência de cláusula coletiva autorizadora.

Não se trata de defender pura e simplesmente uma interpretação *contra legem*, como poderia sugerir um olhar superficial. Muito pelo contrário. Trata-se de um exercício hermenêutico, segundo o qual o intérprete deve analisar quais princípios constitucionais vocacionam o *caput* do art. 71 celetista em cada questão prática que lhe for submetida.

Assim, não deve o juiz meramente reprisar uma decisão judicial do passado de forma acrítica ou aplicar a lei segundo a intenção do legislador na época, cujo contexto poderia ser bem diferente do atual.

Cabe ao hermeneuta ser criativo e por isso mesmo Dworkin (2014. p. 272) entende ser a concepção interpretativa aquela que melhor ilumina o direito, no qual "as proposições jurídicas são verdadeiras se constam, ou se derivam, dos princípios de justiça, equidade e devido processo legal que oferecem a melhor interpretação construtiva da prática jurídica da comunidade".

Para o autor, essa concepção hermenêutica revela o direito como integridade. E, diferentemente do convencionalismo, que estabelece a prevalência do positivismo sobre os princípios e critérios; e do pragmatismo, que

---

(29) Trata-se do RR n. 97.600-70.2012.5.17.0141, de relatoria da Ministra Maria de Assis Calsing, 4ª Turma do TST, julgado em 30.4.2014 e publicado no DEJT em 9.5.2014, cuja ementa está transcrita na p. 92.

sustenta a predominância dos critérios pessoais do juiz sobre a lei e princípios positivados, o direito como integridade elege os princípios como cerne da argumentação, interpretação e decisão judiciária.

Quando o juiz decide sob o manto da integridade de Dworkin, busca a subsunção do caso concreto à lei, mediante o asseguramento da coerência entre os princípios e o alcance constitucional de sua argumentação, o que implica a prolação de uma decisão criativa e capaz de nortear a jurisprudência futura.

Isso permite que os cidadãos gozem de direitos não declarados expressamente na lei e nos precedentes, mas contidos implicitamente nos princípios que os justificam.

A integridade, entretanto, não exige coerência de princípios em todas as fases da história. Por igual razão, os juízes não estão obrigados a interpretar as leis que aplicam sob a ótica de princípios prevalentes no passado, seja de um século antes, seja de uma geração anterior.

Os referenciais éticos vigentes em 1943, por exemplo, quando da decretação da CLT, talvez não permitissem enxergar o elastecimento do intervalo intrajornada como ofensor de direitos fundamentais do trabalhador, tendo em vista que nessa etapa da história violações bem mais graves estavam em curso na Segunda Guerra Mundial, quando trabalhadores disfarçados de soldados se lançavam para a morte.

Ocorre que naquela época o juiz não teria como antever o trânsito caótico hoje existente nas metrópoles. Não conseguiria prever que os trabalhadores residiriam tão longe do seu local de trabalho. Tampouco teria como adivinhar que nos dias atuais poucos são os privilegiados que podem almoçar em suas residências. Enfim, não teria referência do estilo de vida existente nos grandes centros urbanos desta geração. Nem ele, juiz, poderia, nem o legislador.

À luz desse raciocínio, verifica-se que a história oferece apenas um dos elementos necessários à interpretação, e, em que pese sua importância, porquanto ajuda a identificar o rol de princípios que norteou as decisões políticas e judiciais passadas, mostra-se insipiente na aplicação do direito como integridade, o qual pressupõe o exame da prática no presente e também em sua perspectiva futura (DWORKIN, 2014. p. 273-274).

Coerente com o protagonismo dos princípios, conforme lições de Dworkin, foi a decisão do Tribunal Regional do Trabalho da 8ª Região abaixo retratada:

> (..) Constam nas convenções coletivas juntadas aos autos (fls. 64/105), a permissão para o intervalo intrajornada além das duas horas previstas em lei (cláusula 41ª, fls. 85 e 100). Não obstante os argumentos da recorrente, não se constata nos autos que a empresa concedeu outros benefícios aos empregados. Por conseguinte, entendo que o intervalo intrajornada de seis horas concedido foi prejudicial ao trabalhador, sendo escorreito o julgamento de primeiro grau. Com efeito, a cláusula coletiva que prevê o elastecimento do intervalo intrajornada do recorrido não tem qualquer validade, uma vez que o art. 7º, XXVI, da CR/88, ao prestigiar os acordos e convenções coletivas, fê-lo tendo em vista a melhoria da condição social do trabalhador, o que não ocorreu no caso em exame. Ora, os preceitos constitucionais que velam pela dignidade humana, saúde do trabalhador e valor social do trabalho, não autorizam entendimento de que, em nome da autonomia privada coletiva, sejam reduzidas as garantias insculpidas na legislação trabalhista. Daí que, *in casu*, a ampliação do intervalo intrajornada além de 2 horas, previsto no art. 71 da CLT, conquanto previsto em instrumento sindical, não pode ser convalidado por agredir normas ínsitas nos arts. 1º, III e IV, 6º, 7º, da Lex Mater. Portanto, a inobservância do intervalo conduz ao pagamento de horas extras, sendo que o elastecimento da pausa do art. 71 da CLT, constitui artifício nulo de pleno direito (art. 9º, da CLT), porquanto viola norma de ordem pública. [...]. (RO-0000054-39.2012.5.08.0117, Relator Desembargador: Georgenor de Sousa Franco Filho, Data de Julgamento: 27.11.2012, 4ª Turma, Data de Publicação: DEJT 10.12.2012)

Observe-se que a decisão, ao invés de afastar a aplicação do art. 7º, XXVI, da Carta Magna, interpretou o postulado de forma coerente com o princípio da dignidade da pessoa humana e valor social do trabalho e com os direitos fundamentais constitucionalmente previstos (arts. 1º, III e IV, 6º, 7º). Para tanto, desceu ao contexto do caso concreto para constatar a ausência de benefícios ao trabalhador no âmbito da norma coletiva firmada, cujo teor, ao revés, implicava a negação de direitos mínimos garantidos na legislação trabalhista. Diante dessa realidade, julgou não atendido o requisito do art. 71 da CLT para ampliação do intervalo de almoço, por nulidade da cláusula coletiva.

Julgados como este constituem — no sentido do romance em cadeia propugnado por Dworkin (2014. p. 276) — um fragmento do todo, em que cada autor da cadeia interpreta os capítulos anteriores da obra para redigir o tópico que lhe foi confiado, e assim sucessivamente.

Nesse processo, o intérprete, assim como o escritor, deve construir a melhor interpretação possível, de modo que a obra pareça ser produto de autor único. Por uma parte, não pode deixar de guardar continuidade com o que já foi escrito e, por outra, tem a presunção de controlar o que está por se produzir, sem que, para isso, o juiz renuncie à prerrogativa de conferir marca pessoal a sua decisão. Para Dworkin (2014. p. 276-277), os juízes são ao mesmo tempo autores e críticos. Quando interpretam dada tradição, inserem algo novo que será interpretado pelos juízes futuros.

Destaque-se, entretanto, que a decisão não fica ao livre arbítrio do juiz, pois, tanto para julgar como para criticar é necessário considerar a dimensão da adequação, com o fim de garantir que as interpretações sejam compatíveis com os capítulos anteriores. Não se impõe coincidência com todos os elementos, mas, pelo menos, a observância dos pontos estruturais.

Se após o exame da *adequação*, o juiz entender que mais de uma interpretação é cabível, deve julgar "qual dessas leituras possíveis se ajusta melhor à obra em desenvolvimento" (DWORKIN, 2014. p. 278), utilizando a alternativa que detiver o melhor significado.

Na aplicação da integridade, Dworkin se vale da figura imaginária do juiz Hércules, um tipo ideal, metafórico, que é criado para demonstrar a tese da única resposta correta. Para tanto, Hércules é dotado de capacidade e sensibilidade excepcionais para avaliar os casos que lhe são submetidos.

O pensamento do Juiz Hércules não é normativista. Sua leitura é de que o propósito de uma lei não advém da intenção que teve o legislador ao criá-la, mas sim é resultado do direito como integridade, levando em conta a história anterior até o momento da decisão.

Hércules defende que a lei sofre mutações ao longo de sua existência. Assim, "não só o texto da lei, mas também sua vida, o processo que se inicia antes que ela se transforme em lei e que se estende para muito além desse momento", deve pautar a interpretação (DWORKIN, 2014. p. 416.). Em outras palavras, a hermenêutica não é estanque e se transforma em consequência do dinamismo da história.

Considerando tudo o quanto foi exposto, fica patente que a interpretação constitucional contemporânea inspirada pelo pós-positivismo — do qual Dworkin é um dos representantes mais influentes — oferece uma perspectiva que falta à interpretação tradicional: a relação umbilical e cogente com os valores principiológicos da Constituição como norte para adoção da decisão mais adequada para o caso concreto.

3.1.3 *Breves conclusões hermenêuticas*

A compreensão sólida acerca das maneiras de se interpretar o direito possibilita ao juiz uma visão ampliada sobre o real significado inserido na possibilidade de elastecimento do intervalo intrajornada prevista no art. 71, *caput*, da CLT. No decorrer desse estudo hermenêutico foram pavimentadas algumas conclusões, cuja absorção é indispensável para melhor aplicação do direito e realização dos ditames constitucionais.

Primeiramente, se demonstrou que a depender do método de interpretação utilizado, os resultados podem ser antagônicos para um mesmo caso concreto, notadamente quando se utiliza o elemento gramatical como forma prevalente de interpretação.

Nessa esteira, entende-se ter restado evidente que o método gramatical é inadequado para se dirimir demandas sobre esse tema. Essa conclusão se fundamenta em dois aspectos principais, a saber:

(i) Caso o art. 71, *caput*, da CLT seja interpretado a partir de sua literalidade, ter-se-á de admitir a legalidade do elastecimento do intervalo intrajornada por mero acordo entre patrão e empregado, o que subverteria a finalidade do intervalo, tornando-o verdadeiro direito do empregador. Configuração de típica hipótese de coisificação do operário, pois o melhor gerenciamento dos meios de produção iria ditar a duração do intervalo, em detrimento do que fosse mais adequado à saúde, segurança e qualidade de vida do trabalhador.

(ii) Validando-se a ampliação do intervalo em decorrência da mera existência de norma coletiva autorizadora, o intérprete se descompromete com as consequências jurídicas produzidas no caso concreto. A ampliação do intervalo interessa ao empregado? Há violação à dignidade do trabalhador ou a algum dos seus direitos fundamentais? Existe contrapartida na norma coletiva permissiva do elastecimento? Há prejuízo difuso para a sociedade? Nada disso importa, porque o foco é somente um: a existência ou não de norma coletiva válida a autorizar a ampliação do intervalo.

Ao vendar seus olhos, o intérprete se expõe ao grave risco de errar nas suas conclusões. O erro decorre não apenas da utilização de método hermenêutico impróprio, mas também de uma visão deficiente da realidade jurídica, que o leva a validar uma relação em total descompasso com os mais comezinhos princípios constitucionais.

Entende-se, portanto, que a aplicação isolada do método gramatical pode ensejar uma solução inconstitucional para o caso concreto. Mesmo porque uma norma que afronte a dignidade humana, seja em abstrato, seja em concreto, será nula de pleno direito (BARROSO, 2014. p. 43).

Particularmente, não se pode dizer que o art. 71, *caput*, da CLT é inconstitucional em abstrato, porém os efeitos por ele produzidos em determinadas situações podem ser incompatíveis com a Constituição, hipótese em que o dispositivo será nulo de pleno direito no plano concreto.

Em relação ao elemento histórico, verifica-se que sua aplicação é inviável na controvérsia ora discutida em decorrência da dificuldade — senão impossibilidade — de identificar a real intenção do legislador ao inserir essa possibilidade de maximização da duração do intervalo intrajornada. É dizer, uma decisão com viés histórico neste assunto seria baseada em mera conjectura, o que não se afigura aceitável. Outrossim, os princípios e valores protegidos na CRFB/88, com primazia da dignidade humana, são completamente distintos dos vigentes à época, o que também distancia a possibilidade de aplicação do elemento histórico.

Maior atenção e destaque merecem os elementos sistemático e teleológico, tanto por sua aplicabilidade à hipótese em estudo, quanto por demonstrarem que a matéria objeto de discussão não caracteriza um caso difícil.

A observância das finalidades a que se reporta o dispositivo legal, bem como a sua interpretação sistemática com o ordenamento jurídico, mesmo que exclusivamente na esfera infraconstitucional, basta para se atingir uma conclusão capaz de dirimir a controvérsia, inclusive de maneira conforme aos ditames constitucionais, aos quais toda hermenêutica estará sempre vinculada.

Isso porque a solução adequada poderá ser encontrada com relativa facilidade, desde que o intérprete tome em conta que: (i) o intervalo intrajornada é um direito fundamental do operário — não do patrão — assegurado em norma de ordem pública; (ii) na condição de direito fundamental, destina-se ao repouso, alimentação e desconexão do obreiro com o trabalho, com vistas a preservar a sua saúde, segurança, higiene e qualidade de vida em geral; (iii) deve o intervalo ser gozado em tempo suficiente à realização dos fins a que se destina; (iv) o conteúdo do art. 71, *caput*, da CLT pode ser construído a partir da interpretação sistemática com o art. 157, I, da própria CLT, com os arts. 2º e 3º da Lei n. 8.080/90, e art. 7º, *caput*, XXII, da CRFB/88, sem prejuízo de outras conexões que se possam fazer, a exemplo do que fez o Ministro Vieira de Mello Filho em relação ao art. 187 do CC, em precedente de sua lavra que invalidou a cláusula coletiva elastecedora[30].

Na hipótese da ampliação do intervalo em desacordo com as finalidades do instituto ou com a interpretação sistemática da legislação protetiva ao trabalhador, o único caminho existente é a invalidação do ajuste, em prestígio ao próprio ordenamento normativo.

Por sua vez, a doutrina referida anteriormente concorda que os métodos tradicionais de interpretação são úteis na resolução de grande parte das controvérsias presentes na sociedade. Conforme leciona Roberto Barroso (2014. p. 36-38), a nova interpretação constitucional surge para atender aos casos difíceis, em relação aos quais não se podem aplicar fórmulas prontas do ordenamento normativo, pois exigem maior argumentação jurídica e o papel criativo do juiz.

Ora, admitindo-se que a validação ou não do elastecimento do intervalo intrajornada pode ser solucionada satisfatoriamente pela hermenêutica finalística ou sistemática, ou por ambas conjuntamente, logo, é evidente que esta controvérsia não representa um caso difícil, na definição de Barroso. Nesta situação, o eventual erro de interpretação (julgamento) é ainda mais inaceitável.

A seu turno, a interpretação constitucional contemporânea oferece possibilidade ainda mais valiosa para o intérprete adotar a solução que melhor prestigie a primazia dos direitos fundamentais e a dignidade humana, ou seja, encontrar a única resposta correta, a exemplo do que faz o juiz Hércules, idealizado por Dworkin.

Não se trata de proceder mera adoção do elemento sistemático entre dispositivos constitucionais com o art. 71, *caput*, da CLT, mas sim de identificar e prestigiar em cada caso concreto os valores constitucionais que melhor vocacionam a prática jurídica, ou seja, o gozo do intervalo.

---

(30) Trata-se do RR n. 404-71.2010.5.09.0019, de relatoria do Ministro Luiz Philippe Vieira de Mello Filho, 7ª Turma do TST, julgado em 17.4.2013 e publicado no DEJT em 26.4.2013, cuja ementa está transcrita na p. 98.

E se as interpretações teleológica e sistêmica já se revelam suficientes, a interpretação constitucional se posiciona como método ideal para apreciação de qualquer controvérsia relacionada à ampliação do intervalo intrajornada, visto que será a bússola na escolha do caminho correto, seja ele para a validação ou invalidação do elastecimento do intervalo intrajornada.

Uma vez delineadas as considerações pertinentes à hermenêutica do art. 71, *caput*, da CLT, com a profundidade e extensão compatíveis com a proposição da pesquisa, indispensável analisar os precedentes oriundos do Tribunal Superior do Trabalho sobre o assunto, para identificar se os mesmos estão sendo proferidos em consonância com os ditames constitucionais, conforme interpretado neste trabalho.

3.2 Análise dos precedentes do Tribunal Superior do Trabalho

Nos meses de janeiro a julho de 2015 foi realizada uma extensa pesquisa jurisprudencial junto ao TST visando identificar precedentes que tenham enfrentado diretamente o tema "validade do intervalo intrajornada superior a duas horas previsto em norma coletiva".

A primeira opção de investigação recaiu sobre a possibilidade de o próprio TST fornecer uma relação de todos os julgados proferidos sobre o assunto em determinado espaço de tempo. Contudo, a estatística do Tribunal não chega ao nível de detalhamento pretendido, ao particularizar apenas os julgados cujo tema se reporta ao "intervalo intrajornada"[31], conceito significativamente mais aberto e que, portanto, não serve aos fins perseguidos.

Considerando o exposto, a investigação foi efetuada de forma manual no âmbito do sítio eletrônico do TST, subpágina "consulta unificada de jurisprudência", mediante a inserção de elementos-chave nos campos de "pesquisa livre" e "ementa". Outra ferramenta para localização dos precedentes foi o mapeamento de julgados referidos nos textos dos acórdãos já localizados.

Foram selecionados todos os precedentes julgados entre os anos de 2010 a 2015 (até junho) que tenham adentrado, ainda que sucintamente, no tema objeto da pesquisa, tendo sido descartados os acórdãos objeto de fundamento meramente processual.

Acredita-se que a pesquisa abrangeu todos os precedentes existentes na Corte Trabalhista no recorte de tempo determinado. Porém, não existem meios para se comprovar essa assertiva, o que constitui limitação da pesquisa.

A verificação resultou na localização de 167 acórdãos, assim distribuídos por atividade econômica:

Tabela 5 — Classificação do total de precedentes coletados por atividade econômica.

Atividade Econômica	Frequência	%
Transporte Terrestre	152	91
Educação	4	2,4
Restaurantes e Similares	3	1,8
Hipermercados e Supermercados	3	1,8
Condomínios Prediais	2	1,2
Bancos Comerciais e Múltiplos	1	0,6
Limpezas em Prédios e Domicílios	1	0,6
Fabricação de Produtos Alimentícios	1	0,6
Total	167	100

Fonte: Pesquisa jurisprudencial (2015)

A distribuição estatística por ramo de atividade econômica causa surpresa diante da ausência quase absoluta de processos demandados contra empresas cuja atividade principal esteja ligada à área de alimentação e hospedagem.

---

(31) Acervo do TST por tipo de assunto disponível em: <http://www.tst.jus.br/documents/10157/bf98013f-9c3a-4134-863d-d4ef59114ca1>. Acesso em: 5 set. 2015.

Cabe salientar que para os empregadores atuantes nesse ramo empresarial há interesse em flexibilizar (aumentar) o intervalo intrajornada, a fim de evitar a contratação de empregados para um turno adicional de trabalho, pela necessidade de fornecer refeições em momentos distintos do dia e à vista da relativa ociosidade no meio tempo (SILVA, H., 2015. p. 216).

Para que se tenha uma breve noção do quão surpreendentes são esses números, o setor supermercadista firmava, no Estado do Pará, até 2013, convenção coletiva de trabalho que autorizava a ampliação do intervalo intrajornada para até quatro horas diárias[32]. No segmento de hotéis, bares, restaurantes e similares esse tipo de dilatação vige até a presente data, com possibilidade de expansão do intervalo para até cinco horas em cada dia[33].

Segundo dados do IBGE atinentes ao Estado do Pará[34], havia 46.278 trabalhadores ocupados no setor supermercadista e 14.935 na categoria de hotéis, bares, restaurantes e similares, durante o ano de 2013. Após reuniões com a Diretoria do Sindicato dos Trabalhadores em Supermercados do Estado do Pará (SINTCVAPA) no ano de 2015, apurou-se que todas as grandes redes de supermercados presentes no Estado do Pará efetivamente se valiam da norma coletiva para ampliar o intervalo laboral.

Concomitantemente, reuniões do autor desta pesquisa com a Diretoria do Sindicato dos Trabalhadores em Hotéis e Similares no Estado do Pará demonstraram que fração significativa das empresas ligadas ao segmento adota efetivamente essa flexibilização intervalar, em que pese não haver, nesta Entidade Sindical, controle exato quanto aos números existentes.

As informações obtidas demonstram que uma enorme quantidade de trabalhadores — algo em torno de 50 mil pessoas somente no Estado do Pará — está ou esteve submetida ao intervalo intrajornada superior a duas horas, sendo que as demandas trabalhistas questionando a validade dessa dilatação não estão chegando no TST, se é que existem nos Tribunais Regionais.

Distante de significar uma conformação ou mesmo concordância dos trabalhadores com esse tipo de prática flexibilizatória, os números podem indicar o desconhecimento da massa operária quanto à existência de seus direitos e/ou a falta de uma orientação jurídica adequada a esse respeito, o que se pretende confirmar em trabalho posterior.

A seu turno, a grande quantidade de demandas judiciais envolvendo trabalhadores egressos das atividades de transporte terrestre (91% do total) não surpreende, visto que nesse tipo de atividade é bastante comum a prática do elastecimento, com o fito de melhor atender a conveniência empresarial nas partidas e rotas dos veículos (SILVA, H., 2015. p. 217).

Na realidade, outro dado que atrai atenção é a concentração de demandas provenientes do Tribunal Regional do Trabalho (TRT) da 9ª Região, as quais representam 56,3% do total de processos pesquisados, o que transmite a ideia de que algo diferenciado se passou com os trabalhadores no Estado do Paraná, que os levou a demandarem seus direitos em quantitativo deveras superior aos dos demais Estados brasileiros. O restante das demandas (43,7%) ficou distribuída entre 16 Tribunais Regionais do Trabalho (TRTs), pois não se registraram processos provenientes dos TRTs da 6ª, 7ª, 10ª, 13ª, 16ª, 19ª e 22ª Regiões.

O resultado dos julgados foi bastante conflitante entre si, conforme se demonstra a seguir:

---

(32) Vide convenções coletivas de trabalho 2013/2014, 2014/2015 e 2015/2016 da categoria supermercadista, com registro no MTE sob os ns. PA000216/2013, PA000137/2014 e PA000346/2015. Disponível em: <http://www3.mte.gov.br/sistemas/mediador/ConsultarInstColetivo#>. Acesso em: 8 mar. 2014.
(33) Vide convenção coletiva de trabalho 2015/2016 da categoria de hotéis, bares, restaurantes e similares, com registro no MTE sob o n. PA000488/2015. Disponível em: <http://www3.mte.gov.br/sistemas/mediador/ConsultarInstColetivo#>. Acesso em: 8 mar. 2014.
(34) Dados da PNAD/IBGE, disponíveis em: <http://www.sidra.ibge.gov.br/pnad/pnadtic.asp>. Acesso em: 4 mar. 2015.

Gráfico 2 — Classificação dos 167 precedentes localizados, conforme validação total, parcial ou invalidação da cláusula coletiva ampliativa do intervalo intrajornada.

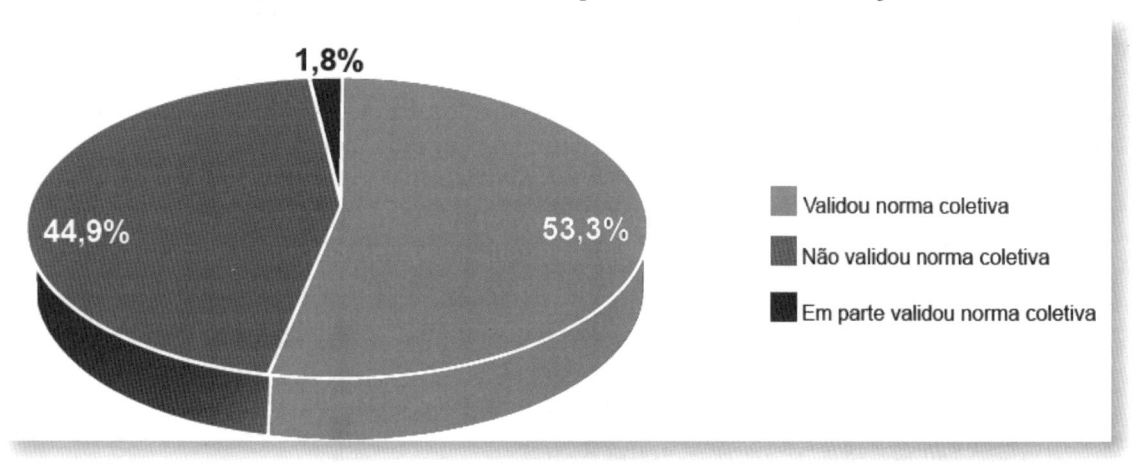

[Gráfico de pizza: Validou norma coletiva 53,3%; Não validou norma coletiva 44,9%; Em parte validou norma coletiva 1,8%]

Fonte: Pesquisa jurisprudencial (2015)

Depreende-se da pesquisa realizada que 53,3% dos julgados validaram integralmente as cláusulas coletivas ampliadoras da duração do intervalo intrajornada. Número ligeiramente inferior (44,9%) invalidou-as por completo, enquanto que 1,8% validou em parte, o que significa dizer que em 3 precedentes foram admitidas as cláusulas autorizadoras, porém com adequação judicial do texto coletivo, excluindo-se excessos tidos como abusivos, pelo Poder Judiciário.

Cingindo a análise às duas variáveis mais representativas, verifica-se que o equilíbrio permanece ao longo dos seis anos pesquisados. Todavia, nos últimos dois anos, a predominância de julgados pela validação se inverteu e foi superada, em 2015, pela não validação, consoante a seguir ilustrado:

Gráfico 3 — Número absoluto dos precedentes que validaram totalmente ou invalidaram a cláusula coletiva ampliativa do intervalo intrajornada ao longo dos anos de 2010 a 2015.

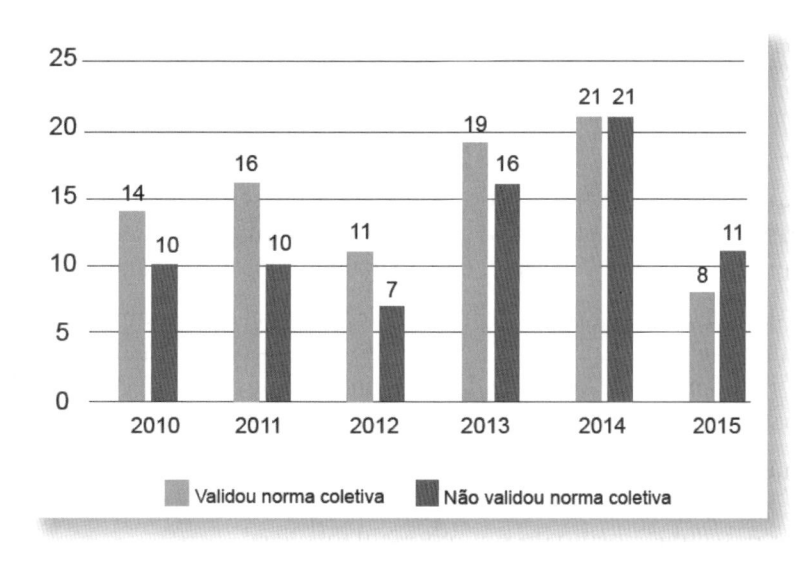

[Gráfico de barras — Validou norma coletiva / Não validou norma coletiva:
2010: 14 / 10; 2011: 16 / 10; 2012: 11 / 7; 2013: 19 / 16; 2014: 21 / 21; 2015: 8 / 11]

Fonte: Pesquisa jurisprudencial (2015)

A inversão registrada no gráfico faz supor a existência de uma discreta tendência de aperfeiçoamento na jurisprudência do TST, no sentido de invalidar as cláusulas coletivas destinadas a elastecer o teto máximo do intervalo intrajornada.

Entretanto, antes da adoção de uma conclusão precipitada, mostra-se necessário conhecer — ademais dos números espelhados — os fundamentos com os quais essas demandas estão sendo processadas pelo Poder Judiciário.

Nessa linha de raciocínio, buscou-se classificar os precedentes judiciais, conforme o tipo de hermenêutica tradicional por eles utilizada. Para elaboração dessa perspectiva considerou-se, em cada julgado, o método ou métodos predominantes, não sendo relevadas, para efeitos da tabulação, as técnicas empregadas de forma meramente periférica. Confira-se:

Gráfico 4 — Classificação dos 167 julgados localizados, conforme o método hermenêutico predominante em cada um.

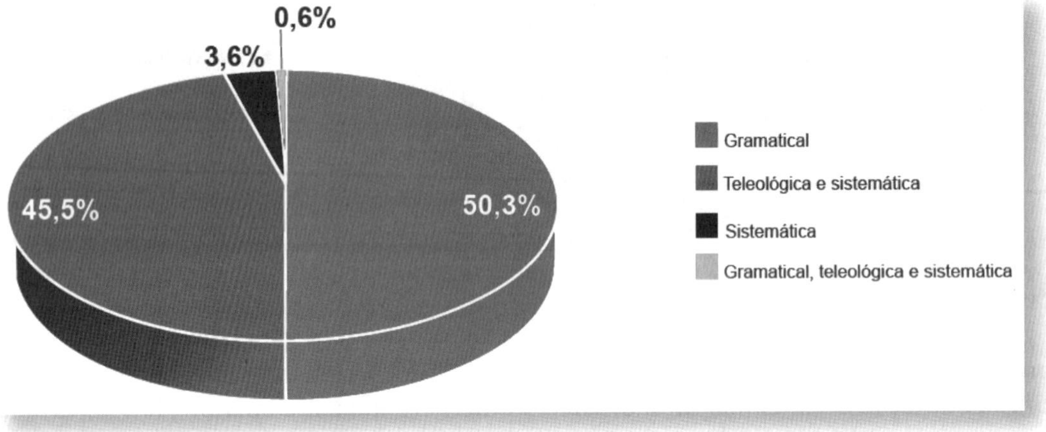

- Gramatical: 50,3%
- Teleológica e sistemática: 45,5%
- Sistemática: 3,6%
- Gramatical, teleológica e sistemática: 0,6%

Fonte: Pesquisa jurisprudencial (2015)

O resultado do cruzamento demonstra que mais da metade dos julgados (50,3%) utilizou unicamente o elemento gramatical para fundamentar a decisão judicial, método que se entende inadequado para processar esse tipo de demanda. Os outros 49,7% dos precedentes utilizam a interpretação sistemática, com destaque para aqueles que adotam o método sistemático e teleológico mesclados nos fundamentos da decisão, os quais correspondem a 45,5% do total de acórdãos.

Ora, se de um lado emerge na jurisprudência do TST uma ligeira tendência para invalidar as cláusulas coletivas, de outro, a análise dos métodos de interpretação sugere um longo caminho a ser trilhado, vez que o conteúdo da maior parte das decisões coletadas (50,3%) não examinou as finalidades, o sistema legal protetivo ao trabalhador e, principalmente, a evidente obstaculização do gozo dos direitos fundamentais pela via da dilatação do intervalo intrajornada.

Isso implica dizer que milhares de trabalhadores podem estar sendo lesados — provavelmente estão, efetivamente — em seus basilares direitos humanos, sem que essa condição sequer seja objeto de análise judicial. Hipótese de indevida supremacia do art. 71, *caput*, da CLT sobre todos os postulados constitucionais.

A propósito, esse insistente apego a uma interpretação acontextual e descompromissada com o resultado final do julgado — adotado em parte considerável das decisões do TST — representa uma resistência do aplicador do direito em aceitar que o fundamento de validade da lei se modificou e hoje deve corresponder aos princípios e valores existentes na nova ordem constitucional (SOUZA NETO; SARMENTO, 2014. p. 556).

Bem verdade que muitas dessas violações deveriam ser trazidas pelas partes desde a petição inicial, o que, na prática, pode não acontecer, seja pela incapacidade da parte em avaliar criticamente os prejuízos existenciais que lhe são impostos, seja por desconhecimento do seu representante legal.

Esse particular já foi reconhecido por Roberto Barroso (1993. p. 143) ao afirmar que a ausência de efetividade de muitos direitos fundamentais se computa à omissão dos seus titulares e representantes legais, a quem falta, em algumas situações, voluntariedade para formular pretensões albergadas diretamente no texto constitucional.

Porém, nada justifica que diante de um tema diretamente ligado ao meio ambiente do trabalho, a uma norma de ordem pública — *vide* Súmula n. 437 do próprio TST — e, por conseguinte, à realização da dignidade do trabalhador, o TST aplique simploriamente a interpretação gramatical na *ratio decidendi* da maior parte dos seus julgados, hermenêutica inadequada à espécie, conforme já se procurou demonstrar.

Nesse campo de pensamento, o cruzamento das informações de resultado do julgamento com o método hermenêutico predominante, conduz ao esperado resultado de que a ampla maioria dos precedentes que validaram a cláusula coletiva utilizou unicamente o elemento gramatical como norte para julgamento da demanda. Confira-se:

Tabela 6 — Cruzamento das variáveis (i) resultado do julgamento e (ii) tipo de interpretação utilizada.

	Gramatical	Gramatical, Teleológica e Sistemática	Sistemática	Teleológica e Sistemática	Total
Validou a norma coletiva	86,5%	1,1%		12,4	100,0%
Não validou a norma coletiva	9,3%		8,0%	82,7%	100,0%
Validou em parte a norma coletiva				100,0%	100,0%
Total	50,3%	0,6%	3,6%	45,5%	100,0%

Fonte: Pesquisa jurisprudencial (2015)

Os dados pesquisados demonstram que 86,5% dos julgados do TST que validaram a cláusula coletiva autorizadora da ampliação do intervalo intrajornada utilizaram exclusivamente o elemento gramatical, enquanto que apenas 13,5% desse mesmo universo fizeram uso de outros métodos. Significa dizer que nestes 86,5% de julgados houve mera subsunção do fato à norma, descomprometida com o resultado concreto da dilatação na vida do trabalhador.

Ao oposto, quando aplicados os métodos teleológico e sistemático, o resultado é totalmente oposto, com 90,7% dos julgados invalidando a cláusula coletiva e exíguos 9,3%, decidindo pela validação.

Os números confirmam, de forma irrefragável, que nas ocasiões em que o intérprete minimamente adentra nas nuances do caso concreto e recusa a mera chancela jurídica gramatical, o resultado não é outro senão o reconhecimento da invalidade do ajuste, por lesão aos direitos fundamentais do trabalhador, por desvirtuamento do intervalo intrajornada, por ausência de quaisquer benefícios ao operário, ainda que mínimos, pela imposição de cláusulas abusivas nos ajustes coletivos, entre tantas outras possibilidades.

Significa dizer que nos julgados em que houve validação da cláusula coletiva, a lesividade à dignidade do trabalhador muito provavelmente existia, mas restou ignorada em decorrência da inadequação do uso do elemento gramatical na interpretação desse tipo de caso concreto. *Contrario sensu*, se outro método hermenêutico fosse utilizado, viriam à tona as graves violações aos direitos humanos existentes nessas demandas, ora chanceladas pelo Poder Judiciário.

E não se diga que o preocupante resultado constatado decorre unicamente da manutenção, por impossibilidade de revolvimento de fatos e provas, das decisões proferidas pelos Tribunais Regionais. Isso porque, das 167 decisões localizadas, um total de 29 (17,4%) decisões reformou totalmente o entendimento regional no particular da validação da cláusula convencional. Deste universo de 29 julgados, 24 (82,7%) reformaram os acórdãos oriundos dos TRTs para validar a cláusula coletiva.

De fato, ainda que os Tribunais Regionais tentem modificar o panorama jurisprudencial pátrio em relação a este tema, esse esforço esbarra no anacronismo do entendimento atualmente arraigado no TST. E a consequência desse posicionamento impacta tanto as partes litigantes nos processos judiciais, quanto influencia o próprio posicionamento dos Regionais, que buscam nos julgados do TST uma bússola para construírem seu próprio entendimento.

Trata-se, portanto, de um efeito em cascata que expande sua influência para as decisões regionais, para as decisões dos juízos singulares, alcançando até mesmo as partes e advogados, que se desestimulam de alguma maneira a perseguir um direito para o qual as portas do Poder Judiciário estão fechadas.

E ainda que se reconheça um ligeiro avanço no posicionamento da Corte Trabalhista, consubstanciado por um maior número de decisões sistêmicas e teleológicas, esse avanço ainda é insuficiente para consolidar uma posição de prevalência aos postulados constitucionais, cujos valores norteiam a interpretação do ordenamento jurídico brasileiro.

Prova disso é que apenas um número ínfimo de precedentes — no universo total pesquisado — adentrou em aspectos que se entendem essenciais à compreensão da relevância do intervalo intrajornada, conforme se demonstra a seguir:

Gráfico 5 — Decisões que mencionam a irrenunciabilidade e/ou indisponibilidade do gozo adequado do intervalo intrajornada.

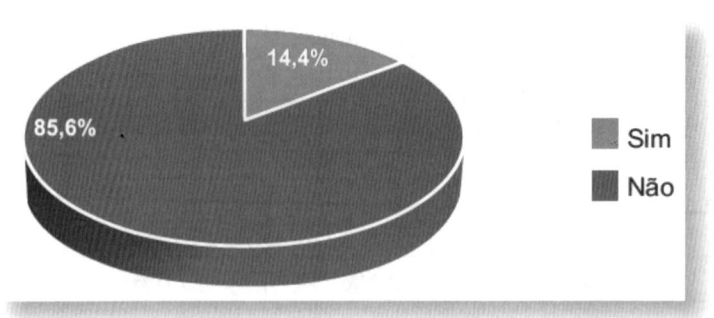

Fonte: Pesquisa jurisprudencial (2015)

Gráfico 6 — Decisões que referem à função social do intervalo e/ou gozo de direitos fundamentais a ele vinculados.

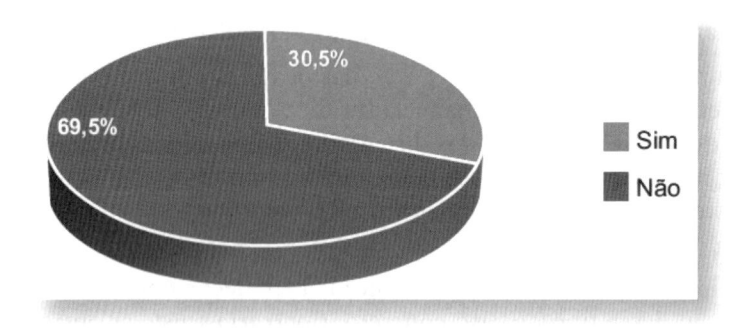

Fonte: Pesquisa jurisprudencial (2015)

Gráfico 7 — Decisões que referem à finalidade de evitar acidentes.

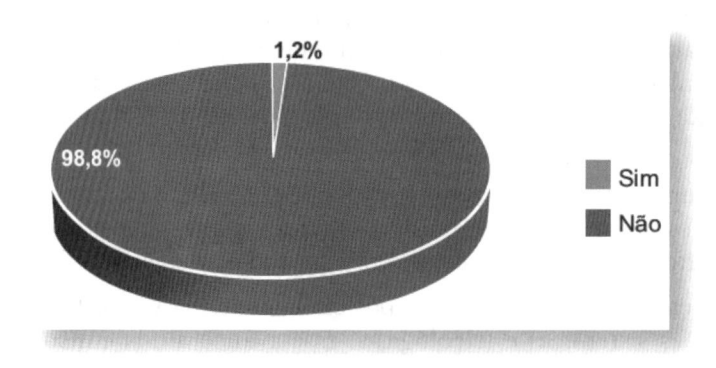

Fonte: Pesquisa jurisprudencial (2015)

Gráfico 8 — Decisões que reportam à existência ou não de contrapartida ao trabalhador no bojo da norma coletiva que amplia o limite máximo do intervalo intrajornada.

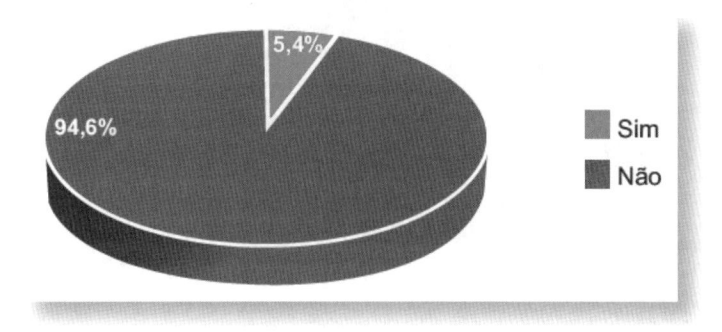

[Gráfico de pizza: Sim 5,4%; Não 94,6%]

Fonte: Pesquisa jurisprudencial (2015)

Considerando que existe razoável consenso em torno da indisponibilidade do direito ao gozo do intervalo intrajornada, cujo asseguramento legal é feito em norma de ordem pública, a teor da Súmula n. 437 do TST, merece destaque o fato de apenas 14,4% das decisões pesquisadas abordarem esse aspecto nas suas razões de decidir.

A seu turno, somente 30,5% de todas as decisões trazem em seus fundamentos a menção à função social do intervalo laboral ou vinculam a ele o gozo de direitos fundamentais. Ora, diante da necessidade premente de se estabelecer uma interpretação constitucional em casos como esse, que estão vinculados diretamente à realização da dignidade operária, certamente esse é um aspecto que precisa ser revisto para que todas as decisões examinem o contexto do caso concreto, de modo a garantir o pleno gozo dos postulados constitucionais aplicados à função social do intervalo intrajornada.

No mais, havendo registro constitucional de que o reconhecimento das normas coletivas é um direito fundamental do trabalhador (art. 7º, XXVI, CRFB/88), necessário seria verificar em cada demanda judicial a real existência de contrapartida para o trabalhador na norma coletiva que amplia o limite máximo do intervalo. Apesar disso, somente 5,4% dos precedentes abordaram esse aspecto.

Por fim, apenas duas decisões (1,2% do total) avaliaram a validade de cláusula coletiva, à luz da finalidade constituída de evitar acidentes, mesmo que o intervalo intrajornada tenha esse propósito precípuo.

A verdade é que mesmo os precedentes que invalidam as cláusulas coletivas à vista de uma concepção finalística e teleológica, dificilmente realizam uma autêntica interpretação constitucional. Na realidade, a jurisprudência do TST elegeu alguns critérios objetivos por intermédio dos quais a (in)validade da cláusula coletiva é examinada. Os principais são: (i) delimitação expressa em norma coletiva da duração do intervalo a ser usufruído pelo trabalhador; (ii) aferição se havia cumprimento da norma coletiva no contrato realidade; e (iii) verificação se o trabalhador detinha ciência prévia do intervalo a ser gozado.

Os critérios acima mencionados são encontrados nos precedentes selecionados, a teor dos gráficos apresentados abaixo:

Gráfico 9 — Decisões que referem à delimitação expressa (ou ausência dela) em norma coletiva acerca do tempo de intervalo intrajornada a ser gozado pelo trabalhador.

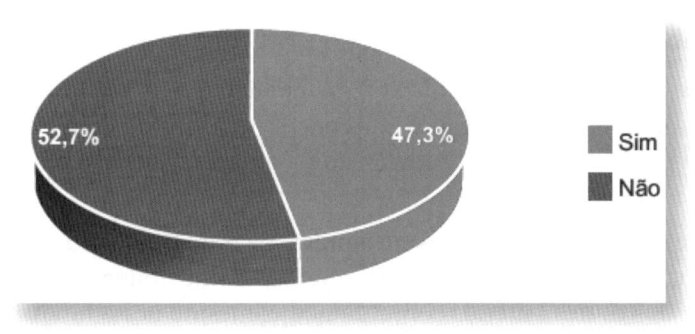

[Gráfico de pizza: Sim 47,3%; Não 52,7%]

Fonte: Pesquisa jurisprudencial (2015)

Gráfico 10 — Decisões que aludem ao cumprimento ou descumprimento do conteúdo pactuado em norma coletiva, pela empresa.

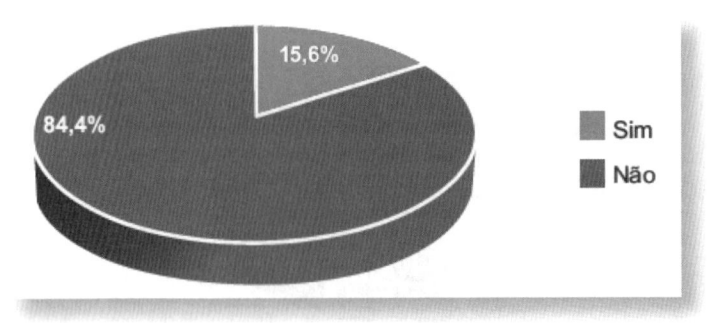

Fonte: Pesquisa jurisprudencial (2015)

Gráfico 11 — Decisões que reportam à ciência prévia (ou ausência dela) do trabalhador acerca dos horários de intervalo intrajornada a serem cumpridos.

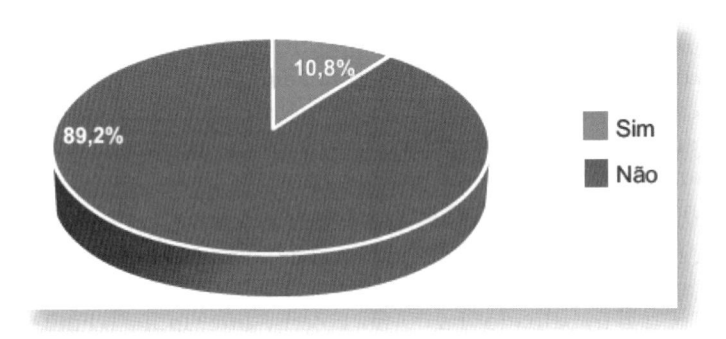

Fonte: Pesquisa jurisprudencial (2015)

Depreende-se dos dados tabulados que praticamente a metade (47,3%) das decisões se reporta ao fundamento de haver ou não delimitação expressa em norma coletiva do tempo de intervalo intrajornada a ser gozado. Desse universo, 78,4% — ou 62 precedentes — invalidaram a cláusula coletiva, de um total geral de 75 precedentes que assim procederam.

Implica dizer que 82,7% dos julgados que invalidaram a cláusula coletiva elastecedora, o fizeram com fundamento na ausência de delimitação expressa em norma coletiva do tempo máximo de intervalo a ser observado pela empresa, sem prejuízo de abordar algum outro fundamento adicional baseado na interpretação sistemática, teleológica, ou de ambas conjuntamente. Mera aplicação, portanto, de um critério objetivo que vem sendo adotado pela jurisprudência do TST e inexistência de uma verdadeira hermenêutica constitucional.

Há de se reconhecer, indubitavelmente, que a aplicação desse tipo de critério pré-formatado já representa um avanço, se comparado com o uso exclusivo do elemento gramatical. Nem de longe, todavia, esta metodologia resolve a controvérsia, sob o manto do melhor direito. Explica-se.

Pode existir uma cláusula coletiva que delimite expressamente o tempo máximo do intervalo a ser gozado e mesmo assim ser ofensiva aos direitos do empregado? Entende-se que sim. Podem existir normas coletivas cujas disposições sejam inteiramente observadas pelas partes e ainda assim resultarem em violações a direitos fundamentais do obreiro? A resposta também é positiva.

Pode haver registro de que o trabalhador tinha ciência prévia da duração do seu intervalo intrajornada e, ainda nesse caso, haver prejuízo a sua saúde e qualidade de vida? Sim. Por fim, com a necessária insistência, indaga-se: ainda que fossem observados todos os três critérios conjuntamente, mesmo nessa hipótese, a dignidade do operário poderia restar prejudicada? Decerto que sim.

Veja-se que a criatividade nem precisa ser pujante para comprovar essa assertiva. Basta imaginar um trabalhador supermercadista da cidade de Belém, cujo patrão lhe impusesse jornada diária das 10:30h às 13:30h e das 17:30h às 21:50h, durante seis dias na semana por um dia de repouso[35].

Presumindo-se que ambas as partes cumpriram rigorosamente os ditames da norma coletiva; que a norma coletiva preenche o requisito "delimitação", visto que fixa a duração máxima do intervalo em quatro horas; e que o empregado teve ciência dessa jornada de trabalho desde a assinatura do contrato de trabalho. Partindo dessas premissas, pode-se excluir a possibilidade de violação aos direitos fundamentais do trabalhador nesse caso concreto? A resposta é negativa.

Um trabalhador que percorra jornada com essa distribuição de horas possui os três turnos do dia simultaneamente impactados pelo trabalho, durante seis dias na semana. As consequências são desastrosas: restrição ao convívio social e familiar; aumento significativo do tempo à disposição da empresa, considerando que a depender da localização da residência do operário, sequer é possível ir para casa e retornar ao trabalho nesse espaço de tempo; prejuízo aos estudos; eliminação do tempo disponível para o lazer e para cuidar da saúde; desestruturação familiar, na medida em que o operário fica impedido de exercer adequadamente o papel de pai, mãe, esposo, filho etc.

No caso da mulher trabalhadora, o problema é ainda mais perverso. Em primeiro lugar, porque a dupla jornada feminina é uma realidade muito forte no Brasil contemporâneo — dados do PNAD/IBGE 2012 demonstram que as mulheres trabalhadoras percorrem, em média, 20,8 horas semanais com afazeres domésticos, contra cerca de 10 horas dos homens (ÁVILA; FERREIRA, 2014. p. 24).

Nesse caso, o aumento do tempo diário dedicado ao trabalho é ainda mais flagelante para as mulheres, porque parte significativa do seu tempo (teórico) de não trabalho é destinado à execução dos afazeres domésticos, ficando ainda mais prejudicado o desempenho de outras atividades vinculadas ao gozo do núcleo essencial de direitos humanos.

Em segundo lugar, porque um exame sistemático da CLT demonstra, com total segurança, que sequer o legislador autorizou a ampliação do intervalo intrajornada no caso das mulheres, muito provavelmente em atenção ao destacado papel por elas exercido no ambiente doméstico. Isso porque, o art. 383 da CLT delimita o intervalo intrajornada da mulher entre uma e duas horas de duração, sem possibilidade de ampliação por norma coletiva.

Assim já concluiu o TST em acórdão de sua SDI-1 lavrado em período anterior ao abrangido pela pesquisa jurisprudencial realizada. Observe-se[36]:

RECURSO DE EMBARGOS — PROTEÇÃO DO TRABALHO DA MULHER — ELASTECIMENTO DO INTERVALO INTRAJORNADA MEDIANTE ACORDO ESCRITO — IMPOSSIBILIDADE — INTELIGÊNCIA DO ART. 383 DA CLT. A gênese do art. 383 da CLT, ao proibir, expressamente, a majoração do intervalo intrajornada de duas horas para a mulher, não concedeu direito desarrazoado às trabalhadoras. Ao contrário, objetivou preservá-las da nocividade decorrente da concessão de intervalo excessivamente elasticado, que gera um desgaste natural pelo longo período de tempo em que a trabalhadora fica vinculada ao local de trabalho, uma vez que necessita retornar à empresa para complementar sua jornada laboral. Essa previsão legislativa considerou, para tanto, a condição física, psíquica e até mesmo social da mulher, pois é público e notório que, não obstante as mulheres venham conquistando merecidamente e a duras penas sua colocação no mercado de trabalho, em sua grande maioria ainda são submetidas a uma dupla jornada, tendo que cuidar dos seus lares e de suas famílias. O comando do art. 383 da CLT, recepcionado pelo princípio isonômico tratado no art. 5º, I, da Magna Carta, é expresso em vedar essa prática, ao dispor que o intervalo não poderá ser "inferior a 1 (uma) hora nem superior a 2 (duas) horas salvo a hipótese prevista no art. 71, § 3º". A única exceção à aludida proibição, admitida pelo legislador ordinário, é a do § 3º do art. 71 da CLT, que autoriza a diminuição do intervalo mínimo, o que não é o caso. O descumprimento do limite máximo legal destinado ao intervalo para refeição e descanso da mulher, tratado no art. 383 da CLT, importa pagamento de horas extraordinárias do período dilatado, por se tratar de norma de ordem pública, dirigida à proteção do trabalhado da mulher, infensa à disposição das partes. Recurso de embargos conhecido e provido. (E-RR n. 5.100-23.2002.5.12.0028, Redator Ministro: Luiz Philippe Vieira de Mello Filho, Data de Julgamento: 16.4.2009, Subseção I Especializada em Dissídios Individuais, Data de Publicação: DEJT 7.8.2009)

---

(35) Jornada incontroversa de uma trabalhadora supermercadista na cidade de Belém, cuja demanda judicial foi distribuída sob o n. 1.047-02.2013.5.08.0003.

(36) Pende de julgamento no STF Recurso Extraordinário cadastrado sob o n. 634.693/SC, com pedido de repercussão geral, apresentado contra o mencionado acórdão da SDI-1 do TST. O argumento recursal fundamenta-se em uma risível tese de ofensa ao princípio da isonomia em decorrência da diferenciação da forma de gozo do intervalo intrajornada entre homens e mulheres. A tese já foi rechaçada pelo Parecer n. 4.358 da PGR, que opinou pela constitucionalidade da diferenciação efetuada pelo art. 383 da CLT, por estabelecer critério objetivo e razoável em prol da saúde da mulher.

Por ser mais específico e por estabelecer uma condição mais favorável à mulher, prestigiando aspectos singulares da sua dignidade, em se tratando de trabalhadoras, o art. 383 prevalece sobre o art. 71 da CLT, estando vedada a dilatação do tempo máximo de intervalo legalmente previsto.

Apesar disso, em 8 dos 167 precedentes pesquisados havia mulheres no polo ativo das demandas e, mesmo assim, não se registrou qualquer menção ao art. 383 nos fundamentos de nenhum dos julgados, sendo que 4 deles, inclusive, validaram a ampliação intervalar por norma coletiva. Isso comprova a superficialidade que tem permeado o julgamento de causas com essa natureza, o que vem a ser agravado pelas partes e seus advogados, que deixam de alegar, em sua defesa, dispositivos que seriam determinantes ao deslinde da controvérsia.

Essas são apenas algumas das violações suportadas pelos trabalhadores de uma maneira geral, entre tantas outras que somente o caso concreto pode revelar. Apesar disso, esses sintéticos exemplos demonstram que as razões de decidir padronizadas pelo TST estão distantes de solucionar as controvérsias a partir do respeito à dignidade humana, visto que não se revelam suficientes, somente *per si*, para retratar o extenso e diversificado rol de possibilidades em que o elasticimento do intervalo intrajornada pode ocasionar prejuízos indeléveis aos direitos fundamentais do trabalhador.

Diante de tudo o quanto foi exposto neste capítulo, é premente a necessidade de uma mudança firme na jurisprudência nacional acerca deste tema, com o fito de estancar essa violação aos direitos humanos ocasionada pelo gozo do intervalo intrajornada ampliado e inadequado, cuja pactuação em norma coletiva acaba sendo estimulada pela jurisprudência permissiva do Poder Judiciário. O caminho que se deve percorrer para tanto é o assunto a ser tratado no próximo item.

3.3 *Caminhos para tornar o panorama jurisprudencial retratado mais condizente com a dignidade do trabalhador*

Consoante foi arrazoado no item anterior, a posição predominante da jurisprudência pátria ainda está distante de efetivar *in totum* os direitos fundamentais dos trabalhadores, no tocante à ampliação por norma coletiva do intervalo intrajornada.

Pelo caminho até agora trilhado, sabe-se que os intervalos intrajornada são um direito do trabalhador, forjados que foram para preservar os postulados constitucionais de saúde e segurança no trabalho. Isso considerando que ordinariamente a duração do intervalo intrajornada está situada no patamar mínimo de 1 (uma) e máximo de 2 (duas) horas.

Elastecendo-se o tempo de gozo desse intervalo corre-se o risco de igualmente interferir nos postulados constitucionais a serem protegidos. A ampliação do intervalo provoca o aumento da extensão do labor diário e, de forma inversamente proporcional, a redução do tempo livre do trabalhador.

Nesse panorama, o aprimoramento jurisprudencial exige, de forma imediata, um aprofundamento no uso dos elementos teleológico e sistemático, mediante a sua desvinculação dos critérios pré-formatados que os limitam. Significa defender que em cada caso concreto deve ser examinada de forma detalhada a existência de sinais de atendimento ao comando finalístico contido no art. 71, *caput*, da CLT, bem como a observância das normas gerais de meio ambiente do trabalho e de proteção ao trabalhador.

Esse sutil aperfeiçoamento, ainda que tomado isoladamente, já possibilitaria ao Poder Judiciário solucionar os conflitos a ele submetidos de maneira mais adequada. Isso porque, repise-se, o estudo até aqui levado a cabo demonstrou que a (in)validação de cláusula coletiva que amplie o limite máximo do intervalo intrajornada não representa um caso juridicamente difícil.

Muito pelo contrário, são casos em que o regramento infraconstitucional se mostra eficaz para dirimir a controvérsia, bastando ao Poder Judiciário melhor compreender os riscos que a ampliação intervalar representa aos direitos humanos básicos do trabalhador.

Havendo essa melhor compreensão, afigura-se perfeitamente possível aplicar as mesmas razões decisórias já uniformizadas pela Súmula n. 437 do TST. Com efeito, não há qualquer sentido em se considerar o art. 71 da CLT como norma de ordem pública somente para fins de julgamento da redução intervalar; ou reconhecer que o intervalo intrajornada reporte à saúde, segurança e higiene do trabalhador, somente quando é apreciada a sua supressão ou redução indevida.

Parece ser inequívoco que a proteção conferida pela lei ao intervalo intrajornada pressupõe o seu gozo adequado. Não deve ser suprimido ou reduzido, a ponto de impedir a recuperação das energias do operário, cominando risco a sua integridade. Tampouco pode ter duração excessiva, capaz de resvalar em aumento substancial da extensão laboral e consequente rebaixamento do tempo de não trabalho, com prejuízo ao exercício dos direitos fundamentais.

Assim, as conclusões extraídas a partir da Súmula n. 437 podem inspirar, por coerência lógica, uma novel interpretação sobre o tema enfrentado.

Registre-se, ainda, que essa exegese independe de a norma coletiva ter sido aprovada por maioria de presentes em assembleia sindical, tendo em vista que o atendimento desse requisito formal de validade do ajuste não impede que o Poder Judiciário examine o conteúdo da cláusula elastecedora, com o fim de identificar eventual violação aos direitos fundamentais dos trabalhadores a ela submetidos.

Em que pese o reconhecimento de que o caminho até aqui sugerido é o atalho mais veloz e simplificado para a modificação do panorama jurisprudencial traçado, não se pode perder de vista que a aplicação da nova hermenêutica constitucional é a maneira mais eficaz para encontrar a única resposta correta existente em cada situação concreta, segundo leciona Dworkin.

Por isso mesmo, e com o objetivo de encontrar a solução mais adequada ao conflito, é recomendável que o intérprete considere alguns balizamentos no momento da análise de controvérsias como esta, a saber: a) incorporar os valores constitucionais que vocacionam o intervalo intrajornada; b) adotar o princípio da dignidade humana como referencial na interpretação dos direitos fundamentais; e c) observar no contexto individual a melhor maneira de maximizar, tanto quanto possível, os postulados constitucionais aplicáveis.

E, considerando que o objeto principal do estudo se reporta à promoção de um meio ambiente do trabalho saudável, é imprescindível ser receptivo a um olhar interdisciplinar, mormente para que sejam aplicados, além dos princípios constitucionais e trabalhistas, os postulados de direito ambiental, sem prejuízo da integração com todo o ordenamento jurídico.

Sobre essa integração com os princípios de direito ambiental se desenvolverá o item seguinte, com o fito de demonstrar a sua utilidade na formação de uma jurisprudência mais sólida sobre o assunto.

3.4 Integração das normas e princípios do Direito Ambiental para melhor proteção ao trabalhador

Muito embora a sistematização do Direito do Trabalho tenha se consolidado anteriormente à do Direito Ambiental, ambos os ramos do Direito possuem vasto e robusto aparato legislativo, cuja utilização é imprescindível ao asseguramento da proteção ao trabalhador e à integridade do meio ambiente (PADILHA, 2011. p. 235).

Apesar disso, o sistema de proteção ambiental trabalhista carece de uma maior aplicabilidade, pois ainda persiste uma mentalidade de descarte do patrimônio único e insubstituível consubstanciada pela violação da biodiversidade e pela redução da qualidade de vida do trabalhador no meio ambiente do trabalho. Esse contexto é agravado em períodos de crise do capital, quando os sistemas normativos trabalhista e ambiental ficam ainda mais pressionados para o desaparelhamento de suas funções precípuas (PADILHA, 2011. p. 235-236).

Além da necessidade do natural aperfeiçoamento legislativo, deve haver consenso no sentido de que a adoção de providências para tornar *real* o que já é *legal* implicaria melhora considerável do meio ambiente do trabalho, consubstanciada, por exemplo, na redução vertiginosa nas estatísticas acidentárias e na promoção da qualidade de vida do trabalhador (OLIVEIRA, 2011. p. 159).

Um desses déficits de aplicação se reporta à efetivação interdisciplinar do direito nas demandas de meio ambiente do trabalho, o que caracteriza ofensa direta ao art. 5º, § 1º, da CRFB/88, garantidor da aplicabilidade imediata dos direitos e garantias fundamentais. Contudo, e ainda que de modo incipiente, deve-se reconhecer que na atualidade o intérprete trabalhista está mais atento à aplicação dos postulados constitucionais e normas do direito internacional — com destaque para as convenções e recomendações da OIT — às relações do trabalho.

Apesar disso, a simbiose com outras áreas do direito ainda é ínfima, mesmo que o art. 7º, *caput*, da Carta Magna, preconize a abertura das fontes normativas de proteção ao trabalhador, ao assegurar um rol de direitos laborais, sem prejuízo de "outros que visem à melhoria de sua condição social".

Essa amplitude também se faz presente no art. 8º da CLT, o qual prevê como fontes primárias do Direito do Trabalho as "disposições legais ou contratuais", e faculta o uso pelo intérprete dos precedentes judiciais, da analogia, da equidade, das normas e princípios gerais do Direito, dos usos e costumes e do Direito Comparado. Note-se que o dispositivo legal quando se refere à expressão "disposições legais" não se restringiu àquelas normas situadas exclusivamente na seara trabalhista, mas pugnou pela aplicação primária de todo e qualquer dispositivo legal presente no ordenamento.

No sentir de Norma Padilha (2011. p. 240), o sistema de fontes do Direito do Trabalho o torna um sistema jurídico plurinormativo, no qual o papel das fontes formais não se limita a preencher lacunas, mas aprimorar as condições de vida do trabalhador, hipótese em que no vértice hierárquico da pirâmide normativa do Direito do Trabalho sempre se fará presente a norma mais favorável ou vantajosa ao trabalhador.

Segundo Sebastião Oliveira (2011. p. 46), a regra da norma mais favorável autoriza o intérprete a adotar o preceito que mais favoreça o trabalhador no caso concreto, sem estar vinculado à observância dos critérios tradicionais de hierarquia das fontes. De tal sorte que, em determinada demanda pode prevalecer a aplicação de um dispositivo originalmente ambiental em detrimento de outro trabalhista teoricamente mais específico, desde que proporcionada uma condição mais favorável ao operário.

A par da relevância do princípio da norma mais favorável ao trabalhador na hermenêutica juslaboral, cumpre destacar que esse postulado encontra respaldo na primazia da dignidade da pessoa humana, na condição de norteadora da hermenêutica jurídica pátria.

Além disso, o art. 620 da CLT consagra a interpretação pró-operário na hipótese de haver diversos dispositivos regulamentando uma mesma situação jurídica, no que se harmoniza com o art. 7º, *caput*, da CRFB/88, assegurador aos trabalhadores urbanos e rurais do direito ao reconhecimento das normas que permitam a melhoria das suas condições sociais.

E se o Direito do Trabalho tem na sua abertura de fontes e no plurinormativismo pontos favoráveis à leitura interdisciplinar, no ramo jus ambiental o contexto não é diferente. O caráter transversal do Direito Ambiental lhe impõe atuar em todas as áreas jurídicas que abrangem a temática ambiental, adaptando-as e reestruturando-as para que seus princípios, conceitos e institutos estejam de acordo com o equilíbrio do meio ambiente e a vida saudável (PADILHA, 2011. p. 242).

Ou seja, o Direito Ambiental é um ramo interdisciplinar por excelência. E dada essa sua essência, deveria ser corrente, portanto, a aplicação dos seus princípios e normas ambientais em demandas vinculadas ao Direito do Trabalho, Civil, Consumidor, Administrativo, Tributário, enfim, em quaisquer situações nas quais os interesses ambientais estivessem em risco. No caso do meio ambiente do trabalho, sempre que a aplicação de princípio ou norma ambiental resultar uma condição mais favorável ao trabalhador na realidade posta, a sua utilização será, ademais de desejável, imperativa.

Entre os postulados de Direito Ambiental, no mínimo dois merecem primazia — sem ignorar a relevância dos demais —, tendo em vista sua acentuada utilidade para a solução de demandas vinculadas ao meio ambiente do trabalho. São eles os princípios da prevenção e da precaução.

Os princípios da prevenção e precaução impregnam o conteúdo de diversos dispositivos existentes no ordenamento jurídico e se evidenciam a partir do plano constitucional, com ênfase para os arts. 225 e 7º, XXII — este último comando avoca a prevenção e a precaução ao preconizar o direito do trabalhador à redução dos riscos no meio ambiente laboral.

Esses princípios também figuram nos enunciados de convenções internacionais, como a Conferência de Estocolmo, de 1972, e a ECO-92, realizada no Brasil. As discussões travadas durante a ECO-92 culminaram com a oficialização da Declaração do Rio, cujo Princípio n. 15, assim propugna:

> Princípio 15
>
> Com o fim de proteger o meio ambiente, o princípio da precaução deverá ser amplamente observado pelos Estados, de acordo com suas capacidades. Quando houver ameaça de danos graves ou irreversíveis, a ausência de certeza científica absoluta não será utilizada como razão para o adiamento de medidas economicamente viáveis para prevenir a degradação ambiental.

No plano legal, estão representados pela dicção da Lei de Política Nacional do Meio Ambiente (Lei n. 6.938/81) e Lei de Crimes Ambientais (Lei n. 9.605/98), sendo que nesta última o art. 54, § 3º, criminaliza a ausência deliberada de conduta preventiva.

Apesar disso, cumpre salientar que o ordenamento jurídico não distingue de forma precisa a prevenção da precaução e vice-versa, daí porque encarregou-se a doutrina de efetuar os devidos esclarecimentos.

Para Norma Padilha (2010. p. 254), a prevenção se refere a "riscos ou impactos já conhecidos pela ciência, portanto, risco certo e perigo concreto", enquanto que a precaução se reporta a "riscos ou impactos desconhecidos, portanto, risco incerto e perigo abstrato", ressalvando que ambos os princípios dizem respeito a medidas que evitem a ocorrência de agressões ao ambiente.

No mesmo raciocínio há quem diga que prevenção e precaução têm idêntico objeto final, qual seja, o de se antecipar à ocorrência do risco ou do perigo, sendo diferenciadas apenas em razão do grau de conhecimento disponível em relação ao agente danoso. Na prevenção, existe a certeza do dano mediante a prática de determinada conduta, o que impõe a adoção de medidas para evitar o prejuízo ambiental já conhecido. Na precaução, existe indefinição e incerteza científica a respeito do perigo, mas, ainda assim, exige-se a atitude precavida em relação à potencial poluição. Na realidade, a precaução é uma forma de prevenção "na sua feição mais cautelosa" (FERNANDES, 2009. p. 103).

A incerteza vinculada aos riscos, perigos e danos ainda desconhecidos, prejudica sobremaneira a antecipação do agente para evitar o prejuízo ambiental, inclusive no âmbito de demandas judicializadas, nas quais ordinariamente competiria ao pleiteante provar o ônus constitutivo do seu direito. Até mesmo porque em defesa do potencial poluidor sempre sobrevirá o argumento de que não existem provas dos danos ou de que a conduta está sendo praticada em exercício regular do direito, entre outros argumentos afins.

Nessa esteira, a prática judiciária tem demonstrado a dificuldade ou inviabilidade de a parte lesada comprovar a culpa do agente causador em juízo, o que transforma o encargo probatório em autêntica negativa do reconhecimento de direitos, com violação ao ideal solidarista da CRFB/88 (LEAL, 2014. p. 463).

Por isso mesmo, a melhor doutrina ensina que o princípio da precaução proporciona a inversão do ônus probatório em prol do meio ambiente. Trata-se, no dizer de Canotilho (2007. p. 41), do *in dubio pro* ambiente embutido no princípio da precaução, por intermédio do qual caberá ao potencial poluidor provar que nenhum prejuízo ambiental ocorrerá em razão das suas atividades, bem como provar a adoção de todas as medidas de precaução possíveis, mesmo diante da incerteza do dano. No mesmo sentido é a lição de Raimundo Simão de Melo (2013. p. 57), para quem a "incerteza científica milita em favor do meio ambiente e da sociedade".

A inversão do ônus probatório em matéria de meio ambiente do trabalho já extrapolou os textos doutrinários para ser objeto de recente acórdão proferido por um dos maiores colegiados do TST, a Subseção I de Dissídios Individuais. Confira-se:

> Na seara do Direito do Trabalho, a necessidade de inversão do ônus probatório da culpa assume proporções ainda maiores, mormente considerando, de um lado, a condição de hipossuficiência socioeconômica do empregado e, de outro lado, a melhor aptidão para a prova atribuída ao empregador, detentor de todo os documentos e informações funcionais de seus subordinados.
>
> Some-se a isso a obrigação, imposta ao empregador, de zelar por um meio ambiente de trabalho seguro, em que se inclui, por certo, o **dever geral de cautela** no tocante à integridade física e mental dos empregados sob seu comando.
>
> [...]
>
> Daí por que, **a meu ver**, nas ações trabalhistas envolvendo pedido de condenação em indenização por danos morais e materiais, **em que definida a responsabilidade subjetiva do empregador**, por dolo ou culpa, cabe-lhe comprovar que adotou **todas** as medidas necessárias para **reduzir ao mínimo** os riscos do ambiente de trabalho (art. 7º, XXII, da CF), em observância às normas de segurança, higiene e saúde ocupacional exigíveis para o desenvolvimento da atividade empresarial. Caso contrário, responderá pelos danos morais e materiais advindos de acidente de trabalho ou doença ocupacional que venham a lesionar o empregado, por desrespeito ao dever geral de cautela implícito no contrato de trabalho, a seu cargo.
>
> **No caso dos autos**, é certo que, segundo o TRT de origem, o Banco Reclamado adotou medidas de prevenção contra o desenvolvimento de LER/DORT por seus empregados, mediante oferecimento de ginástica laboral duas vezes por dia, elaboração e distribuição de informativos, bem como proporcionando cursos sobre prevenção da doença.
>
> As providências tomadas, no entanto, não bastaram à preservação da integridade física da Reclamante, uma vez comprovado o nexo causal entre *"a enfermidade de que a trabalhadora foi acometida e o desempenho de suas atividades na empresa"*.

Assim, a meu ver, o Banco Reclamado **não** se desvencilhou a contento do ônus de comprovar que, **no caso concreto**, efetivamente se precatou de todas as maneiras possíveis para que não aflorasse a doença. Até porque, consoante exposto no acórdão regional, **não há prova nos autos** de que, à época do afastamento da Reclamante de suas atividades laborais, para gozo de benefício previdenciário, o Banco contava com mobiliário ergonômico. Em outras palavras, na hipótese vertente, o Reclamado não comprovou que forneceu à Reclamante mobiliário adequado para o desenvolvimento de suas atividades, **aspecto fundamental, como é de todos sabido, para a prevenção de LER/DORT**.

Nessas circunstâncias, a relação de causalidade entre a moléstia profissional incapacitante e as atividades profissionais desempenhadas pela Reclamante, aliada à inexistência nos autos de **prova cabal** no sentido de que o empregador observou **todas** as normas de segurança, higiene e saúde ocupacional exigíveis para a prevenção de LER/DORT, **máxime em ambiente de trabalho altamente propício para o desenvolvimento de doença profissional dessa natureza**, impõe o reconhecimento de **culpa, por omissão**, a atrair o dever de reparação, com amparo na norma do art. 7º, XXVIII, da Constituição Federal.

Não merece reparos, pois, o v. acórdão turmário, ora impugnado, no que tange à imposição de condenação, ao Banco Reclamado, ao pagamento de indenização por danos morais, no importe de R$ 30.000,00 (trinta mil reais).

À vista do exposto, **nego provimento** aos embargos do Reclamado, muito embora por fundamento diverso do esposado no v. acórdão turmário. (E-ED-ED-RR n. 38.140-55.2006.5.05.0026, Relator Ministro: João Oreste Dalazen, Data de Julgamento: 6.6.2013, Subseção I Especializada em Dissídios Individuais, Data de Publicação: DEJT 25.10.2013)

Observe-se que o precedente não menciona expressamente os princípios da precaução e da prevenção. São esses postulados, contudo, que permeiam o argumento principal para atribuição do ônus probatório ao potencial poluidor, no caso, a empresa. Essa constatação se evidencia quando o julgado trata da "obrigação imposta ao empregador de zelar por um meio ambiente do trabalho seguro"; do "dever geral de cautela" que detém o empregador em relação à integridade física e psíquica dos seus empregados; e da obrigação de "reduzir ao mínimo os riscos do ambiente de trabalho".

Ao lado desse argumento principal, a decisão ainda arremata, de forma escorreita, que a necessidade de inversão do ônus probatório é ainda mais imperativa na seara juslaboral, tendo em vista a hipossuficiência do operário e a melhor aptidão para prova que recai sobre o empregador.

Por sua vez, nada obsta que a atribuição do ônus da prova ao empregador em casos dessa natureza possa igualmente ser fundamentada no art. 7º, XII, da CRFB/88 — a exemplo do que fez o julgado acima destacado — ou no art. 6º, VIII, do CDC[37], que se apresenta passível de aplicação nas relações de trabalho[38], por se destinar à facilitação da defesa da parte hipossuficiente em juízo.

Essa discussão é de ímpar relevância para o julgamento das demandas que envolvem a ampliação do intervalo intrajornada, porquanto nessas controvérsias caberá ao empregador comprovar, no mínimo, que: (i) a dilatação imposta por norma coletiva não coloca em risco a integridade, tampouco viola qualquer direito fundamental dos trabalhadores a ela submetidos; (ii) existe vantagem para o trabalhador na adoção desse tipo de intervalo; (iii) a norma coletiva efetivamente conferiu algum tipo de benefício específico em contrapartida à ampliação do intervalo intrajornada, devendo essa vantagem ser concedida em melhoria do meio ambiente do trabalho (redução de jornada, por exemplo), e não mediante mera monetização, o que implicaria autorizar a coisificação do trabalhador.

Não havendo comprovação, pelo empregador, de que o elastecimento do intervalo intrajornada efetivamente se coaduna com o direito à redução dos riscos no ambiente de trabalho e com o pleno gozo dos direitos fundamentais do operário, a única consequência possível será a de invalidação da cláusula coletiva, a partir da aplicação dos princípios ambientais da precaução e prevenção e da interpretação adequada dos dispositivos normativos vigentes.

Isto posto, para a modificação do lamentável panorama jurisprudencial ainda em curso, também será decisivo que o TST, vocacionado pela sua condição de instância jurisdicional maior na seara trabalhista, uniformize seus precedentes no sentido de distribuir ao empregador-poluidor o ônus probatório em demandas envolventes do meio ambiente laboral, a par de adotar uma nova interpretação constitucional em relação ao direito material propriamente dito, conforme já referido no item anterior.

---

(37) O art. 6º, VIII, do CDC possui a seguinte redação: "São direitos básicos do consumidor: [...] VIII — a facilitação da defesa de seus direitos, inclusive com a inversão do ônus da prova, a seu favor, no processo civil, quando, a critério do juiz, for verossímil a alegação ou quando for ele hipossuficiente, segundo as regras ordinárias de experiências;".
(38) Nesse sentido existem diversos acórdãos no TST, aqui representados pelo precedente Ag-AIRR n. 29.500-63.2009.5.02.0019, de relatoria do Ministro Emmanoel Pereira, julgado em 7.5.2014, pela 5ª Turma, com publicação no DEJT em 16.5.2014.

4
Dano existencial, ampliação do intervalo intrajornada e comprovação dos prejuízos

No capítulo anterior, a partir da pesquisa jurisprudencial efetuada, foi constatada a necessidade de maior avanço dos precedentes do TST acerca do tema "ampliação do intervalo intrajornada por norma coletiva", em razão de que a maioria das decisões dessa Corte Superior se limita a subsumir os fatos às normas e se afasta da interpretação do direito conforme a Constituição.

Tomando como base o cenário desenhado, buscar-se-á investigar quais prejuízos vêm sendo suportados pelos trabalhadores submetidos à dilação do liame máximo do intervalo intrajornada, o que se fará por meio do estudo de elementos teóricos e da utilização de dados coletados em pesquisa de campo realizada com as categorias supermercadista e de profissionais em hotéis, bares, restaurantes e similares.

4.1 Danos imateriais, dano existencial e relações de trabalho

A Constituição Republicana consagrou no título reservado aos direitos e garantias fundamentais serem invioláveis a intimidade, a vida privada, a honra e a imagem das pessoas, assegurando a indenização por danos materiais ou morais decorrente da sua violação (art. 5º, X). A seu turno, o Código Civil obrigou a reparação dos danos causados, ainda que de índole exclusivamente moral (art. 927 c/c art. 186).

A partir dos dispositivos citados, faz-se notar que o legislador constitucional e ordinário por vezes se valeu da terminologia danos *morais* para referir ao que se deveria denominar como danos *imateriais*. Apesar disso, não se pode entender que os danos *imateriais* estejam limitados aos danos *morais*.

Isso porque, na atual sociedade de riscos maximizados, o bem-estar e a qualidade de vida são interesses que merecem a devida valorização e proteção jurídica, em face da sua singular relevância. Daí decorre uma tendência mundial de preservação dos interesses imateriais do ser humano, salvaguardando-os de qualquer dano juridicamente relevante ao livre desenvolvimento da personalidade e à plenitude da sua existência, ainda que sem efeito patrimonial direto (SOARES, 2009. p. 39-40).

Nessa linha de raciocínio, e com vistas a proporcionar a reparação plena do dano suportado, a doutrina e jurisprudência pátrias têm reconhecido a existência de várias espécies contidas no gênero danos imateriais, entre elas, o próprio dano moral *stricto sensu*, o dano existencial, o estético, biológico, à imagem, entre diferentes classificações e hierarquia nem sempre consensuais.

A Jurisprudência do STJ, por exemplo, está consolidada no sentido de admitir a cumulação de indenizações por danos estéticos e danos morais oriundas de um mesmo fato (Súmula n. 387), o que conduz ao entendimento de que os institutos possuem natureza jurídica distinta. De sua parte, o art. 5º, V, da CRFB/88, quando assegura o direito à indenização por danos materiais, morais ou à imagem, também afiança distinção entre as espécies de dano *moral* e dano à *imagem*.

A verdade é que o legislador empregou a expressão *dano moral* com diferentes significações ao longo das passagens em que foi inserida, ora se reportando a um sinônimo de danos imateriais (*vide* art. 5º, X, da CRFB/88 e art. 927 c/c art. 186 do CC) — o que não se mostra apropriado[39] —, ora se referindo à espécie dano moral contida no gênero dano imaterial (*vide* art. 5º, V, da CRFB/88), deixando a desejar, neste caso, porque a literalidade do dispositivo menciona apenas as espécies de dano moral e ao dano à imagem, dando azo para indesejada hermenêutica restritiva no sentido de que somente essas modalidades estariam contempladas no texto constitucional.

Nesse diapasão, Pastora do Socorro Teixeira Leal[40] leciona que o texto constitucional impõe a coexistência de dois conceitos de danos morais no ordenamento jurídico. O primeiro, de natureza ampliada, seriam os danos morais *lato sensu,* os quais abarcariam todos os danos sem consequência patrimonial direta. Expressão sinônima, destarte, de danos imateriais, na forma do art. 5º, X da CRFB/88. O segundo, de conceituação mais restrita, seriam os danos morais *stricto sensu*, os quais compreendem apenas os danos à personalidade do indivíduo, sendo espécie do gênero dano imaterial (art. 5º, V, da CRFB/88).

Em sua acertada construção, a doutrinadora efetua uma leitura constitucional que possui o condão de definir o conceito de dano moral propriamente dito, sem deixar de reconhecer sua sinonímia com o dano imaterial em algumas passagens do ordenamento jurídico, o que abre espaço para contemplar outras espécies de danos imateriais insertas no conceito *lato sensu* de danos morais, ainda que não mencionadas expressamente no ordenamento jurídico.

Aliás, é evidente que a eventual impropriedade do legislador no manejo da expressão dano moral não prejudica a garantia jurídica a uma integral reparação de todo e qualquer dano imaterial que venha a ser suportado pelo ser humano. Muito pelo contrário.

Dallegrave Neto (2013. p. 52-54) ensina que a exegese das cláusulas pétreas insertas no art. 5º constitucional deve ser a mais ampla possível, até mesmo para conferir efetividade ao § 2º do mesmo artigo, que assim preceitua:

> "Os direitos e garantias expressos nesta Constituição não excluem outros decorrentes do regime e dos princípios por ela adotados, ou dos tratados internacionais em que a República Federativa do Brasil seja parte".

Para o referido autor, essa interpretação ampliada também se harmoniza com o direito geral de personalidade, consubstanciado no art. 1º, III, da CRFB/88, o qual elegeu o prestígio à dignidade humana como um dos pilares fundadores da República.

Superada a questão da impropriedade redacional, é necessário reconhecer que a CRFB/88 fortaleceu a proteção ao dano imaterial e eliminou a perpetuação de incertezas a respeito da possibilidade da sua cumulação com o dano material em consequência de um mesmo fato, emancipando-o por completo.

Foi a partir dessa diretriz constitucional que o Superior Tribunal de Justiça (STJ) aprovou a Súmula n. 37 — colocando um ponto final à prolongada discussão sobre o assunto — e o legislador ordinário estabeleceu regra semelhante no texto do art. 186 do atual CC.

Já sendo patente que o sistema de proteção voltado à reparação dos danos imateriais goza de autonomia e prestígio jurídico calcado em cláusula pétrea constitucional, cumpre diferenciar, entre as suas espécies, aquela que mais interessa para efeitos desta investigação: o dano existencial.

4.1.1 *Dano existencial*

Em tempo não muito distante, a responsabilidade civil se curvava ao "fatídico deus patrimônio", diante de uma percepção clássica de que os danos passíveis de reparação estavam restritos àqueles gizados de estipulação econômica. Privilegiava-se, assim, o ser humano por sua condição de gerar renda, de conservar bens e de se inserir na lógica consumerista — ao invés de valorizá-lo por sua qualidade intrinsecamente humana — dando azo a uma incômoda *ratio* de "primazia do ter em relação ao ser" (MARANHÃO N., 2015. p. 307).

---

(39) Essa impropriedade redacional no uso da expressão dano moral é criticada por diferentes doutrinadores, a exemplo de Flaviana Rampazzo Soares, em sua obra "Responsabilidade civil por dano existencial", constante do acervo bibliográfico.

(40) Ensinamentos transmitidos nas aulas desta doutrinadora junto ao Programa de Pós-Graduação em Direito da Universidade Federal do Pará (PPGD/UFPA), na disciplina "Teoria do Direito", ao longo do ano de 2013, segundo os quais o dano moral pode ser compreendido em sentido amplo e em sentido restrito. Em sentido amplo, corresponde a todas as espécies de danos de natureza extrapatrimonial, entendidos como tais todos aqueles que impliquem na afetação de interesses e de bens jurídicos inerentes à condição do ser humano. Assim, todo dano que não seja patrimonial é dano moral. Em sentido restrito, o termo "dano moral" é específico para tratar da violação a determinados bens e interesses jurídicos, quais sejam: aqueles que dizem respeito à esfera da pessoa consigo mesma.

Em contraposição a esse panorama obsoleto e inservível para responder ao fluxo e complexidade das demandas sociais modernas, passou a se desenvolver na doutrina italiana uma constitucionalização da responsabilidade civil, com o fito de garantir proteção a dimensões da dignidade humana até então desguarnecidas. Na década de 1950, a jurisprudência italiana reconheceu a existência do que foi então denominado "dano à vida de relação", desprendido da ocorrência de prejuízos materiais. Nos anos 70, outros precedentes foram prolatados albergando proteção contra danos que atingissem o indivíduo em sua esfera realizadora, sem qualquer menção, àquela altura, ao dano existencial (SOARES, 2009. p. 41).

No bojo desse aprimoramento jurisprudencial merece destaque a sentença n. 184, de 14.7.1986, da Corte Constitucional Italiana, que conferiu uma interpretação do Código Civil daquele país, inspirada pelo direito constitucional à saúde. Estabeleceu-se, ainda, a reparação dos danos imateriais independentemente do cometimento ou não de um ilícito penal[41], o que culminou com a edificação de uma espécie de dano imaterial designada por dano biológico (MARANHÃO N., 2015. p. 311).

Não tardariam a ocorrer diversas discussões em torno da existência e dos contornos do dano existencial, as quais repercutiram na doutrina em meados da década de 90 e logo chegaram à jurisprudência. No direito italiano, a tese do dano existencial nasceu a partir da necessidade de se conferir ressarcimento efetivo às lesões que impusessem renúncia a um projeto de vida ou mesmo a uma atividade pessoal desenvolvida pelo ser humano. Em outras palavras, fatos que resultassem na limitação das atividades cotidianas da vítima, compelindo-a a adotar comportamentos diversos dos que já havia sedimentado em sua existência (MARANHÃO N., 2015. p. 313-314).

Em seu preciso histórico, o autor relata que em um curto espaço de tempo o dano existencial foi reconhecido pela Corte de Cassação Italiana, e tido, ao lado do dano biológico e do dano moral, como uma espécie independente de dano, inserta na categoria de danos não patrimoniais. Em seguida, todavia, sobreveio a sua dispersão conceitual e decorrente banalização, ocasião em que chegou a ser estigmatizado como instrumento utilizado para reparar demandas atinentes a meros aborrecimentos e contratempos (MARANHÃO N., 2015. p. 315).

A consequência foi que a mesma Corte de Cassação, em 2008, cassou-lhe a autonomia conceitual[42], delimitando-o como mera dimensão de uma categoria ampla de danos imateriais insuscetível de subclassificações. Nesse caso, ficou assentado que a quantificação dos danos imateriais deve levar em conta todas as consequências prejudiciais derivadas do ato lesivo, sem necessidade de atribuir nomenclaturas diversas para esses efeitos, orientação que prevalece até a presente data (MARANHÃO N., 2015. p. 317).

Apesar de perder espaço no país onde foi fecundado, o instituto do dano existencial permanece suscitando acaloradas discussões em diferentes ordenamentos jurídicos do mundo ocidental.

No Peru, por exemplo, nação que Jorge Mosset Iturraspe diz ser o berço latino-americano dos estudos sobre os danos à pessoa (*apud* SESSAREGO, 2003a, p. 661), o dano existencial vem sendo debatido na moldura do art. 1985 do Código Civil Peruano[43], cujo teor dispõe sobre a reparação de "danos à pessoa" e "danos morais".

Para importante corrente doutrinária desse país, entretanto, o sistema de responsabilidade civil dispensa a presença do dano existencial nos moldes como é conhecido, uma vez que o raio de atuação a ele atribuído já estaria contemplado em categoriais tradicionais de danos à pessoa, sem que isso gere qualquer prejuízo à reparação do dano. Apesar disso, o próprio autor reconhece ser esta uma posição minoritária na doutrina peruana (SESSAREGO, 2003b, p. 16).

Em território nacional, esse debate é bastante recente e revela marcante influência doutrinária advinda da experiência italiana. Por isso mesmo, não surpreende que, no Brasil, a essência do instituto conserve a espinha dorsal da definição italiana, o que se depreende do conceito oferecido por Flaviana Rampazzo Soares (2009. p. 44):

"O dano existencial é a lesão ao complexo de relações que auxiliam no desenvolvimento normal da personalidade do sujeito, abrangendo a ordem pessoal ou a ordem social. É uma afetação negativa, total

---

(41) Antes disso, segundo o autor, predominava uma leitura gramatical dos arts. 2.059 do Código Civil e 185 do Código Penal Italianos, por meio da qual somente seriam reparáveis os danos imateriais que fossem derivados da prática de um ilícito penal, pelo ofensor.

(42) O autor menciona as sentenças de número 26.972, 26.973, 26.974 e 26.975, todas de 11.11.2008, como as responsáveis pela modificação do panorama jurisprudencial que até então vinha se desenhando.

(43) Texto original em língua espanhola, conforme a seguir: "Artículo 1985. — La indemnización comprende las consecuencias que deriven de la acción u omisión generadora del daño, incluyendo el lucro cesante, el daño a la persona y el daño moral, debiendo existir una relación de causalidad adecuada entre el hecho y el daño producido. El monto de la indemnización devenga intereses legales desde la fecha en que se produjo el daño".

ou parcial, permanente ou temporária, seja a uma atividade, seja a um conjunto de atividades que a vítima do dano, normalmente, tinha como incorporado ao seu cotidiano e que, em razão do efeito lesivo, precisou modificar em sua forma de realização ou mesmo suprimir de sua rotina. O dano existencial se consubstancia, como visto, na alteração relevante da qualidade de vida, vale dizer, em um "ter de agir de outra forma" ou em um "não poder mais fazer como antes", suscetível de repercutir, de maneira consistente, e, quiçá, permanente sobre a vida da pessoa."

Na mesma direção, Júlio César Bebber (2009. p. 28-29) estabelece o dano existencial como aquele dano injusto que compromete a liberdade de escolha do indivíduo em relação ao seu destino, afetando, por consequência, o respectivo projeto de vida. Para o autor, esse tipo de dano obriga a vítima a se resignar com uma trajetória distinta da inicialmente planejada, antes factível de realização, ocasionando-lhe um vácuo existencial.

Por outro lado, Hidemberg Alves da Frota (2011. p. 244-145) situa o dano existencial com fulcro em dois eixos principais: (i) dano ao projeto de vida, ou seja, o prejuízo imputado à realização das metas, ideias e objetivos traçados pelo indivíduo no uso do seu livre-arbítrio e no contexto da sua curta existência terrena, com vistas a sua autorrealização plena; (ii) dano à vida de relação, assim entendido como a afetação negativa do conjunto das relações interpessoais do indivíduo — sem as quais o ser não seria humano —, consubstanciadas no compartilhamento de pensamentos, sentimentos, emoções, reflexões e afinidades que permitem ao indivíduo construir sua própria trajetória e se desenvolver de maneira ampla e saudável.

Na seara trabalhista, o dano existencial também pode ser denominado de dano à existência do trabalhador, decorrendo de conduta patronal obstativa ao descanso e convivência social do trabalhador, bem como da frustração ao desempenho de atividades que trazem bem-estar físico e psíquico ao indivíduo, a exemplo atividades físicas, culturais, afetivas ou espirituais. Por consequência, fica o trabalhador tolhido de desenvolver adequadamente o seu projeto de vida, prejudicando, de forma direta, o seu crescimento e realização nas searas pessoal, profissional e social (ALVARENGA; BOUCINHAS FILHO, 2013. p. 181).

Note-se que apesar da distinção vocabular dos conceitos acima destacados, a doutrina converge quanto à essência do dano existencial, vinculando-o, basicamente, ao que Hidemberg Frota assevera ser o dano ao projeto de vida e o dano à vida de relação, ambos categorizados como dano imaterial. Apesar disso, há dissenso doutrinário quanto à autonomia conceitual do dano existencial. Para alguns, distingue-se totalmente de outras espécies de danos imateriais, com as quais poderia, inclusive, ser cumulado e, para outros, representa apenas um aspecto adicional a ser relevado quando da fixação do *quantum* reparatório.

Flaviana Soares (2009. p. 46), com suporte na doutrina italiana, afirma que o dano existencial é um "não poder mais fazer", um "relacionar-se diversamente", uma necessidade de agir de outra forma que não a planejada, enquanto que o dano moral se distingue por ser "essencialmente um sentir".

Rúbia Zanotelli e Jorge Boucinhas Filho, a seu turno, aduzem ser o dano moral uma lesão à personalidade do ser humano, que viola a sua honra, liberdade, integridade física, vida privada, saúde, imagem ou intimidade, provocando dor e sofrimento e atingindo-o em seu âmago. Diferencia-se, portanto, do dano existencial, em razão da repercussão íntima que impinge e pelo caráter subjetivo que possui, em contraposição à natureza objetiva do dano existencial.

Em sentido contrário, Ney Maranhão (2015. p. 317-318) defende que a autonomia do dano existencial somente causaria tumulto dogmático se aplicada em terras brasileiras, sendo desejável tão somente absorver a sua noção central, para que o ordenamento esteja atento à reparação das lesões que venham a frustrar o crescimento existencial do ser humano.

Ora, não há dúvidas de que o dano existencial desperta o olhar do intérprete para violações não acobertadas no conceito clássico de dano moral[44] ou que, pelo menos, não compõem seu núcleo central de abordagem. Por consequência, escancara ao intérprete graves prejuízos que antes passavam despercebidos pela ótica tradicional da responsabilidade civil.

---

(44) Uma das boas definições de dano moral é lecionada por Maria Celina Bodin de Moraes (2003. p. 188), segundo a qual os danos morais (sentido estrito) são aqueles danos impostos contra a personalidade do indivíduo, é dizer, aqueles danos que o atinjam no seu âmago humano. Para ela, a identificação do dano moral não está vinculada ao vilipêndio de algum 'direito subjetivo' ou imposição de algum prejuízo concreto à vítima. Nessa linha, a mera transgressão de uma situação jurídica subjetiva extrapatrimonial ou de um "interesse patrimonial", em prejuízo do ofendido já poderá ser suficiente para ensejar a devida reparação.

No âmbito de um ordenamento jurídico cujo ápice é viabilizar ao indivíduo a busca da felicidade, a ser permeada por uma saudável qualidade de vida e pelo desenvolvimento de suas potencialidades, agregar a percepção do dano existencial é dar um passo significativo à valorização da dignidade humana e para o caminho de uma reparação integral — portanto, multifacetada — dos danos suportados pelo vitimado.

Cabe destacar que o preceito contido no art. 5º, V, X, da CRFB/88, na condição de postulado constitucional pétreo, possui natureza aberta, cuja amplitude não se esgota no seu texto gramatical, muito pelo contrário, se expande para realizar com plenitude o princípio ali contido, no caso, a proteção imaterial e material do ser humano e aquela concernente a reparação derivada da sua violação.

Nessa esteira, deve-se reconhecer não apenas o dano existencial como espécie do gênero danos imateriais, mas também os danos biológicos, estéticos, à imagem, morais (*stricto sensu*), bem como quaisquer outros que venham enriquecer a perspectiva do exegeta e contribuir para a reparação plena da ofensa, em obediência aos ditames constitucionais.

Essa expansão de horizontes vem sendo abraçada pela Corte Interamericana de Direitos Humanos em seus julgados, a exemplo do voto de Antônio Augusto Cançado Trindade, no caso Gutiérrez Soler *vs.* Colômbia[45], de 12.9.2005, do qual se extraiu o fragmento abaixo colacionado:

> Sob a tutela do amplo dever geral dos Estados Membros da Convenção Americana de Direitos Humanos, consagrado em seu art. 1º, de respeitar e assegurar o respeito dos direitos nela reconhecidos, cabe do poder público assegurar a todas as pessoas na sua jurisdição a plena vigência dos direitos protegidos, os quais se mostram essenciais para a realização do projeto de vida de cada um. Na hipótese de dano a este último, em sendo possível a reparação, esta se aproxima de sua modalidade por excelência, a restituição integral dos danos. Contudo, na grande maioria dos casos, esta reparação integral se mostra impossível (como, entre outros, nos casos das vítimas de tortura, que sofrem sequelas por toda a vida). (Tradução do autor)

Pelo excerto acima transcrito percebe-se, com nitidez, a visão ampliativa destinada a conferir proteção ao indivíduo, em todas as suas facetas, possibilitando que cada um disponha livremente do seu projeto de vida.

Contudo, isso não implica defender a autonomia absoluta do dano existencial, na tentativa de segregá-lo das demais espécies de dano imaterial, porquanto essa tese obrigaria o intérprete a mergulhar por critérios artificiais que não resistiriam a uma análise exauriente da questão.

Alguém discordaria, por exemplo, de que a violação existencial ao projeto de vida de um indivíduo implica essencialmente uma violação ao postulado da liberdade (art. 5º, *caput*, CRFB/88) para planejar, executar e concretizar esse mesmo projeto de vida? Imagina-se que não. Logo, particularmente neste ponto, não prevalece a diferenciação entre dano moral e dano existencial proposta por Zanotelli e Boucinhas Filho, uma vez que a violação à liberdade é um flagelo comum a ambas as espécies de danos.

Sob outra ótica, um dano existencial imputado contra determinado indivíduo necessariamente está vinculado à ocorrência de um respectivo dano moral? Ou, dito de outra forma, o dano existencial sempre carrega a reboque o dano moral? A reposta é positiva, pois deve-se admitir que o abalo indevido do projeto de vida ou da vida de relação de um indivíduo é algo demasiadamente grave que atinge — como ricochete inevitável — a sua personalidade.

E não se está falando das consequências exteriores do abalo, as quais podem ser resultado de ambas as espécies de danos, moral e existencial. Reporta-se, sim, ao próprio sentir da vítima, no seu âmago, insuscetível de não restar abalado diante da ocorrência de um dano existencial. Fazendo uso das palavras de Flaviana Rampazzo Soares, acima citadas, o "não poder mais fazer" ou o "relacionar-se diversamente" afetam, em forçosa consequência, o que a autora denomina ser "essencialmente um sentir".

---

(45) Texto original em língua espanhola, conforme a seguir: "5. En el marco del amplio deber general de los Estados Partes en la Convención Americana sobre Derechos Humanos, consagrado en su artículo 1(1), de respetar y asegurar el respeto de los derechos en ella consagrados, cabe al poder público asegurar a todas las personas bajo la jurisdicción de dichos Estados la plena vigencia de los derechos protegidos, esencial para la realización del proyecto de vida de cada uno. En caso de daño a este último, de ser posible la reparación, ésta se aproximaría de su modalidad *par excellence*, la *restitutio in integrum*. En la gran mayoría de los casos, sin embargo, ésta se muestra imposible (como, entre otros, en los casos de víctimas de la tortura, que sufren secuelas por toda la vida)". Disponível em: <http://www.corteidh.or.cr/docs/casos/articulos/seriec_132_esp.pdf>. Acesso em: 27 ago. 2015.

Convém esclarecer não ser o inverso verdadeiro. Isso é, nem sempre a imputação de um dano moral implicará necessariamente a ocorrência de um dano ao projeto de vida ou à vida de relação do indivíduo. Assim, haverá situações em que se constata o dano moral sem que tenha havido abalo existencial da vítima.

Em síntese, é certo que os danos morais *stricto sensu*, assim como os danos existenciais são espécies do gênero danos imateriais, mas nem por isso devem ser segregados e tratados com total autonomia, de acordo com as considerações acima, e tendo em vista serem, não raro, apenas vertentes imateriais oriundas de um mesmo fato.

Ademais, não existem benefícios tangíveis para se defender a total autonomia do dano existencial, salvo a hipótese de uma vigorosa tentativa de justificar a possibilidade de cumulação dos danos existenciais com os morais, estéticos, biológicos, etc. Apesar disso, entende-se que não será o critério de cumulação o responsável por qualificar o dano existencial, tampouco capaz, por si só, de fazer prevalecer a efetiva reparação integral do dano.

Ao revés, a plenitude reparatória advém, conforme leciona Ney Maranhão, da sensibilidade do intérprete para enxergar os danos suportados pela vítima segundo vertente de 360°, a fim de melhor valorar as medidas reparatórias e o próprio *quantum* indenizatório a ser concedido a título de danos imateriais. Ao que parece, esse é o caminho que vem sendo adotado pela nascente jurisprudência pátria sobre o assunto, na esteira do precedente abaixo, oriundo do TJ/RS:

> APELAÇÃO CÍVEL. RESPONSABILIDADE CIVIL DO ESTADO DO RIO GRANDE DO SUL. PRISÃO POLÍTICA ILEGAL, SEVÍCIAS E TORTURA. PRESCRIÇÃO INOCORRENTE. IMPRESCRITIBILIDADE DAS PRETENSÕES INDENIZATÓRIAS DECORRENTES DOS DANOS A DIREITOS DA PERSONALIDADE OCORRIDOS DURANTE O REGIME MILITAR. DIGNIDADE DA PESSOA HUMANA. DANOS MORAIS. DANOS EXISTENCIAIS. DANOS AO PROJETO DE VIDA. QUANTUM. NECESSIDADE DE SE COMPENSAR ADEQUADAMENTE OS GRAVES DANOS SOFRIDOS PELO AUTOR. PRECEDENTE. [...] 7. Como sequelas dos atos praticados pelos agentes estatais de segurança, o autor tornou-se portador de transtorno mental denominado "Alteração permanente de personalidade após experiência catastrófica", codificada pelo CID-10 como F 62.0. Pelos graves crimes de leitura de textos considerados como subversivos e pelo alegado envolvimento em compra de armas, o autor foi seviciado e torturado de forma tão acentuada e grave, que acabou ficando surdo de um lado (pelos bofetões no ouvido), sexualmente impotente (pelas palmatórias aplicadas em sua genitália), com diminuição da visão, fóbico (não consegue ficar em lugares fechados e nem entrar em elevadores), depressivo, ansioso, inseguro. Tão acentuadas foram essas sequelas que o autor foi considerado permanentemente incapacitado para o trabalho. 8. Na mensuração do valor dos danos morais, em casos do gênero, calha a invocação de passagem de obra clássica de Wilson Melo da Silva, em que cita texto do antigo direito hebraico, em que se indaga: "como se estima a dor? Estima-se a dor levando-se em conta o que um homem, como a vítima, quereria receber para suportar o mesmo sofrimento". À luz dessa antiga sabedoria, seria de se perguntar: quanto de dinheiro algum de nós aceitaria receber para padecer do mesmo sofrimento, ser submetido às mesmas agruras e levar consigo até o túmulo as graves sequelas referidas nos autos? 9. Tenho que, além dos danos morais puros, o autor sofreu graves danos existenciais, pois sua vida mudou de curso, para pior, desde o longínquo março de 1970. Desde então nunca mais conseguiu levar uma existência normal. Libertado do cárcere em 1972, continua ele preso ao seu passado. 10. Além disso, teve arruinado seu projeto de vida. Talvez o destino não lhe reservasse destaques em áreas glamorosas. Mas ao menos poderia ele tentar levar a sério as promessas constantes da Declaração de Independência dos Estados Unidos, de 4 de julho de 1776: "Consideramos as seguintes verdades como auto-evidentes, a saber, que todos os homens são criaturas iguais, dotadas pelo seu Criador de certos direitos inalienáveis, entre os quais a vida, a liberdade e a busca da felicidade". Essa tentativa de busca da felicidade é que restou extremamente prejudicada ao longo da vida do autor. E é isso que se busca, aqui, remediar. 11. Em outras palavras, aos 28 anos o autor foi preso e por dois anos viveu no inferno. Mesmo após sair da prisão, o inferno o acompanhou desde então, diante das sequelas de que padece, as quais diariamente o reconduzem àquele período. O Estado do Rio Grande do Sul liquidou a mocidade e a idade madura do autor. Que ao menos agora lhe seja alcançada quantia razoável para lhe permitir uma velhice um pouco mais confortável. 12. Danos extrapatrimoniais fixados em R$ 200.000,00 (duzentos mil reais), observado precedente específico desta Corte de Justiça. Afastada a prescrição. Dado provimento ao apelo. (Apelação Cível n. 70058189457, Nona Câmara Cível, Tribunal de Justiça do RS, Relator: Eugênio Facchini Neto, Julgado em 26.3.2014)

Essa decisão do TJ/RS[46] admitiu a ocorrência de danos morais e existenciais resultantes de um mesmo conjunto de acontecimentos, sendo que o reconhecimento dessa amplitude foi determinante para o arbitramento de um único valor indenizatório por danos imateriais no importe de R$ 200.000,00 (duzentos mil reais).

---

(46) A decisão do TJ/RS foi mantida integralmente pelo STJ, consoante dados a seguir: AgRg no AREsp n. 573.215/RS, Rel. Ministro Sérgio Kukina, Primeira Turma, julgado em 16.4.2015, DJe 23.4.2015.

Veja-se que o precedente trazido à baila poderia ter fixado um valor X a título de danos morais e outro valor Y a título de danos existenciais, e mesmo assim o *quantum* total ser inferior ao efetivamente arbitrado por danos imateriais.

Além disso, o deferimento de quantias apartadas por espécie de danos atrai o debate sobre a (im)possibilidade jurídica da cumulação das indenizações, pauta de discussão que somente interessa ao ofensor, tendo em vista que afasta o foco processual da questão material para a órbita das questões formais. Nesse contexto, aumentam as chances de se proferir uma decisão tão injusta quanto distante de atingir a reparação integral dos danos sofridos.

Aliás, a investigação jurisprudencial no âmbito dos Tribunais Superiores demonstrou que a tese de cumulação dos danos existenciais com os danos morais, por ora, não tem sido acolhida nos precedentes judiciais brasileiros. Ao oposto, se constata que os danos existenciais, ao serem reconhecidos, são reparados com o pagamento de indenização a título de danos morais, aqui referidos como danos morais *lato sensu*, ou seja, danos imateriais. Confira-se:

> RECURSO DE REVISTA. HORAS EXTRAS. INTERVALOS INTER E INTRAJORNADA. TRABALHADOR EXTERNO. CONTROLE DA JORNADA DE TRABALHO. RASTREAMENTO VIA SATÉLITE. POSSIBILIDADE. [...] DANOS MORAIS. PRESTAÇÃO EXCESSIVA DE HORAS EXTRAS. TRABALHADOR EXTERNO. 1. Na espécie, o e. TRT consignou que "não é a mera extrapolação da jornada legal que dá ensejo à reparação indenizatória, mas sim o cumprimento exorbitante de horas extras que acaba por privar o trabalhador do convívio social e familiar, além de causar-lhe estresse, pois tais jornadas extenuantes provocam grande desgaste físico para o organismo". Na sequência, concluiu "que diante da jornada demasiadamente extensa e desgastante a que era submetido o obreiro, das 06h às 21h, de segunda-feira a domingo, com dois intervalos intrajornada de 30 minutos e duas folgas por mês, resta sobejamente comprovada a repercussão danosa da atitude do empregador na vida profissional e social do trabalhador, de maneira que faz jus à respectiva indenização reparatória". 2. O dano existencial, ou o dano à existência da pessoa, "consiste na violação de qualquer um dos direitos fundamentais da pessoa, tutelados pela Constituição Federal, que causa uma alteração danosa no modo de ser do indivíduo ou nas atividades por ele executadas com vistas ao projeto de vida pessoal, prescindindo de qualquer repercussão financeira ou econômica que do fato da lesão possa decorrer." (ALMEIDA NETO, Amaro Alves de. Dano existencial: a tutela da dignidade da pessoa humana. Revista dos Tribunais, São Paulo, v. 6, n. 24, mês out/dez, 2005. p. 68), hipótese verificada no caso em exame. 3. Verifica-se, portanto, que a decisão regional, que defere o pedido de indenização por danos morais, não incorre em violação do art. 186 do CC. Mantida a referida indenização no importe de R$ 4.000,00 (quatro mil reais). Arestos inespecíficos (Súmula n. 296, I, do TST). Recurso de revista integralmente não conhecido. (RR n. 154.700-10.2010.5.23.0036, Relator Ministro: Hugo Carlos Scheuermann, Data de Julgamento: 29.4.2015, 1ª Turma, Data de Publicação: DEJT 4.5.2015)

Tendo em vista o exposto, apresenta-se o dano existencial como espécie do gênero dano imaterial voltada a analisar as lesões ao projeto de vida e às relações interpessoais da vítima, parâmetros que se mostram intrinsecamente relacionados com a própria existência do indivíduo, como ser humano.

Em que pese o enfoque do dano existencial ser nitidamente distinto da abordagem conferida ao dano moral *stricto sensu*, há de se admitir que ambas as espécies estão intimamente relacionadas, uma vez que indubitavelmente o abalo existencial também atinge a personalidade do ser humano e provoca o dano moral *stricto sensu*.

Por fim, a eventual cumulação dos danos existencial e moral é algo que não necessariamente milita em favor da plena reparação dos prejuízos suportados. Ao contrário disso, é primordial que o intérprete releve a contextura do dano existencial para, ao fim e ao cabo, buscar, senão a reversibilidade dos danos — o que raramente é possível, por serem em regra irreparáveis ou de difícil reparação —, pelo menos a adoção de medidas retributivas, inclusive de cunho pecuniário, que tenham como norte a reparação integral.

Tendo sido feitas as considerações julgadas mais relevantes sobre o dano existencial — sem pretensão de esgotamento e nos liames que a proposta de pesquisa permite —, cumpre situar esta espécie de dano imaterial no contexto das relações juslaborais, o que será feito a seguir.

4.1.2 Dano existencial nas relações de trabalho

A doutrina e jurisprudência têm atrelado o dano existencial no âmbito das relações de trabalho basicamente à realização de jornadas de trabalho extenuantes, que reduzem o tempo de não trabalho do operário e causam danos as suas relações sociais e prejuízo à consecução do seu projeto de vida.

Rúbia Zanotelli e Boucinhas Filho (2013. p. 181) vinculam a existência do abalo existencial nas relações trabalhistas à imposição de volume excessivo de trabalho, pelo empregador, o que impossibilita ao trabalhador a realização do conjunto de suas atividades pessoais e o desenvolvimento do projeto de vida nas esferas pessoal, profissional e social.

Martinho Martins Botelho e Marco Antônio Villatore (2015. p. 300) seguem caminho semelhante ao sedimentarem o dano existencial no âmbito trabalhista como uma situação de trabalho exaustivo, causadora de prejuízo à vida social do trabalhador e ao seu convívio familiar.

A nascente jurisprudência do TST, a seu turno, basicamente discute o dano existencial vinculado à jornada excessiva[47], sendo raríssimos os casos em que o dano existencial envolve outras circunstâncias[48].

Apesar disso, mister destacar que o dano existencial, na seara trabalhista, não está restrito às lesões ocasionadas pelas jornadas extenuantes. Todo e qualquer prejuízo grave o suficiente para afetar a própria existência do trabalhador, a saber, seu projeto de vida ou vida de relação, configura a ocorrência do dano existencial, o que pode ser fruto de outras circunstâncias laborais, a exemplo do assédio moral, da supressão de férias e demais repousos remunerados, da imposição de metas abusivas ou da exposição do trabalhador a condições degradantes de trabalho, tudo a depender do caso concreto.

Com efeito, a preocupação em examinar de forma ampla os danos suportados pela classe trabalhadora se deve à valorização do personalismo ético atribuído hodiernamente ao ser humano — na condição de ser dotado de dignidade e fins próprios —, que se constitui em sujeito de direitos, que não podem ser prejudicados em sua esfera existencial. (LEAL, 2014. p. 475).

Nesta senda, correta a lição de Rampazzo (2009. p. 75) no sentido de que o dano existencial também pode se fazer presente por ocasião do trabalho em condições análoga à de escravo e no labor em condições subumanas, seja no tocante ao horário, às condições de higiene, de alimentação ou habitação, seja pela ausência de uma adequada prestação pecuniária. No mesmo sentido foi o precedente da 7ª Turma do TST em parte transcrito abaixo:

> [...] No âmbito da doutrina justrabalhista o conceito tem sido absorvido e ressignificado para o contexto das relações de trabalho como representativo das violações de direitos e limites inerentes ao contrato de trabalho que implicam, além de danos materiais ou porventura danos morais ao trabalhador, igualmente, danos ao seu projeto de vida ou à chamada "vida de relações" [...]. (RR n. 523-56.2012.5.04.0292, Relator Ministro: Luiz Philippe Vieira de Mello Filho, Data de Julgamento: 26.8.2015, 7ª Turma, Data de Publicação: DEJT 28.8.2015)

Se é correto dizer que o dano existencial nas relações de trabalho não se restringe à questão do tempo de trabalho, cabe assegurar, por outro lado, que esta seara concentra a maior parte das violações existenciais.

Com efeito, o tempo de trabalho condiciona diretamente o tempo de não trabalho, durante o qual o operário desenvolverá atividades vitais que lhe erigirão como pessoa humana. Sendo insuficiente este último, os graves prejuízos ao trabalhador são mero corolário lógico, à vista da privação do gozo de direitos fundamentais básicos, que vão desde o direito à autodeterminação (liberdade) para decidir os rumos da sua vida, o que representa a base política e social do Estado Democrático de Direito, até o cerceamento da convivência social e familiar, irradiando o prejuízo sofrido pelo trabalhador para todos os seus entes mais próximos.

No dizer de Valdete Severo e Almiro Eduardo Almeida (2010. p. 109):

> "Tais condutas implicam suprimir o direito à convivência familiar, à diversão, ao estudo, à leitura, à organização em grupo, à discussão, à intervenção nas questões que afetam a comunidade em que está inserido. São inúmeros os casos de pessoas que, submetidas a jornadas extensas, perderam sua família, não acompanharam o velório de um ente querido, tiveram de interromper seus estudos".

Assim, permitir ao trabalhador gozar de tempo efetivamente livre para desconectar do trabalho e desenvolver sua vida fora dele é optar pela prevalência de uma sociedade com pessoas saudáveis, que tenham tempo de

---

(47) O precedente a seguir mencionado é representativo das demandas que recentemente têm chegado ao TST envolvendo a reparação por dano existencial: RR n. 354-59.2013.5.24.0007, Relatora Ministra Maria de Assis Calsing, Data de Julgamento: 16.9.2015, 4ª Turma, Data de Publicação: DEJT 18.9.2015.

(48) O precedente a seguir é um desses casos excepcionais: AIRR n. 19.900-92.2013.5.17.0008, Relator Desembargador Convocado: José Ribamar Oliveira Lima Júnior, Data de Julgamento: 17.12.2014, 4ª Turma, Data de Publicação: DEJT 19.12.2014.

interagir, pensar, refletir, reclamar e, sobremaneira, intervir na construção de um mundo melhor. Mesmo porque se deve reconhecer que o prejuízo decorrente do desgaste físico e psíquico de expressivo número de operários é suportado pela própria sociedade (ALMEIDA; SEVERO, 2014. p. 20).

Em apontamento semelhante, Alexandre Lunardi (2010. p. 82) ensina que não apenas o excesso de horas trabalhadas, como também a ausência de liberdade em relação aos horários laborais, impede o desenvolvimento das relações intersubjetivas do ser humano, campo que se apresenta propício à criação e manutenção do patrimônio cultural.

O viés abordado pelo autor é de suma importância para a compreensão de que o prejuízo existencial decorrente do tempo de trabalho vai muito além das jornadas numericamente excessivas.

Obviamente que estas — até mesmo por imposição aritmética — impedem o trabalhador de vivenciar a experiência humana. Porém, a forma de distribuição das horas de trabalho ao longo do dia também impacta sobremaneira o tempo verdadeiramente livre de que o trabalhador disporá.

Na hipótese de ampliação do intervalo intrajornada esse impacto é flagrante, visto que causador do inevitável alargamento do horário e da extensão do labor diário. Na esteira dessa lógica perversa, não há como negar o abalo existencial suportado pelo trabalhador. Senão vejamos.

Ao percorrer uma jornada ordinária das 08:00h às 12:00h e das 14:00h às 18:00h, o operário possui um horário de trabalho de 10 horas diárias. Adicionando-se 1h de deslocamento no início e 1h ao final da jornada, a extensão laboral chega a 12 horas diárias, partindo da otimista premissa de que esse operário não trabalha em sobrelabor, o que é incomum na realidade brasileira[49].

Considerando que um dia possui 24 horas e que um indivíduo adulto precisa de 7 horas de sono diárias, no mínimo, sobejarão outras 17 horas, das quais 12 estão comprometidas com o trabalho e respectivo deslocamento.

Ao final, restarão apenas 5 horas livres ao trabalhador durante o dia. E mesmo que se raciocine dentro de uma lógica semanal, ainda assim, a extensão do trabalho será significativamente superior ao tempo verdadeiramente livre do operário ao longo da semana.

Em outras palavras, o tempo de trabalho — ainda que enquadrado nas condições ordinárias previstas na lei — supera, em larga medida, o tempo que o trabalhador possui para vivenciar todo o restante na sua vida.

Considerando que o trabalho assalariado é o esteio do modo de produção capitalista, logo se compreende que a imensa maioria da população brasileira ao longo da história — composta por sucessivas gerações de trabalhadores — dedica sua existência, notadamente os anos de maior vigor físico e intelectual, para produzir a mais valia empresarial, em detrimento do livre desenvolvimento do seu próprio projeto de vida e vida de relação. Essa lógica está tão arraigada no âmago das práticas sociais que é tida como algo normal, até dignificante, sendo poucos os indivíduos a perceberem a sua gravidade e os prejuízos dela decorrentes.

E se o ordinário já se apresenta desproporcional, o que dizer dos casos em que os interesses empresariais impõem condições ainda mais desfavoráveis ao trabalhador, coisificando-o? É exatamente a situação vivenciada pela trabalhadora supermercadista anteriormente mencionada, que não possuía nenhum turno do dia livre durante seis dias na semana.

Em situações como essa, o dano existencial imposto ao trabalhador é grave e irreversível. Com efeito, uma vez elevada a extensão do trabalho a tal medida, o que sobeja ao operário é absolutamente insuficiente para o desenvolvimento das demais vertentes, prazeres e habilidades de sua existência.

Apesar disso, a jurisprudência mais recente do TST recalcitra em reconhecer os danos existenciais relacionados à jornada de trabalho, condicionando-os à produção de provas — ao contrário do que ocorre com o dano moral, tido, em regra, como *in re ipsa*.

Lamentavelmente, essa posição talvez reflita uma reação do Poder Judiciário à tentativa doutrinária de apartar a qualquer custo o dano existencial do dano moral, como se separam dois bebês siameses ligados pelo mesmo sistema circulatório.

De toda maneira, com o fim de comprovar que os danos existenciais podem ser mera consequência lógica advinda de jornadas inadequadas, inclusive no tocante ao elasticimento do intervalo laboral, foi realizada pesquisa

---

(49) Alexandre Lunardi (2010. p. 47), se valendo de dados do Departamento Intersindical de Estatística e Estudos Socioeconômicos (Dieese), assevera que quase 80% dos trabalhadores brasileiros labora em regime de sobrejornada.

de campo da qual participaram 400 trabalhadores vinculados aos segmentos profissionais supermercadista e de hotéis, bares e restaurantes. Indagou-se acerca de sua realidade laboral e as consequências enfrentadas em face do intervalo intrajornada elastecido. O resultado completo da pesquisa será discutido no item a seguir.

4.2 Pesquisa de campo: demonstração inequívoca dos prejuízos existenciais ocasionados pela dilatação do intervalo intrajornada

No item anterior foi demonstrado que a dilatação do intervalo intrajornada pode provocar, *per si*, um abalo existencial na vida do trabalhador, mediante a ingerência negativa no seu projeto de vida e biografia relacional.

Sem embaraço, antes já se havia comprovado também que os julgados oriundos do Tribunal Superior do Trabalho vêm chancelando, majoritariamente, o elastecimento do intervalo intrajornada por norma coletiva — a partir de simples aplicação do elemento gramatical —, havendo muito a avançar no sentido de uma hermenêutica verdadeiramente constitucional.

Esse descompasso, cumulado com a inexistência de dados estatísticos oficiais específicos, despertou a necessidade de se efetuar pesquisa de campo com o objetivo de conhecer um pouco mais sobre a realidade de categorias que pactuam a ampliação intervalar.

Para tanto, optou-se pelo método de pesquisa quantitativa, com o fito de trazer à baila dados, tendências e indicadores passíveis de réplica para toda a categoria pesquisada, a partir do estabelecimento de uma margem de erro (SERAPIONI, 2000. p. 188-190).

A fim de garantir a efetividade da pesquisa foram adotados alguns rigores metodológicos estabelecidos na doutrina, a exemplo de: (i) número reduzido de perguntas, com o fito de garantir a brevidade da entrevista e qualidade das respostas; (ii) formulação de perguntas impessoais e de fácil tabulação; (iii) elaboração de perguntas diretas com o menor grau de subjetivismo possível; (iv) garantia de anonimato ao entrevistado; (v) preferência por perguntas fechadas para obtenção de respostas mais precisas; (vi) aplicação das entrevistas em curto espaço de tempo no intuito de efetuar um recorte preciso sobre a realidade de trabalho dos entrevistados em determinado período (CERVO; BERVIAN, 1975. p. 148-149).

Também foram aplicados métodos de pesquisa aprendidos a partir da experiência acadêmica da Profª. Dra. Rosita Nassar, consubstanciados em: (i) treinamento adequado dos entrevistadores que efetuaram o trabalho de campo; (ii) apresentação das perguntas aos entrevistados por intermédio de réguas e disco, objetivando reduzir as possibilidades de o entrevistado ser influenciado pela ordem das respostas no questionário; (iii) aplicação do questionário previamente com vinte entrevistados, para avaliar o grau de compreensão acerca dos quesitos formulados, resguardando a aplicação efetiva para momento posterior; (iv) confirmação de 20% dos questionários coletados, no mínimo, a fim de garantir a confiabilidade dos mesmos.

Ainda como parte do planejamento da pesquisa de campo foram definidos os grupamentos de operários a serem submetidos à entrevista. Inicialmente, a preferência recaía sobre a categoria dos trabalhadores no segmento de transportes, posto ser uma categoria que se organiza tipicamente sob a égide de normas coletivas que preveem a dilatação do intervalo intrajornada, além de responder por 91% das demandas judiciais que chegam ao TST, conforme tabela 5 apresentada na p. 111-112.

Contudo, na cidade de Belém, onde seriam realizadas as entrevistas, não existe, nem existiu, nos últimos cinco anos, esse tipo de cláusula ampliativa na categoria de transportes, hoje restrita aos rodoviários que laboram no interior do Estado do Pará[50]. Diante desse panorama, decidiu-se direcionar a pesquisa para as categorias de trabalhadores em supermercados e trabalhadores em hotéis, bares e restaurantes, representativa de um grande contingente de trabalhadores no Estado do Pará.

A negociação coletiva[51] celebrada pelo sindicato supermercadista previu a dilatação do intervalo intrajornada até o mês de fevereiro de 2014, enquanto que a pactuada pela categoria hotéis, bares, restaurantes e similares, continua vigente até a presente data[52].

---

(50) *Vide* convenções coletivas de trabalho da categoria dos rodoviários abrangendo o período de 2013 a 2016 e registradas no MTE sob os n. PA000090/2014, PA000288/2014 e PA000295/2014. Disponíveis em: <http://www3.mte.gov.br/sistemas/mediador/ConsultarInstColetivo#>. Acesso em: 8 mar. 2014.
(51) *Vide* convenção coletiva de trabalho 2013/2014 da categoria supermercadista, com registro no MTE sob o n. PA000216/2013. Disponível em: <http://www3.mte.gov.br/sistemas/mediador/ConsultarInstColetivo#>. Acesso em: 8 mar. 2014.
(52) *Vide* convenção coletiva de trabalho 2014/2015 da categoria de hotéis, bares, restaurantes e similares, com registro no MTE sob o n. PA000201/2014, já renovada pela CCT 2015/2016 n. PA000488/2015. Disponíveis em:<http://www3.mte.gov.br/sistemas/mediador/ConsultarInstColetivo#>. Acesso em: 8 mar. 2014 e 3 set. 2015, respectivamente.

Em 2013, a categoria supermercadista ocupava um total de 46.278 trabalhadores, enquanto que hotéis, bares, restaurantes e similares ocupavam 14.935 operários, conforme dados do IBGE circunscritos ao Estado do Pará[53]. Com o fim de estabelecer um intervalo de confiança de 95%, ou, inversamente, margem de erro de 5%, se fez necessária a coleta de amostra mínima de 400 entrevistas, as quais foram distribuídas proporcionalmente ao universo de trabalhadores em cada uma das categorias (AGRANONIK; HIRAKATA, 2011. p. 382-385).

Nesse diapasão, foram coletadas 400 entrevistas entre os dias 13 e 20 de julho de 2015, sendo 302 com trabalhadores supermercadistas (75,60% do total) e 98 com obreiros de hotéis, bares e restaurantes (24,40%).

Primeiramente, perguntou-se ao trabalhador se ele efetivamente laborava ou havia laborado no passado com intervalo intrajornada superior a duas horas diárias. Caso sim, prosseguia-se com os demais questionamentos; caso contrário, o trabalhador era dispensado e sua entrevista, desconsiderada.

A amostragem foi dividida aleatoriamente em variados bairros e estabelecimentos da cidade, sendo que no quesito escolaridade 81,50% dos entrevistados disse possuir o ensino médio completo; 15,50%, o ensino fundamental; 2,75%, o ensino superior; e 0,025%, o ensino fundamental incompleto. A renda média dos operários foi apurada em R$ 999,58.

O perfil demográfico dos trabalhadores que colaboraram com a pesquisa demonstra, de antemão, se tratarem de trabalhadores ligados ao que se denomina "chão de fábrica", ou seja, operários que estão situados na base da pirâmide laboral, executando atividades que exigem pouca ou nenhuma qualificação prévia, e recebendo, em contrapartida, salários baixos e situados muito próximos do mínimo legal.

Em outras palavras, trata-se de elastecer o intervalo intrajornada do indivíduo já privado de outras opções de trabalho, em face da sua pouca qualificação profissional. A este operário, resta lutar para assegurar o próprio emprego, independentemente das condições em que desempenha a atividade, considerando que é peça de fácil substituição e descarte na engrenagem do empregador.

E para dimensionar a gravidade do problema, cumpre destacar que as categorias que mais têm pactuado esse tipo de dilatação em nível nacional e local, na cidade de Belém — sobretudo as categorias ligadas ao setor de transportes, supermercados e hotéis, bares e restaurantes —, pertencem ao setor terciário da economia brasileira, no qual estão concentrados cerca de 60% do número total de trabalhadores ocupados (GUIMARÃES, 2012. p. 48), sendo, por conseguinte, setores que reúnem grande número de operários vulneráveis a esse tipo de prática.

Em média, os trabalhadores em supermercados detinham até fevereiro/2014 intervalos de 3,1828 horas, a se considerar operários com 3 horas de intervalo (maioria) e outros com 4 horas de intervalo (minoria). Em hotéis, bares e restaurantes, a média foi 4,1837 horas de intervalo, havendo predominância de intervalos de 4 horas diárias, em primeiro plano, e 5 horas, em segundo. A média geral, considerando os trabalhadores de ambas as categorias, foi estabelecida em 3,4280 horas diárias de intervalo.

O intervalo de trabalho registrado (entre 3 e 4 horas) evidencia que no setor supermercadista o elastecimento ocorre para atender aos interesses do empregador, notadamente para suprimir um turno de serviço. Explica-se. Na capital paraense comumente algumas redes abrem suas lojas às 07:00h e encerram o expediente às 22:00h. Nesse caso, se uma equipe trabalha na jornada das 07:00h às 11:00h e das 14:00h às 18:00h, e outra das 11:00h às 15:00h e das 18:00h às 22:00h, dois turnos serão suficientes para atender o expediente ao público, eliminando-se o terceiro turno e, por consequência, postos de trabalho anteriormente existentes.

Eventual necessidade de trabalho após o fechamento da loja é atendida, ou pelo labor em sobrejornada, ou por empregados submetidos a 4 horas de intervalo, a exemplo de trabalhadores na função de caixa.

Considerando a inexistência de particularidades na atividade supermercadista que imponham esse tipo de prática — a esse respeito não se localizou nenhuma outra capital brasileira que efetue ajustes coletivos dessa natureza[54] — fica muito evidente a manipulação do tempo de intervalo para servir aos interesses do capital, ao invés de atender às necessidades dos trabalhadores, como seria devido.

---

(53) Dados da PNAD/IBGE. Disponíveis em: <http://www.sidra.ibge.gov.br/pnad/pnadtic.asp>. Acesso em: 4 mar. 2015.
(54) As normas coletivas das cidades do Rio de Janeiro, Palmas, Porto Alegre, Teresina, Florianópolis, Belo Horizonte e Brasília foram localizadas e são a seguir apresentadas. Em outras capitais a pesquisa pelo sítio eletrônico do MTE foi infrutífera. BRASIL. Convenções Coletivas de Trabalho 2013/2014. Números de Registro: RJ001079/2013, RS002613/2013, PI000081/2013, TO000141/2013, SC002204/2013, MG003614/2013, DF000884/2013. Disponível em: <http://www3.mte.gov.br/sistemas/mediador/ConsultarInstColetivo#>. Acesso em: 8 mar. 2014.

Se não bastasse, nas convenções coletivas de trabalho que dispunham sobre a ampliação do intervalo intrajornada inexistia qualquer contrapartida específica em favor do trabalhador que pudesse amenizar a situação de desvantagem imposta pela flexibilização da jornada de trabalho[55].

A questão não é distinta na categoria profissional de hotéis, bares e restaurantes, na qual o intervalo intrajornada pode ser ampliado para até 5 horas diárias para atender aos empregadores que fornecem refeições em diferentes momentos do dia, intercalados por períodos de relativa ociosidade, conforme já havia alertado Homero Batista Mateus da Silva (2015. p. 216).

A diferença é que os intervalos intrajornada médios são ainda mais longos, visando à disponibilização do operário para servir nos picos que giram em torno do horário do almoço e do jantar. À semelhança dos supermercadistas, nesta categoria também inexiste contrapartida direta nas convenções coletivas em face da flexibilização da jornada de trabalho.

No tocante ao deslocamento casa-trabalho-casa, inquiriu-se aos trabalhadores quanto tempo costumavam levar da porta da sua casa até a porta do seu trabalho, no trajeto de ida, e da porta do trabalho até a porta de casa, no trajeto de retorno. O resultado foi o abaixo discriminado:

Tabela 7 — Quanto tempo você gasta, em média, para chegar no seu trabalho, trajeto: porta da sua casa, condução, até a porta do seu trabalho?

Tempo	Frequência	%
Até 30 minutos	92	23,00
Até 45 minutos	37	9,25
Até 60 minutos	87	21,75
Até 1 hora e 15 minutos	105	26,25
Até 1 hora e 30 minutos	11	2,75
Até 1 hora e 45 minutos	48	12,0
Até 2 horas	10	2,50
Acima de 2 horas	10	2,50
Total	400	100,00

Fonte: Pesquisa de campo (2015)

Tabela 8 — Quanto tempo você gasta, em média, para chegar na sua casa, ao final do dia de trabalho, trajeto: porta do seu trabalho, condução, até a porta da sua casa?

Tempo	Frequência	%
Até 30 minutos	79	19,75
Até 45 minutos	67	16,75
Até 60 minutos	74	18,50
Até 1 hora e 15 minutos	96	24,00
Até 1 hora e 30 minutos	14	3,50
Até 1 hora e 45 minutos	43	10,75
Até 2 horas	13	3,25
Acima de 2 horas	14	3,50
Total	400	100,00

Fonte: Pesquisa de campo (2015)

---

(55) Ainda que hipoteticamente existisse, a contrapartida não teria o condão, *per si*, de validar cláusula lesiva à dignidade do trabalhador, sob pena de se admitir a coisificação do operário.

Observe-se que tanto no trajeto de ida, quanto no trajeto de volta, cerca de dois terços dos trabalhadores levavam até sessenta minutos ou mais para chegarem ao seu destino. Esse tempo de deslocamento foi ainda maior para a categoria de hotéis, bares e restaurantes, conforme se depreende do cruzamento abaixo:

Tabela 9 — Cruzamento das variáveis (i) quanto tempo você gasta, em média, para chegar no seu trabalho, trajeto: porta da sua casa, condução, até a porta do seu trabalho? e (ii) categoria profissional dos empregados entrevistados.

Tempo	Supermercados	Hotéis, bares e restaurantes	Total
Até 45 minutos	36,10%	20,40%	32,30%
Até 60 minutos ou mais	63,90%	79,60%	67,80%
Total	100,00%	100,00%	100,00%

Fonte: Pesquisa de campo (2015)

Tabela 10 — Cruzamento das variáveis (i) quanto tempo você gasta, em média, para chegar na sua casa, ao final do dia de trabalho, trajeto: porta do seu trabalho, condução, até a porta da sua casa? e (ii) categoria profissional dos empregados entrevistados.

Tempo	Supermercados	Hotéis, bares e restaurantes	Total
Até 45 minutos	39,70%	26,50%	36,50%
Até 60 minutos ou mais	60,30%	73,50%	63,50%
Total	100,00%	100,00%	100,00%

Fonte: Pesquisa de campo (2015)

Uma explicação para a discrepância do tempo de deslocamento entre as citadas categorias é a possível existência, nas redes de supermercados, de ações de recrutamento orientadas para priorizar a contratação de trabalhadores com residência no entorno do estabelecimento. Essa medida administrativa, contudo, provavelmente é insipiente no segmento de hotéis, bares e restaurantes, onde cada empregador adota sua própria solução de recrutamento, sem necessariamente obedecer a uma política de pessoal.

De toda forma, em ambos os cenários o panorama é bastante desfavorável aos trabalhadores, uma vez que mais de 60% dos operários levam até 1 hora ou mais para cumprir o percurso casa-trabalho ou trabalho-casa. Situação ainda pior é partilhada por quase 20% dos entrevistados, que levam até 1h45min ou mais para efetuar cada um dos percursos de ida e volta ao trabalho.

As estatísticas encontradas demonstram que o tempo de deslocamento dos trabalhadores pertencentes às categorias investigadas é sensivelmente superior ao da média identificada para a Região Metropolitana de Belém (RMB), conforme cruzamentos efetuados entre os resultados obtidos pela pesquisa de campo, com as estatísticas oficiais do IBGE, a saber:

Tabela 11 — Cruzamento do tempo habitual de deslocamento do domicílio para o trabalho principal na RMB, apurado pelo Censo Demográfico 2010, do IBGE, com os resultados obtidos pela pesquisa de campo em relação às categorias supermercadistas e de hotéis, bares, restaurantes em Belém.

Tempo de Deslocamento	IBGE	Ida para o trabalho*	Retorno para casa*
Até cinco minutos	8,66%	23,00%	19,75%
De seis minutos até meia hora	46,79%		
Mais de meia hora até uma hora	30,69%	31,00%	35,25%
Mais de uma hora até duas horas	12,70%	43,50%	41,50%
Mais de duas horas	1,16%	2,50%	3,50%

Fonte: IBGE — Censo demográfico (2010) e Pesquisa de campo (2015)

* Apurado pela pesquisa de campo realizada nesta investigação.

Depreende-se da tabela acima que mais de 40% dos trabalhadores em supermercados, hotéis, bares e restaurantes em Belém, leva tempo superior a 1 hora e limitado a 2 horas, para percorrer o trajeto laboral, contra apenas 12,7% do geral das pessoas ocupadas na RMB.

No quesito tempo de deslocamento superior a 2 horas, o resultado também é contundente, haja vista que, a depender do trajeto, de 2,5 a 3,5% dos trabalhadores nas categorias selecionadas se encontram nessa situação, contra apenas 1,16% do total de pessoas ocupadas na Região Metropolitana.

Por outro lado, o percentual geral de pessoas ocupadas na RMB que leva até 30 minutos para percorrer o trajeto laboral (55,45%) é mais de duas vezes superior em relação ao registrado nas categorias objeto da pesquisa.

As constatações acima apontam no sentido de que os trabalhadores nas categorias selecionadas enfrentam um deslocamento laboral bem mais penoso do que a média geral de pessoas ocupadas na cidade e arredores.

Isso se deve, muito provavelmente, a duas motivações principais: a primeira, ligada a moradia em local mais distante ou de mais difícil acesso, em relação ao local de trabalho; enquanto que a segunda, vinculada à utilização massiva do transporte público, mais ineficiente e desconfortável, se comparado ao veículo particular. Entende-se que ambos os fatores se relacionam, diretamente, aos baixos salários percebidos nestas categoriais, que contribuem para a exposição do trabalhador a uma situação ainda mais vulnerável em relação ao percurso laboral.

A investigação também demonstrou que esse tempo de deslocamento condiciona, inclusive, o retorno do empregado para sua casa no intervalo de almoço. Os resultados demonstram que 33,75% dos entrevistados nunca conseguem retornar para suas residências no intervalo laboral. Outros 13,25% também não retornam, na maioria das vezes, totalizando 47% de trabalhadores nessa condição, conforme tabela a seguir:

Tabela 12 — Nesse intervalo de trabalho, superior a duas horas, você costuma(va) voltar para a sua casa?

Volta para casa no intervalo intrajornada	Frequência	%
Sempre	134	33,50
Na maioria das vezes, sim	78	19,50
Na maioria das vezes, não	53	13,25
Nunca	135	33,75
Total	400	100,00

Fonte: Pesquisa de campo (2015)

Por sua vez, o cruzamento dos dados contidos na tabela acima com as informações do tempo de deslocamento casa-trabalho-casa evidencia serem os trabalhadores com menor tempo de deslocamento os mais habituados a retornarem para os seus lares durante o intervalo de almoço. Inversamente, aqueles operários com deslocamento mais prolongado tendem a não exercer essa rotina. Observe-se:

Tabela 13 — Cruzamento das variáveis (i) nesse intervalo de trabalho, superior a duas horas, você costuma(va) voltar para a sua casa? e (ii) quanto tempo você gasta, em média, para chegar no seu trabalho, trajeto: porta da sua casa, condução, até a porta do seu trabalho?

Volta para casa no intervalo intrajornada	Até 45 minutos	Até 1 hora ou mais	Total
Sempre	62,00%	19,90%	33,50%
Na maioria das vezes, sim	19,40%	19,60%	19,50%
Na maioria das vezes, não	7,80%	15,90%	13,30%
Nunca	10,90%	44,60%	33,80%
Total	100,00%	100,00%	100,00%

Fonte: Pesquisa de campo (2015)

Tabela 14 — Cruzamento das variáveis (i) nesse intervalo de trabalho, superior a duas horas, você costuma(va) voltar para a sua casa? e (ii) quanto tempo você gasta, em média, para chegar na sua casa, trajeto: porta do seu trabalho, condução, até a porta da sua casa?

Volta para casa no intervalo intrajornada	Até 45 minutos	Até 1 hora ou mais	Total
Sempre	56,80%	20,10%	33,50%
Na maioria das vezes, sim	24,00%	16,90%	19,50%
Na maioria das vezes, não	2,70%	19,30%	13,30%
Nunca	16,40%	43,70%	33,80%
Total	100,00%	100,00%	100,00%

Fonte: Pesquisa de campo (2015)

Essa nuance sugere que o costume de retornar para casa no intervalo laboral é exercido sempre que possível pelos trabalhadores, sendo o quesito tempo de deslocamento um fator determinante, senão o principal, para que isso aconteça. Assim, fica evidente que o elastecimento do intervalo laboral é ainda mais penoso para os empregados com deslocamento prolongado, os quais sofrem tanto com a redução do tempo de não trabalho, quanto com a obstaculização do seu descanso intrajornada, pois, também, não conseguem retornar para os seus domicílios durante o intervalo estendido.

E como era de se esperar, a pesquisa também comprovou que dentro do universo de operários que não costuma voltar para casa no intervalo de almoço, a maioria (60,2%) permanece dentro da própria empresa ou nos arredores desta, o que representa um quantitativo de quase 30% do total de trabalhadores entrevistados que ficam(vam) à disposição do empregador durante o intervalo intrajornada.

A seu turno, para a outra metade de trabalhadores que costuma retornar para suas casas no intervalo de almoço, observa-se que pelo menos lhes está preservada a possibilidade de descanso entre um turno e outro de trabalho. Isso não elimina, todavia, o prejuízo existencial decorrente da redução do tempo verdadeiramente livre de trabalho — aquele que pode ser planejado à inteira conveniência do empregado, sem a preocupação de retornar para o labor, em seguida. Prova disso é que parcela significativa dos operários que almoçam em suas casas entende ser nocivo o intervalo intrajornada superior a duas horas diárias. Confira-se:

Tabela 15 — Na sua avaliação, o intervalo de almoço com mais de 2 horas causa a você?

Opinião sobre o intervalo intrajornada superior a duas horas	Frequência	%
Causa somente benefícios	87	21,75
Causa mais benefícios que prejuízos	43	10,75
Causa mais prejuízos que benefícios	150	37,50
Causa somente prejuízos	120	30,00
Total	400	100,0

Fonte: Pesquisa de campo (2015)

Ora, se 53% dos obreiros afirmam que retornam(vam) sempre ou na maioria das vezes para suas casas durante o intervalo laboral superior a duas horas, mas 67,5% do total de entrevistados admitem terem somente prejuízos ou mais prejuízos do que benefícios com esse tipo de flexibilização, a consequência lógica é que parcela considerável dos 53% dos operários que retornam para suas residências durante o intervalo intrajornada têm reservas quanto ao alongamento do tempo de intervalo, considerando-o prejudicial.

De mais a mais, os questionários também identificaram que 13,5% do total de trabalhadores não gozam regularmente do descanso semanal remunerado e, ainda, que 36% dos entrevistados dormem, em média, 6 horas ou menos por dia, patamar esse que a medicina considera insuficiente, para restabelecer as energias dispendidas ao longo do dia, prejudicando, dessa forma, a saúde física e mental do trabalhador (HIRSHKOWITZ, 2015. p. 40-43).

Note-se que, até então, todos os exemplos de prejuízo existencial ao trabalhador tomavam como premissa um tempo de deslocamento médio de 1 hora, a cada trajeto. Contudo, a pesquisa demonstrou que esse intervalo foi subdimensionado, pois para quase 50% dos entrevistados o tempo de deslocamento é superior ao hipoteticamente estabelecido.

Com efeito, ao traçar-se a realidade de um operário com jornada de trabalho de segunda a sábado, no horário de 10:30h às 13:30h e de 17:30h às 21:50h, e tempo de deslocamento casa-trabalho-casa de 1h30min a cada trajeto, ver-se-á que esse ser humano deve sair de casa no máximo às 09:00h, retornando em definitivo por volta das 23:20h. Na melhor das hipóteses, gozará de mais 1 hora disponível no meio do dia, caso se disponha a percorrer penosas 3 horas de deslocamento durante o seu intervalo intrajornada.

Se, na essência, a problemática decorre da própria jornada cronométrica autorizada na CRFB/88 e na CLT — talvez materialmente inconstitucional em situações concretas como esta —, fica evidente que o quadro é agravado pelo intervalo intrajornada ampliado, responsável pela redução ainda mais drástica do tempo verdadeiramente livre a ser usufruído pelo trabalhador.

Previsivelmente, mais de dois terços dos trabalhadores enxerga somente prejuízos ou mais prejuízos do que benefícios na adoção desse tipo de intervalo majorado, sendo certo, pela cronologia da jornada imposta, que os prejuízos acusados atingem a dimensão existencial desses operários, mediante ofensa ao projeto de vida e vida de relação dos mesmos, considerando o exíguo — ou inexistente — tempo de não trabalho de que desfrutam.

À vista do que foi exposto, entende-se que a premissa inicial sobre a prejudicialidade, para o trabalhador, da ampliação do intervalo intrajornada, restou comprovada na pesquisa efetuada com as categorias selecionadas, o que reforça a necessidade premente de uma mudança no panorama jurisprudencial do TST, no sentido de conferir aos casos que lhe são submetidos uma interpretação voltada à maximização do gozo dos direitos fundamentais, vedando-se qualquer conduta que os obstaculize.

Na esteira desse raciocínio, tendo sido evidenciado que a flexibilização intervalar ocorre indubitavelmente para melhor viabilização das atividades empresariais, em face do empregador deve recair o ônus de demonstrar em juízo que o elasticimento do intervalo intrajornada não restringiu o gozo de nenhum direito fundamental, por parte de seus empregados.

Essa condição atende à dinâmica de impor ao executor da atividade de risco o dever de demonstrar que a mesma não ocasiona danos à sociedade, e, também, que adotou todas as medidas de precaução exequíveis a evitar possíveis danos aos seus trabalhadores. Trata-se da mera aplicação do *in dubio pro* ambiente inerente ao princípio da precaução, conforme acima mencionado, a partir da lição de Canotilho (2007. p. 41).

5
CONSIDERAÇÕES FINAIS

Ao longo da pesquisa foi demonstrado que o meio ambiente do trabalho é parte indissociável do meio ambiente geral e que merece respeito à altura da proteção que lhe foi conferida, com primazia, pela Constituição Republicana. Demonstrou-se, ainda, a estreita relação de um sadio meio ambiente laboral com a realização da dignidade e gozo dos direitos fundamentais, pelo trabalhador, precipuamente em uma realidade na qual o tempo de vida dedicado ao trabalho é superior — para grande contingente de operários — ao disponibilizado para todas as outras atividades que realizam o ser humano.

Restou evidenciado, ainda, que o tempo de trabalho é o campo das relações laborais que mais ensejou conflitos desde os primórdios do capitalismo, sendo até hoje o reduto maior das lutas entre a classe trabalhadora e o capital.

Nesse sentido, o comparativo de horas trabalhadas no Brasil com as médias percorridas por trabalhadores em diversos países ocidentais, em quantidade significativamente menor, confirmou a realidade de exploração demasiada imposta à classe operária no país, que transforma a inegável desvantagem de um ser humano em relação a outro, própria do sistema capitalista, na coisificação do trabalhador, incompatível com a ordem jurídica.

O cenário apresentado, *per si*, comprovou a necessidade de redução das horas trabalhadas no país, o que perpassa por um esforço conjunto do Estado e da sociedade civil para alterar a anacrônica legislação vigente que, ao passo de demarcar os limites da jornada ordinária no elevado patamar de 8 horas diárias e 44 horas semanais (art. 7º, XIII, CRFB/88) — apenas como parâmetro, desde 1935 a Convenção n. 47 da OIT já propugnava pela adoção da jornada de 40 horas semanais em nível internacional — ainda autoriza o acréscimo de 2 ou mais horas diárias a este contorno já demasiado (art. 59, *caput*, e art. 235-C da CLT).

Não fossem já graves o suficiente os prejuízos relacionados à coisificação do trabalhador, em decorrência da quantidade excessiva de horas trabalhadas, a investigação também revelou a existência de problemas vinculados à dimensão cronológica do tempo, ou seja, à maneira como são distribuídas as horas trabalhadas ao longo do dia. Isso porque, o capitalista, além de ditar a quantidade de horas a serem disponibilizadas para o trabalho, também manipula a forma de repartição desse tempo, conforme a conveniência da sua atividade econômica.

A seu turno, a variável tempo de deslocamento também se revelou uma agravante do quadro apresentado, mormente se cumulada com jornadas extensas e com a distribuição inadequada das horas de trabalho ao longo do dia. Apesar disso, essa vertente do tempo de trabalho não tem merecido a atenção que lhe deveria ser dispensada, o que se reputa ser consequência de dois fatores principais, conforme abaixo.

O primeiro, relacionado à consagração, no art. 4º da CLT, do tempo de "serviço efetivo" como aquele tempo no qual o operário permanece à disposição do empregador, aguardando ou executando ordens. Premissa que exclui o *tempo de deslocamento* do conceito jurídico estrito de *tempo de trabalho,* remetendo-o para um limbo jurídico, pois, ao passo de não representar um tempo de "serviço efetivo", é interstício destinado à viabilização do serviço propriamente dito, não podendo, por outro lado, ser enquadrado na condição de *tempo de não trabalho*, haja vista que o operário não pode dispor dele como melhor lhe aprouver.

O segundo, relacionado à insuficiência dos conceitos de "jornada", "duração" e "horário de trabalho", para representar o real tempo de vida disponibilizado pelo trabalhador em prol da sua atividade profissional, por força de não considerarem, em sua mensuração, o tempo de deslocamento. Em consequência, as estatísticas oficiais são igualmente deficitárias na mensuração do real tempo de vida disponibilizado pelo operário em prol do trabalho, o que contribui para uma visão subdimensionada desta variável no ordenamento jurídico brasileiro.

A fim de suprir essa lacuna, foi proposta a utilização do novel termo *extensão do trabalho* para mensurar apropriadamente o real tempo de vida despendido pelo operário com sua atividade laboral. Expressão que se mostra mais adequada para denominar o interstício compreendido entre o horário de trabalho ordinário e extraordinário, acrescido do tempo de deslocamento casa-trabalho-casa.

Avaliando-se a *extensão do trabalho* na vida do ser humano, o quadro de violações se apresentou ainda mais gravoso. Tomando-se por premissa a jornada supermercadista em Belém de 10h:30min às 13h:30min e das 17h:30min às 21:50min, e considerando que o operário leve em torno de uma hora para percorrer cada trajeto laboral, a extensão do trabalho será das 09h:30min às 22h:50min, resultando em 13h:20min do seu dia comprometidas com o trabalho e apenas 10h:40min para o todo o restante, incluído o tempo de sono.

Diante disso, o tempo de não trabalho, já reduzido em decorrência das extensas jornadas, torna-se ainda mais diminuto, na hipótese de uma distribuição inadequada das horas trabalhadas e quando computado o tempo de deslocamento, fatores que impactam diretamente na fruição dos descansos laborais, pelo trabalhador.

Nesse caminho, demonstrou-se ao longo deste estudo que os descansos estão relacionados a duas vertentes principais, quais sejam, permitir a renovação da energia física e mental do trabalhador e sua alimentação adequada — para redução dos riscos inerentes ao trabalho —; e possibilitar ao operário a realização dos seus projetos de vida e fruição das relações interpessoais, durante o tempo de não trabalho.

No que tange ao intervalo intrajornada, o aprofundamento da pesquisa revelou que, por estar situado entre os turnos laborais, possui forte vinculação à renovação das energias do operário, seja pelo repouso propriamente dito, seja por uma alimentação adequada, razão pela qual os estudos a ele relacionados têm normalmente se direcionado a garantir o tempo mínimo de gozo em uma hora. Apesar disso, demonstrou-se ser equivocada a premissa de que o intervalo intrajornada está vinculado somente a esta finalidade.

Com efeito, se não é possível reduzir o tempo do intervalo intrajornada para além do patamar mínimo de uma hora, porque isso inviabilizaria a renovação das energias do trabalhador para o labor no turno seguinte, por outro lado, também é inviável atribuir a este intervalo uma duração superior àquela necessária à consecução do seu mister.

Isso porque o alongamento demasiado do intervalo intrajornada também implica prejuízo à qualidade de vida do trabalhador, em razão da privação do gozo de direitos fundamentais a serem desfrutados durante o tempo de não trabalho e mediante a interferência ilícita na vida pessoal do obreiro.

Nesse diapasão, o aprofundamento doutrinário cumulado com a pesquisa de campo afastaram qualquer possibilidade de a ampliação intervalar ser pactuada em razão de interesses oriundos do trabalhador. Ao contrário disso, restou comprovado que esse tipo de cláusula é inserida nas convenções coletivas para viabilizar a atividade empresarial em determinados segmentos, tal como ocorre em hotéis, bares e restaurantes, que fornecem refeições em distintos horários do dia e da noite. Ou simplesmente para maximizar as margens de lucro empresariais, tal como ocorria na categoria supermercadista em Belém, que elasticia o intervalo intrajornada para suprimir um turno de trabalho.

Neste ponto, essencial destacar que o intervalo intrajornada é um direito irrenunciável do trabalhador e não um direito disponível aos interesses do capital, sempre ávido por novas formas de exploração. Logo, inadmissível validar a ampliação quando houver prejuízo aos operários,[56] considerando que, nesta hipótese, a cláusula coletiva será inconstitucional — logo, nula.

---

(56) Para 67,5% dos entrevistados na pesquisa de campo a ampliação do intervalo intrajornada lhe causa somente prejuízos ou mais prejuízos do que benefícios.

Apesar disso, a investigação demonstrou que o Poder Judiciário Trabalhista vem homologando cláusulas convencionais destinadas a ampliar os contornos do intervalo intrajornada, sem necessariamente atentar, no caso concreto, para a existência de violações aos direitos fundamentais do trabalhador.

Dos 167 precedentes pesquisados junto ao TST entre janeiro de 2010 e junho de 2015, 50,3% das decisões se valeram exclusivamente do elemento gramatical, se limitando a subsumir os fatos à norma do art. 71, *caput*, da CLT. Em síntese, a mera existência de instrumento coletivo contendo cláusula ampliativa já foi o suficiente para o atendimento do requisito de Lei, independentemente de qualquer análise de conteúdo ou dos efeitos repercutidos em cada caso apresentado.

Por essa razão principal, foi bastante restrito o universo de julgados que abordou aspectos entendidos como essenciais ao deslinde da controvérsia, a saber: (i) irrenunciabilidade ou a indisponibilidade do gozo adequado do intervalo laboral, abordado em apenas 14,4% dos julgados; (ii) função social do intervalo ou gozo dos direitos fundamentais a ele vinculados, presente em somente 30,5% das decisões; (iii) finalidade de evitar acidentes, constante em apenas 1,2% dos acórdãos; e (iv) menção à (in)existência de contrapartida em favor do trabalhador no bojo da norma que autoriza a ampliação, com registro em somente 5,4% dos julgados.

Outrossim, demonstrou-se que o equívoco hermenêutico na utilização do elemento gramatical em detrimento de abordagens sistemáticas e finalísticas entendidas como mais apropriadas, foi determinante para o resultado do julgado. De tal sorte que, ao considerar-se apenas os casos em que houve validação da cláusula coletiva, em 86,5% deles foi utilizado exclusivamente o elemento gramatical para solucionar a controvérsia. Ao reverso, tomando por base somente aqueles cujo resultado foi pela invalidação, em 90,7% deles os fundamentos trouxeram o elemento sistemático, cumulado ou não com o método teleológico.

As estatísticas indicam que nas ocasiões em que o intérprete se deteve em analisar o conjunto de regramentos do sistema jurídico — não apenas o art. 71, *caput*, da CLT, descontextualizado — e as finalidades a que se destinam esses dispositivos, o resultado foi quase sempre pela invalidação, o que deixa patente, *contrario sensu*, que as cláusulas coletivas desvirtuaram as finalidades do intervalo intrajornada e não resistiram a uma hermenêutica integrada do ordenamento legal.

Nesse panorama, inevitável concluir que esses casos continham graves violações aos direitos fundamentais do trabalhador, a sustentarem a invalidação judicial do pactuado. Esses abusos, contudo, são impassíveis de detecção pela via superficial do método gramatical, o que leva a crer que em grande parte dos precedentes com validação da norma coletiva, existiam violações à dignidade do trabalhador que não chegaram a ser descortinadas pelo intérprete.

Se é correto dizer que a jurisprudência do TST ainda corrobora graves violações aos direitos fundamentais do trabalhador em matéria de ampliação do intervalo intrajornada, também impositivo registrar que ao longo dos últimos cinco anos foi registrado um aprimoramento — ainda longe do ideal — nos precedentes desta Corte, de maneira que a tendência anterior pela validação das cláusulas coletivas, na maioria dos julgados, cedeu lugar a uma discreta inclinação pela não validação, a partir de 2015.

Reputa-se longe do ideal, por duas razões principais: (i) porque nem mesmo os julgados que adotaram a interpretação sistemática e teleológica para invalidar as cláusulas coletivas realizaram uma autêntica interpretação constitucional; e (ii) porque ainda persiste uma parcela significativa de decisões descompromissadas com o resultado final do julgado e resistentes em aceitar que a aplicação da lei deve estar inspirada nos valores esculpidos pela ordem constitucional.

No tocante ao primeiro ponto, o que se passa é que a jurisprudência do TST elegeu alguns critérios objetivos por intermédio dos quais a (in)validade da cláusula coletiva é examinada, consubstanciados sobretudo em saber: (i) se houve delimitação expressa em norma coletiva da duração do intervalo a ser usufruído pelo trabalhador; (ii) se havia cumprimento da norma coletiva no contrato realidade; e, (iii) se o trabalhador detinha ciência prévia do intervalo a ser gozado. Em sendo cumpridos os requisitos, a cláusula coletiva é validada. Caso contrário, o resultado é pela não validação.

Ocorre que esses requisitos estão longe de agregar todas as possibilidades de violação decorrentes do elasticimento do intervalo intrajornada, uma vez que podem existir cláusulas coletivas que atendam concomitantemente aos três critérios adotados pelo TST e, mesmo assim, sejam ofensivas aos direitos do empregado, sendo o próprio exemplo da categoria supermercadista em Belém uma demonstração disso.

Com efeito, em um caso como esse, mesmo que atendidos os critérios balizados pelo TST, é inegável que um trabalhador a percorrer jornada com essa distribuição de horas possui os três turnos do dia simultaneamente impactados pelo trabalho, durante seis dias na semana. As consequências são desastrosas e vão desde a restrição ao convívio social, aumento significativo do tempo à disposição da empresa, prejuízo aos estudos, eliminação do tempo disponível para o lazer e para cuidar da saúde, até a desestruturação familiar, na medida em que o operário fica impedido de exercer adequadamente o papel de pai, mãe, esposo, filho etc.

No mais, é preciso ter em mente que as violações chanceladas por intermédio do atual método de julgamento do TST, irradiam-se por todo o ordenamento juslaboral, tanto por desestimularem as partes na perseguição de direitos relacionados a este aspecto do meio ambiente do trabalho, quanto pela reprodução, nos TRTs, da jurisprudência lesiva.

No que tange a este último aspecto, cumpre destacar que a presente pesquisa propulsionou discussão judicial junto ao TRT — 8ª Região[57] a respeito do tema em debate, a qual resultou na aprovação da Súmula n. 23 desta Corte.

> INTERVALO INTRAJORNADA PARA REPOUSO E ALIMENTAÇÃO. APLICAÇÃO DO ART. 71 DA CLT. AUMENTO. FIXAÇÃO EM NORMA COLETIVA. É possível o aumento para além de 2 (duas) horas de intervalo intrajornada para repouso e alimentação (art. 71 da Consolidação das Leis do Trabalho), estabelecido por convenção ou acordo coletivo de trabalho, desde que seja fixado o tempo exato a ser observado, em escala de horário de trabalho pré-fixada e de conhecimento antecipado dos empregados, assegurado o intervalo interjornadas, ressalvadas as hipóteses em que demonstrada fraude ou quando do quadro fático se extraia o completo descumprimento da norma coletiva, caso em que serão devidas como horas extraordinárias as excedentes a duas horas de intervalo. (Aprovada por meio da Resolução n. 2/2015, em sessão do dia 19 de janeiro de 2015).

Note-se que o TRT — 8ª Região reproduziu no verbete acima praticamente os mesmos critérios que vêm sendo adotados pelo TST e que já se expuseram falhos para interpretação do art. 71, *caput*, da CLT, à luz dos valores constitucionais que o inspiram. Diante disso, violações aos direitos fundamentais dos trabalhadores também não serão percebidas pelo Judiciário Trabalhista no âmbito regional.

Mas afinal, se quer ou não construir uma sociedade livre, justa e solidária? Quer-se ou não garantir o desenvolvimento da nação com base na ética e na justiça? Como fazer isso se não há tempo para formar as crianças que um dia estarão escrevendo à mão própria a história da nação? E se tampouco há prioridade no cuidado com aqueles que já doaram seu próprio tempo para formar a atual geração?

O estudo ora em conclusão sinaliza que um dos caminhos a ser trilhado para lograr esses anseios, que indubitavelmente são de todos, é o de permitir ao trabalhador o gozo de tempo livre suficiente para exercer os diferentes papéis que lhe conferem a condição de ser humano. Assim, poderá, inclusive, se qualificar e exercer o poder familiar adequadamente, atuando como verdadeiro cidadão.

A possibilidade de poder usufruir desse maior tempo livre — que também poderá surgir a partir de alterações legislativas, conforme já dito anteriormente — depende do avanço do Poder Judiciário Trabalhista no momento de dirimir controvérsias que envolvam a ampliação do intervalo intrajornada por meio de negociação coletiva.

Para tanto, sem menoscabar a utilização do método tradicional para solução de grande parte dos conflitos — inclusive para o tema em discussão, em relação ao qual a aplicação de uma verdadeira hermenêutica sistemática ou teleológica seria suficiente para dirimir as disputas —, propõe-se o uso de uma nova interpretação constitucional, que exija do juiz maior criatividade e exercício argumentativo em detrimento da mera subsunção do fato à norma.

---

(57) Incidente de Uniformização de Jurisprudência suscitado pelo autor da pesquisa no âmbito da Reclamação n. 1.047-02.2013.5.08.0003, cujo resultado se converteu na Súmula n. 23 do TRT — 8ª Região.

Nesse diapasão, conforme já referenciado ao longo da obra, o imperativo do art. 71, *caput*, da CLT será apenas uma moldura na qual se poderão encaixar várias interpretações possíveis, de maneira que o conteúdo do dispositivo legal seja preenchido pelos valores determinados à máxima realização dos direitos fundamentais constitucionalmente assegurados.

A partir dessa orientação axiológica será possível ao intérprete encontrar a única solução correta para cada controvérsia, levando em conta os seguintes aspectos: (i) o intervalo intrajornada é um direito fundamental do operário — não do patrão — assegurado em norma de ordem pública; (ii) na condição de direito fundamental, destina-se ao repouso, alimentação e desconexão do obreiro com o trabalho, com vistas a preservar a sua saúde, segurança, higiene e qualidade de vida em geral; (iii) deve o intervalo ser gozado em tempo adequado — nem insuficiente, nem excessivo — à realização dos fins a que se destina; (iv) o conteúdo do art. 71, *caput*, da CLT, deve ser construído a partir da interpretação sistemática com outros dispositivos do ordenamento jurídico.

E, repise-se, não será o fato da norma coletiva ter sido aprovada por maioria de presentes em assembleia sindical que a colocará a salvo de uma declaração de invalidade *inter partes*, caso a ampliação viole direitos fundamentais de algum dos trabalhadores a ela submetidos, mormente diante da irrenunciabilidade do direito ao gozo adequado do intervalo intrajornada (Súmula n. 437 do TST).

Por outro lado, considerando ser esta uma questão relacionada ao meio ambiente do trabalho, é imperativa a aplicação dos princípios e normas jurídicos do Direito Ambiental, entre eles os princípios da prevenção e da precaução, com o fim precípuo de evitar a ocorrência do dano.

Outrossim, a se considerar que o intervalo intrajornada tem sido ampliado para atender a um anseio do empregador, sobre ele recai o dever de provar em juízo que o *modus operandi* de sua atividade não causa danos aos direitos fundamentais dos seus trabalhadores, reforçado pelo fato de ser ele o único responsável pelo risco empresarial, na forma do art. 2º da CLT.

Hipótese de acertada aplicação do *in dubio pro* ambiente embutido no princípio da precaução, por intermédio do qual caberá ao potencial poluidor provar que nenhum prejuízo ambiental ocorrerá em razão das suas atividades, bem como provar a adoção de todas as medidas de precaução possíveis, ainda que diante da incerteza do dano.

Ademais, as lesões em matéria de meio ambiente detêm efeito difuso para toda a sociedade, quase sempre irreversíveis, de maneira que por ocasião do ingresso da demanda na Justiça do Trabalho é bem provável que o prejuízo já tenha sido consolidado e o tempo de vida do trabalhador, perdido.

Em outras palavras, o pagamento de horas extras e o eventual arbitramento de indenização em consequência da invalidação da cláusula coletiva, não configuram a melhor solução para realização dos direitos fundamentais. Ao revés, são medidas exclusivamente paliativas, em um contexto no qual, reconhecidamente, o trabalhador foi lesado na sua dignidade.

Portanto, mais relevante do que a eventual condenação da empresa em reclamação individual, é a sinalização advinda do Poder Judiciário no sentido de inadmitir a pactuação de cláusulas coletivas ofensivas a direitos fundamentais dos trabalhadores. Esse ponto de partida servirá para que os demais operadores do direito — principalmente advogados, Ministério Público, sindicatos e associações — possam se antecipar à lesão, seja resistindo à pactuação coletiva desse tipo de pretensão empresarial, seja recorrendo às ações coletivas para que, antes mesmo de consolidado o prejuízo, este possa ser revertido.

Também não caberia argumentar que o universo de trabalhadores submetidos a essas condições degradantes é ínfimo, por terem sido localizados apenas 167 precedentes julgados no TST entre janeiro de 2010 e junho de 2015.

Essa pouca recorrência de demandas pode ser um indicativo de que os processos existem, mas não têm chegado no TST, transitando em julgado ainda nas instâncias ordinárias. Ou, também, que trabalhadores e seus respectivos representantes legais, bem como o Ministério Público do Trabalho, não têm tido a devida compreensão[58] a respeito da abusividade das cláusulas destinadas a ampliar o intervalo intrajornada.

---

(58) Uma boa ilustração para se demonstrar a inexistência de uma visão mais crítica a respeito do elastecimento do intervalo intrajornada se reporta à Convenção Coletiva 2015/2016 dos hotéis, bares e restaurantes em Belém, que foi objeto de Ação Anulatória proposta pelo Ministério Público do Trabalho da 8ª Região, cadastrada sob o n. 388-31.2015.5.08.0000, na qual impugnou-se, entre outras questões, a frequência de folgas dos trabalhadores aos domingos, sendo que na mesma cláusula (n. 24) o intervalo intrajornada foi elasticido para até 5 horas/dias, sem necessidade de comunicação prévia ao empregado ou prefixação da jornada a ser observada, o que não foi objeto de qualquer insurgência do Órgão Ministerial.

Apesar disso, a recorrência jurisprudencial não afasta a constatação de que esse tipo de prática afeta a dignidade de um enorme contingente de trabalhadores, mormente por ser recorrente em categorias profissionais representativas, a exemplo de transportes, de supermercados e de hotéis, bares, restaurantes e similares.

O último capítulo da pesquisa investigou a natureza dos abalos suportados pelos trabalhadores em decorrência da ampliação do intervalo intrajornada, sobretudo em categorias profissionais onde a extensão do trabalho já é demasiada, antes mesmo de qualquer elasticimento intervalar.

Nesse panorama, o principal prejuízo decorrente do elasticimento do intervalo intrajornada é aquele que acarreta supressão ou redução do tempo livre do trabalhador, provocando danos a sua dimensão existencial.

Por conseguinte, conceituou-se o dano existencial como aquele dano capaz de prejudicar o projeto de vida e o conjunto de relações sociais do ser humano, consoante têm definido os principais doutrinadores, sem grandes dispersões. Por outro lado, trilhou-se o entendimento de que o dano existencial é uma mera dimensão dos danos imateriais, não dotado, portanto, da autonomia conceitual defendida pela doutrina majoritária.

Implica dizer que o dano existencial será apenas mais um aspecto a ser considerado a partir de um olhar em 360° dos danos imateriais, com vistas a buscar uma reparação integral do prejuízo causado. Cumpre também mencionar a impossibilidade de sua cumulação com o deferimento dos danos morais *stricto sensu*, uma vez que se defende — com todo o respeito aos que entendem de forma contrária — que a ocorrência do dano existencial acarretará necessariamente, em alguma medida, o abalo moral, sem que a recíproca seja verdadeira.

Na hipótese em estudo, o dano existencial imposto ao trabalhador é tão grave e irreversível, quanto cabível a sua presunção. Com efeito, impor ao operário uma extensão do trabalho de 13, 14 ou mesmo 15 horas diárias — a depender do tempo despendido com deslocamento — encerra uma atrocidade que somente encontra paralelo nos primórdios do capitalismo, por ocasião da Revolução Industrial. Depreende-se, do quadro gizado, que na melhor das hipóteses o trabalhador terá cerca de no máximo 4 horas livres durante o dia, afora o tempo necessário para o sono — do qual certamente também é privado o obreiro, à vista do descrito grau de comprometimento de seu tempo, por razões laborais.

O corolário lógico é a privação do gozo de direitos fundamentais mais básicos, que vão desde o direito à autodeterminação (liberdade) para decidir os rumos da sua vida, o que representa a base política e social do Estado Democrático de Direito, até o cerceamento da convivência social e familiar, irradiando o prejuízo sofrido pelo trabalhador para todos os seus entes mais próximos e para o seio de toda a sociedade.

A seu turno, os resultados obtidos com a pesquisa de campo demonstraram que os danos aqui reverberados não são meros sofismas. Ao contrário, 67,5% dos trabalhadores admitiram terem tido somente prejuízos ou mais prejuízos do que benefícios com a dilação do intervalo intrajornada.

Por outro lado, emerge dos cruzamentos de dados efetuados que a minoria que admitiu ter tido mais benefícios com a dilatação intervalar, fazia parte do universo que percorria um pequeno trajeto de trabalho e que conseguia, dessa maneira, retornar a suas casas durante o intervalo, o que talvez não fosse possível em um intervalo limitado até duas horas.

Apesar disso, os resultados da pesquisa demonstraram que o tempo médio de deslocamento dos trabalhadores nas categorias selecionadas é deveras superior ao tempo médio percorrido pela coletividade, conforme as estatísticas oficiais do IBGE transcritas no capítulo próprio. Comprova-se, com isso, a premissa inicial de que a ampliação do intervalo intrajornada é pactuada em categorias já desfavorecidas em relação ao tempo de trabalho. Logo, não surpreende que quase 30% dos entrevistados tenham declarado permanecer na empresa ou em seus arredores, durante a fruição do intervalo intrajornada.

Em que pese o exposto, a jurisprudência mais atual do TST recalcitra em reconhecer os danos existenciais relacionados à jornada de trabalho, condicionando-os à produção de provas — ao contrário do que ocorre com o dano moral, tido, em regra, como *in re ipsa*.

Entende-se equivocada a posição atual da Corte, pois, a rigor, a prova do risco da atividade cabe à empresa, conforme já defendido anteriormente. Além disso, cumpre mencionar a dificuldade do operário em se desincumbir do encargo probatório, uma vez que lhe será vedado apresentar sua família e amigos para demonstração dos prejuízos existenciais — circunstância que já vem resultando na impunidade de condutas abusivas dos empregadores.

Ao fim e ao cabo, mais uma razão pela qual não se deve defender a autonomia do dano existencial, pois, ao estar ele designado como uma dimensão, apenas, dos danos imateriais, merecerá o mesmo tratamento jurídico dispensado atualmente ao dano moral, cujo abalo independe de prova, bastando comprovar o fato e o nexo de causalidade.

É com essas considerações que se arremata a pesquisa, esperando-se ofertar uma despretensiosa contribuição à construção de uma sociedade livre, justa e solidária, na qual a justiça transcenda a teoria e possa se concretizar nas relações sociais existentes.

REFERÊNCIAS BIBLIOGRÁFICAS

AGRANONIK, Marilyn; HIRAKATA, Vânia Naomi. Cálculo de tamanho de amostras: proporções. *Rev HCPA*, v. 33, n. 1, p. 382-8, 2011.

ALMEIDA, Almiro Eduardo de; SEVERO, Valdete Souto. *Direito à desconexão nas relações sociais de trabalho*. São Paulo: LTr, 2014.

ALMEIDA NETO, Amaro Alves de. *Dano existencial* — A tutela da dignidade da pessoa humana. 2007. Disponível em: <http://www.mpsp.mp.br/portal/page/portal/cao_consumidor/doutrinas/DANO%20EXISTENCIAL.doc>. Acesso em: 28 set. 2014.

ALVARENGA, Rúbia Zanotelli; BOUCINHAS FILHO, Jorge Cavalcanti. O dano existencial no direito do trabalho. In: ALVARENGA, Rúbia Zanotelli; TEIXEIRA, Érica Fernandes (Orgs.). *Novidades em direito e processo do trabalho* — estudos em homenagem aos 70 anos da CLT. São Paulo: LTr, 2013.

ANTUNES, Ricardo L. C. *O caracol e sua concha*: ensaios sobre a nova morfologia do trabalho. São Paulo: Boitempo, 2005.

_____ . *Os sentidos do trabalho*: ensaio sobre a afirmação e a negação do trabalho. São Paulo: Boitempo, 1999.

ARAÚJO JÚNIOR, Francisco Milton. *Doença ocupacional e acidente do trabalho*: análise multidisciplinar. 2. ed. São Paulo: LTr, 2013.

ÁVILA, Maria Betânia; FERREIRA, Verônica. *Trabalho remunerado e trabalho doméstico no cotidiano das mulheres*. Recife: SOS Corpo, 2014. Disponível em: <http://soscorpo.org/wp-content/uploads/livro_trabalho_versaoonline-1.pdf>. Acesso em: 19 ago. 2015.

BALELLA, Juan. *Lecciones de legislación del trabajo*. Tradução para o espanhol de Teodomiro Moreno. Madrid: Editorial Reus, 1933.

BARROS, Alice Monteiro de. *Curso de direito do trabalho*. 6. ed. São Paulo: LTr, 2010.

BARROSO, Luís Roberto. *O novo direito constitucional brasileiro*: contribuições para a construção teórica e prática da jurisdição constitucional no Brasil. 3 reimpressão. Belo Horizonte: Fórum, 2014.

_____ . *O direito constitucional e a efetividade de suas normas*. 2. ed. Rio de Janeiro: Renovar, 1993.

BEBBER, Júlio César. Danos extrapatrimoniais (estético, biológico e existencial) — breves considerações. v. 73, n. 1, *Revista LTr*: legislação do trabalho. Mensal. São Paulo, jan. 2009.

BECK, Ulrich. *Liberdade ou capitalismo*: Ulrich Beck conversa com Johannes Willms. Tradução Luiz Antônio Oliveira de Araújo. São Paulo: UNESP, 2003.

_____ . *Sociedade de risco*. 2. ed. São Paulo: 34, 2011.

BOFF, Leonardo. *Ecologia: grito da terra, grito dos pobres*. 2. ed. São Paulo: Ática, 1996.

BOTELHO, Martinho Martins; VILLATORE, Marco Antônio. Dano extrapatrimonial na relação empregatícia e a função social da empresa. A produtividade desmedida, consequências e dos direitos humanos. In: GOULART, Rodrigo Fortunato; VILLATORE, Marco Antônio (Coord.). *Responsabilidade civil nas relações de trabalho — reflexões atuais*: homenagem ao professor José Affonso Dallegrave Neto. São Paulo: LTr, 2015.

BRANDÃO, Cláudio Mascarenhas. In: CANOTILHO, J. J. Gomes, *et al*. (Coord.). *Comentários à Constituição do Brasil*. São Paulo: Saraiva Almedina, 2013.

BRASIL. Instituto de Pesquisa Econômica Aplicada (IPEA). *Dedicação ao trabalho invade tempo livre das pessoas*. 2012. Disponível em: <http://www.ipea.gov.br/portal/images/stories/PDFs/SIPS/120321_sips_tempolivre.pdf>. Acesso em: 23 set. 2014.

_____ . Ministério do Meio Ambiente. *Conferência das Nações Unidas sobre o Meio Ambiente Humano de 1972*. Disponível em: <www.mma.gov.br/estruturas/agenda21/_arquivos/**estocolmo**.doc>. Acesso em: 12 abr. 2015.

BRASÍLIA. *Programa Nacional de Prevenção de Acidentes de Trabalho*. Tribunal Superior do Trabalho e Conselho Nacional de Justiça do Trabalho. Acidentes de trabalho no mundo. Disponível em: <http://www.tst.jus.br/web/trabalhoseguro/acidentes-de-trabalho-no-mundo>. Acesso em: 16 ago. 2014.

BRITO FILHO, José Claudio Monteiro de. *Trabalho decente*: análise jurídica da exploração do trabalho — trabalho escravo e outras formas de trabalho indigno. 3. ed. São Paulo: LTr, 2013.

BRITTO, Carlos Ayres. *O humanismo como categoria constitucional*. 2 reimp. Belo Horizonte: Fórum, 2012.

CÂMARA, V. D; CÂMARA, W.S. Distúrbios do sono no idoso. In: FREITAS, E.V. et al. *Tratado de geriatria e gerontologia*. Rio de Janeiro: Guanabara Koogan; 2002.

CAPRA, Fritjof. *O ponto de mutação*: a ciência, a sociedade e a cultura emergente. Tradução Álvaro Cabral. São Paulo: Cultrix, 2006.

CARVALHO, Carlos Gomes de. *Introdução ao direito ambiental*. 2. ed. São Paulo: Letras e Letras, 1991.

CERVO, Amado Luiz; BERVIAN, Pedro Alcino. *Metodologia científica*. São Paulo: McGraw-Hill do Brasil, 1975.

COELHO, Inocêncio Mártires. In: MENDES, Gilmar; COELHO, Inocêncio; BRANCO, Paulo. *Curso de direito constitucional*. 5. ed. São Paulo: Saraiva, 2010.

COMPARATO, Fábio Konder. *A afirmação histórica dos direitos humanos*. 8. ed. São Paulo: Saraiva, 2013.

CANOTILHO, J. J. Gomes; LEITE, José Rubens Morato (Org.). *Direito constitucional ambiental brasileiro*. São Paulo: Saraiva, 2007.

COUTINHO, Aldacy Rachid. In: CANOTILHO, J. J. Gomes, et al. *Comentários à Constituição do Brasil*. São Paulo: Saraiva; Portugal: Almedina, 2013.

DAL ROSSO, Sadi. In: FERREIRA, Mauro Cesar; DAL ROSSO, Sadi (Org.). *A regulação social do trabalho*. Brasília: Paralelo 15, 2003.

_____ . Jornada de trabalho: duração e intensidade. *Ciência e Cultura (SBPC)*, v. 58. n. 4. p. 31-34, 2006.

_____ . Jornadas excessivas de trabalho. *Revista Paranaense de Desenvolvimento*, v. 34. p. 73-91, 2013.

_____ . Duração do trabalho em todo o mundo. Tendências de jornadas de trabalho, legislação e políticas numa perspectiva global comparada. *Revista Sociedade e Estado*, v. 27, n. 1, 2012. Quadrimestral.

DALLEGRAVE NETO, José Affonso. O direito geral de personalidade e o conceito de dano moral trabalhista. *Revista Eletrônica do TRT/PR*. Escola Judicial TRT/PR: Paraná, v. 2, n. 21, ago. 2013. Mensal.

DELGADO, Mauricio Godinho. *Curso de direito do trabalho*. 9. ed. São Paulo: LTr: 2010.

DELMANTO JR., Roberto; DELMANTO, Celso; DELMANTO, Roberto. *Código Penal comentado*. 8. ed. São Paulo: Saraiva, 2010.

DEMO, Pedro. *Certeza da incerteza*: ambivalência do conhecimento e da vida. Brasília: Plano, 2000.

DIDIER JR., Fredie; ZANETI JR., Hermes. *Curso de direito processual civil*: processo coletivo. v. 4, 5. ed. Salvador: JusPodivm, 2010.

DIEESE. *A situação do trabalho no Brasil na primeira década dos anos 2000*. São Paulo: DIEESE, 2012. Disponível em: <http://www.dieese.org.br/livro/2012/livroSituacaoTrabalhoBrasil.pdf>. Acesso em: 10 ago. 2014.

DOBB, Maurice. *A Evolução do capitalismo*. Tradução de Affonso Blacheyre. 6. ed. Rio de Janeiro: Zahar, 1977.

DUARTE, David; SARLET, Ingo Wolfgang; BRANDÃO, Paulo de Tarso. Organizadores. *Ponderação e Proporcionalidade no Estado Constitucional*. Rio de Janeiro: Lúmen Juris, 2013.

DWORKIN, Ronald. Tradução de Jefferson Luiz Camargo. *Domínio da vida — aborto, eutanásia e liberdades individuais*. São Paulo: Martins Fontes, 2009.

_____ . *O império do direito*. Título original: Law's Empire. Tradução de Jefferson Luiz Camargo. 3. ed. São Paulo: Martins Fontes, 2014.

_____ . *Uma questão de princípio*. Título original: A matter of principle. Tradução de Luís Carlos Borges. 2. ed. São Paulo: Martins Fontes, 2005.

_____ . *Levando os direitos a sério*. Título original: Taking rights seriously. Tradução de Nelson Boeira. 3. ed. São Paulo: WMF Martins Fontes, 2010.

ELFFMAN, Mario apud SANTOS, Enoque Ribeiro. In: SOUTO MAIOR, Jorge Luiz; CORREIA, Marcus Orione Gonçalves (Org.). *Curso de direito do trabalho*. v. III — direito coletivo do trabalho. São Paulo: LTr, 2008.

EVANS, J. M.; LIPOLDT, D. C.; MARIANNA, P. Trends in working hours in OECD Countries. *OECD Labour Market and Social Policy Occasional Papers n. 45*. OECD Publishing, 2001.

FELICIANO, Guilherme Guimarães; URIAS, João (Coord.). *Direito ambiental do trabalho*: apontamentos para uma teoria geral: saúde, ambiente e trabalho: novos rumos da regulamentação jurídica do trabalho. v. 1. São Paulo: LTr, 2013.

FERNANDES, Fábio. *Meio ambiente geral e meio ambiente do trabalho*. São Paulo: LTr, 2009.

FERREIRA, Mário César; DAL ROSSO, Sadi (Org.). *A regulação social do trabalho*. Brasília: Paralelo 15, 2003.

FIGUEIREDO, Guilherme José Purvin de. *Direito ambiental e a saúde dos trabalhadores*. São Paulo: LTr, 2000.

FIORILLO, Celso Antônio Pacheco; RODRIGUES, Marcelo Abelha. *Manual de direito ambiental e legislação aplicável*. São Paulo: Max Limonad, 1997.

FISCHER, Frida Marina; LIEBER, Renato Rocha; BROWN, Frederick M. In: MENDES, René (Org.). *Patologia do trabalho*. Rio de Janeiro: Atheneu, 1995.

FROTA, Hidemberg Alves da. Noções fundamentais sobre o dano existencial. *Revista Latinoamericana de Derechos Humanos*. Costa Rica, v. 22, n. 243, p. 243-254, julio-diciembre, 2011.

FROTA, Hidemberg Alves da; BIÃO, Fernanda Leite. A dimensão existencial da pessoa humana, o dano existencial e o dano ao projeto de vida: reflexões à luz do direito comparado. v. 106, n. 411. Bimensal. Rio de Janeiro, *Revista Forense*. p. 97-131, set./out. 2010.

GOLLAC MICHEL, Volkoff Serge. Citius, altius, fortius [L'intensification du travail. In: *Actes de la recherche en sciences sociales*. v. 114, septembre 1996. Les nouvelles formes de domination dans le travail, p. 54-67. Disponível em: <http://www.persee.fr/web/revues/home/prescript/article/arss_03355322_1996_num_114_1_3194?_Prescripts_Search_isPortletOuvrage=false>. Acesso em: 22 jul. 2015

GUIMARÃES, José Ribeiro Soares. *Perfil do trabalho decente no Brasil*: um olhar sobre as Unidades da Federação durante a segunda metade da década de 2000. Escritório da OIT no Brasil. Brasília: OIT, 2012.

HERRERA FLORES, Joaquin. *La reinvención de los derechos humanos*. Sevilla: Atrapasueños, 2008.

HIRSHKOWITZ, Max et al. *National Sleep Foundation's sleep time duration recommendations*: methodology and results. In: Sleep Health: Journal of the National Sleep Foundation. v. 1, March 2015. Quarterly. Disponível em: <http://ac.els-cdn.com/S2352721815000157/1-s2.0-S2352721815000157-main.pdf?_tid=8c0e7ac2-3921-11e5-bdee-00000aacb35e&acdnat=1438525375_7dd6126c5f85039 a988a5b10547bfa26>. Acesso em: 2 ago. 2015

HOBSBAWM, Eric. Do feudalismo para o capitalismo. In: *A transição do feudalismo para o capitalismo*: um debate. Paul Sweezy et al. Tradução de Isabel Didonnet. Rio de Janeiro: Paz e Terra, 2004.

IBGE. Censo Demográfico *2000*. p. 1-312. Rio de Janeiro: IBGE, 2000. ISSN 104-3145. Disponível em: <http://biblioteca.ibge.gov.br/visualizacao/periodicos/91/cd_2000_trabalho_rendimento_amostra.pdf>. Acesso em: 17 maio 2015.

_____ . Censo Demográfico 2010. p. 1-369. Rio de Janeiro: IBGE, 2010. ISSN 104-3145. Disponível em: <http://biblioteca.ibge.gov.br/visualizacao/periodicos/1075/cd_2010_trabalho_rendimento_amostra.pdf>. Acesso em: 16 set. 2014.

INSS. Estatísticas divulgadas em 2014. Brasil: acompanhamento mensal dos benefícios auxílios-doença acidentários e previdenciários concedidos segundo os códigos da CID-10 — janeiro a dezembro de 2013. Disponível em: <http://www.previdencia.gov.br/estatisticas/menu-de-apoio-estatisticas-seguranca-e-saude-ocupacional-tabelas>. Acesso em: 16 set. 2014.

INTERNACIONAL LABOUR OFFICE (ILO). Official Bulletin. v. 1. Geneva: ILO, 1923. Disponível em: <http://www.ilo.org/public/english/bureau/leg/download/partxiii-treaty.pdf>. Acesso em: 17 jun. 2015.

_____ . ILO Constitution. Montreal: OIT, 1946. Disponível em:<http://www.ilo.org/dyn/normlex/en/f?p=NORMLEXPUB:62:0::NO::P62_LIST_ENTRIE_ID,P62_LANG_CODE:2453907,en>. Acesso em: 17 jun. 2015.

JARDIM, Phillippe Gomes. *Para uma crítica ao trabalho escravo contemporâneo no Brasil*: dos direitos humanos à neoescravidão. Dissertação apresentada junto ao Programa de Pós-Graduação em Direito da Universidade Federal do Paraná. Disponível em: <http://www.dominiopublico.gov.br/download/teste/arqs/cp037622.pdf >. Acesso em: 17 jun. 2015.

KANT, Immanuel. *Fundamentação da metafísica dos costumes*. Tradução de Paulo Quintela. Lisboa: Edições 70, 2003.

KRELL, Andreas Joachim. In: CANOTILHO, J. J. Gomes, et al. (Coord.). *Comentários à Constituição do Brasil*. São Paulo: Saraiva; Portugal: Almedina, 2013.

LEAL, Pastora do Socorro Teixeira. In: Direito civil constitucional e outros estudos em homenagem ao Prof. Zeno Veloso — *Uma visão luso-brasileira*. LEAL, Pastora do Socorro Teixeira (Coord.). Rio de Janeiro: Forense; São Paulo: Método, 2014.

LEAL, Pastora do Socorro Teixeira; FRANCO FILHO, Georgenor de Sousa (Coord.). *Temas atuais de direito*. Rio de Janeiro: LMJ Mundo Jurídico, 2013.

LEE, Sangheon; MCCANN, Deirdre; MESSENGER, Jon C. *Duração do trabalho em todo o mundo*: tendências de jornadas de trabalho, legislação e políticas numa perspectiva global comparada. Secretaria Internacional de Trabalho. Brasília: OIT, 2009.

LUNARDI, Alexandre. *Função social do direito ao lazer nas relações de trabalho*. São Paulo: LTr, 2010.

MALLET, Estêvão; FAVA, Marcos. In: CANOTILHO, J. J. Gomes, et al. (Coord.). *Comentários à Constituição do Brasil*. São Paulo: Saraiva; Portugal: Almedina, 2013.

MARANHÃO, Délio. *Direito do trabalho*. 16. ed. Rio de Janeiro: Fundação Getúlio Vargas, 1992.

MARANHÃO, Ney. Breves considerações sobre a tutela extrapatrimonial na realidade jurídica italiana: danos moral, biológico e existencial. In: GOULART, Rodrigo Fortunato; VILLATORE, Marco Antônio (Coord.). *Responsabilidade civil nas relações de trabalho — reflexões atuais*: homenagem ao professor José Affonso Dallegrave Neto. São Paulo: LTr, 2015.

MARCONDES, Danilo. In: CARVALHO, Isabel Cristina Moura de; GRÜN, Mauro; TRAJBER, Rachel (Org.). *Pensar o ambiente: bases filosóficas para a educação ambiental*. Brasília: Ministério da Educação, Secretaria de Educação Continuada, Alfabetização e Diversidade, UNESCO, 2006.

MARTINS, Omar Conde Aleixo. Trabalho escravo urbano na construção civil — condições degradantes e a experiência do operariado vinculado ao Sindicato dos Trabalhadores da Indústria da Construção Civil e em frentes de obras em Belém do Pará. Dissertação apresentada junto ao Programa de Pós-Graduação em Direito da Universidade Federal do Pará, 2015.

MARTINS FILHO, Ives Gandra da Silva. Valorização da negociação coletiva e flexibilização das normas legais trabalhistas. *Revista Jurídica Virtual:* Presidência da República, Brasília, v. 8, n. 79. p. 1-7, Bimensal. 2006. Disponível em: <http://www.planalto.gov.br/ccivil_03/revista/Rev_79/index.htm>. Acesso em: 21 set. 2014.

MARX, Karl Heinrich. *O capital*. livro 1. v. 1 — o processo de produção capitalista. 4. ed. Tradução de Reginaldo Sant'Anna. Rio de Janeiro: Civilização Brasileira, 1968.

_____ . *O capital*. livro 1. v. 2 — o processo de produção capitalista. 4. ed. Tradução de Reginaldo Sant'Anna. Rio de Janeiro: Civilização Brasileira, 1968.

MELLO, Leonel Itaussu A.; COSTA, Luís César Amad. *História moderna e contemporânea*. São Paulo: Scipione, 1993.

MELO, Raimundo Simão de. *Direito ambiental do trabalho e a saúde do trabalhador*: responsabilidades legais: dano material, dano moral, dano estético, indenização pela perda de uma chance e prescrição. 5. ed. São Paulo: LTr, 2013.

MILAGROS BUCHRRA KOTEICH KHATIB, La dispersión del daño extrapatrimonial en Italia: daño biológico *versus* daño existencial. En: Colombia. *Revista De Derecho Privado*. ISSN: 123-4366. *Departamento de Publicaciones Universidad Externado De Colombia*. v. 15. p. 145 — 162, 2008.

MINAYO, Maria Cecília et al. Qualidade de vida e saúde: um debate necessário. *Ciência & Saúde Coletiva*, Rio de Janeiro, v. 5, n. 1, 2000. Disponível em: <http://adm.online.unip.br/img_ead_dp/35428.PDF>. Acesso em: 3 jul. 2015.

MINC, Carlos; TRIGUEIRO, André, (Coord.). *Meio ambiente no século 21*: 21 especialistas falam da questão ambiental nas suas áreas de conhecimento. 4. ed. Campinas: Autores Associados, 2005.

MORAES, Maria Celina Bodin de. *Danos à pessoa humana*: uma leitura civil constitucional dos danos morais. Rio de Janeiro: Renovar, 2003.

MORIN, Edgar. *Educação e complexidade*: Os setes saberes e outros ensaios. Tradução de Edgard de Assis Carvalho. São Paulo: Cortez, 2002.

NASSAR, Rosita de Nazaré Sidrim. A visita à família e o direito à saúde do empregado. *Revista LTr. Legislação do Trabalho*, v. 78. p. 391-400, 2014.

_____ . A garantia do mínimo existencial — trabalho digno e sustentável — o caso dos maquinistas. *Revista LTr. Legislação do Trabalho*, v. 77. p. 536-544, 2013.

_____ . O descompasso entre o direito do trabalho e a questão ambiental. O papel do juiz. *Revista do Tribunal Regional do Trabalho da 8ª Região*, v. 43. p. 35-48, 2010.

NUCCI, Guilherme de Souza. Código Penal comentado. 7. ed. São Paulo: Revista dos Tribunais, 2007.

OLIVEIRA, Sebastião Geraldo de. *Proteção jurídica à saúde do trabalhador*. 6. ed. São Paulo: LTr, 2011.

_____ . *Indenizações por acidente do trabalho ou doença ocupacional*. 3. ed. São Paulo: LTr, 2007.

ORGANIZAÇÃO INTERNACIONAL DO TRABALHO (OIT). **Convenção n. 1:** Duração trabalho (indústria). 1919. Disponível em: <http://www.ilo.org/public/portugue/region/eurpro/lis bon/pdf/conv_1.pdf>. Acesso em: 7 set. 2014.

PADILHA, Norma Sueli. *Fundamentos constitucionais do direito ambiental brasileiro*. Rio de Janeiro: Elsevier, 2010.

_____ . O equilíbrio do meio ambiente do trabalho: direito fundamental do trabalhador e de espaço interdisciplinar entre o direito do trabalho e o direito ambiental. In: *Revista do Tribunal Superior do Trabalho*. Periodicidade Trimestral. v. 77. N. 4. Brasília: Lex Magister, out/dez 2011. Disponível em: <http://www.tst.jus.br/documents/1295387/335c4520-1cf0-4840-898a-42a1dcc27ad3>. Acesso em: 20 jul. 2015.

PEREIRA, Érico Felden; TEIXEIRA, Clarissa Stefani; SANTOS, Anderlei dos. In: *Revista Brasileira de Educação Física e Esporte*. São Paulo, v. 26, n. 2. p. 241-50, abr./jun. 2012. Bimensal. Disponível em: <http://www.scielo.br/pdf/rbefe/v26n2/07.pdf > Acesso em: 3 jul. 2015.

PEREIRA, R. H. M.; SCHWANEN, T. *Tempo de deslocamento casa-trabalho no Brasil (1992-2009)*: diferenças entre regiões metropolitanas, níveis de renda e sexo. Brasília: IPEA, 2013. Disponível em: <http://www.ipea.gov.br/portal/images/stories/P DFs/TDs/td_1813.pdf>. Acesso em: 8 mar. 2014.

PERFIL DO TRABALHO DECENTE NO BRASIL. Escritório da Organização Internacional do Trabalho. Brasília e Genebra: OIT, 2009. Disponível em: <http://www.oitbrasil.org.br/sites/default/files/topic/decent_work/pub/perfil_do_trabalho_decente_301.pdf>. Acesso em: 20 jul. 2015.

RAMOS FILHO, Wilson. Trabalho degradante e jornadas exaustivas: crime e castigo nas relações de trabalho neoescravistas. *Revista do Tribunal Regional do Trabalho da 9ª Região*, Curitiba, ano 33, n. 61, jul./dez. 2008. Semestral. Disponível em: <http://www.trt9.jus.br/internet_base/arquivo_download.do?evento=Baixar&idArquivoAnexadoPlc=1603229 >. Acesso em: 19 jun. 2015.

ROCHA, Júlio Cesar de Sá da. *Direito ambiental do trabalho*: mudanças de paradigma na tutela jurídica à saúde do trabalhador. 2. ed. São Paulo: Atlas, 2013.

SARLET, Ingo Wolfgang. In: SARLET, Ingo Wolfgang (Org.). *Dimensões da dignidade*: ensaios de filosofia do direito e direito constitucional. 2. ed. Porto Alegre: Livraria do Advogado, 2013.

_____ . *A eficácia dos direitos fundamentais*: uma teoria geral dos direitos fundamentais na perspectiva constitucional. 11. ed. Porto Alegre: Livraria do Advogado, 2012.

_____ . (Org.). *Constituição, direitos fundamentais e direito privado*. 3. ed. Porto Alegre: Livraria do Advogado, 2010.

SERAPIONI, Mauro. *Métodos qualitativos e quantitativos na pesquisa social em saúde*: algumas estratégias para a integração. Ciênc. saúde coletiva [online]. 2000, v. 5, n. 1. p. 187-192. ISSN 1678-4561. Disponível em: <http://www.scielo.br/scielo.php?pid=S1413-81232000000100016&script=sci_abstra ct&tlng=pt>. Acesso em: 3 set. 2015.

SESSAREGO, Carlos Fernández. El daño al "proyecto de vida" en la jurisprudencia de la Corte Interamericana de Derechos Humanos. In: *Revista de La Faculdad de Derecho PUCP*, Lima, n. 56, 2003. p. 659-700. Disponível em: <http://revistas.pucp.edu.pe/index.php/derechopucp/article/view/10593/11065>. Acesso em: 26 ago. 2015.

_____ . Deslinde conceptual entre "daño a la persona", "daño al proyecto de vida" y "daño moral". In: *Revista Foro Jurídico*, ano 1, n. 2, 2003. Disponível em: <http://dike.pucp.edu.pe/bibliotecadeautor_carlos_fernandez_cesareo/articulos/ba_fs_6.PDF>. Acesso em: 26 ago. 2015.

SILVA, Homero Batista Mateus da. *Curso de direito do trabalho aplicado*: v. 2 — Jornadas e pausas. 3. ed. São Paulo: Revista dos Tribunais, 2015.

SILVA, José Afonso da. *Direito ambiental constitucional*. 5. ed. São Paulo: Malheiros, 2004.

SILVA, José Antônio Ribeiro de Oliveira. *Acidente do trabalho*: responsabilidade objetiva do empregador. 2. ed. São Paulo: LTr, 2013.

_____ . A flexibilização da jornada de trabalho e seus reflexos na saúde do trabalhador. *Revista do Tribunal Regional do Trabalho da 15ª Região*: Escola Judicial do TRT — 15ª Região, Campinas, n. 42, 2013. Semestral. Disponível em: <http://portal.trt15.jus.br/documents/124965/1402934/Rev.42_art8/1ba336bf-d66d-4ce2-a6ab-6c763d9ee367>. Acesso em: 21 set. 2014.

SOARES, Flaviana Rampazzo. *Responsabilidade civil por dano existencial*. Porto Alegre: Livraria do Advogado, 2009.

SOUTO MAIOR, Jorge Luiz. Do direito à desconexão do trabalho. *Revista do Tribunal Regional do Trabalho da 15ª Região*: Escola Judicial do TRT — 15ª Região, Campinas, n. 23, 2003. Semestral. Disponível em: <http://portal.trt15.jus.br/documents/124965/125420/Rev23Art17.pdf/0b3b7bb7-f57d-4782-9ad8-91fdc428c88b>. Acesso em: 21 set. 2014.

_____ . *Curso de direito do trabalho*: teoria geral do direito do trabalho — v. I — parte I. São Paulo: LTr, 2011.

SOUZA NETO, Cláudio Pereira de; SARMENTO, Daniel. *Direito constitucional*: teoria, história e métodos de trabalho. 2. ed. Belo Horizonte: Fórum, 2014.

SÜSSEKIND, Arnaldo. *Direito internacional do trabalho*. São Paulo: LTr, 1983.

TALEB, Nassim Nicholas. *A lógica do Cisne Negro*. Título original: The Black Swan. Tradução de Marcelo Schild. Rio de Janeiro: BestSeller, 2008.

TRINDADE, Antônio Augusto Cançado. *Direitos humanos e meio ambiente*: paralelo dos sistemas de proteção internacional. Porto Alegre: Fabris, 1993.

WORLD HEALTH ORGANIZATION. *Measuring quality of life*. Genebra: World Health Organization, 1997. Disponível em: <http://www.who.int/mental_health/media/68.pdf>. Acesso em: 27 mar. 2015.